W0023890

Johannes Gross

Notizbuch

Johannes Gross

Notizbuch

Deutsche Verlags-Anstalt
Stuttgart

CIP-Kurztitelaufnahme der Deutschen Bibliothek

Gross, Johannes:
Notizbuch / Johannes Gross. – Stuttgart :
Deutsche Verlags-Anstalt, 1985.
ISBN 3-421-06291-9

NE: Gross, Johannes: [Sammlung]

Satz: Setzerei Lihs, Ludwigsburg
Druck und Bindearbeit: May & Co., Darmstadt
Printed in Germany

Inhalt

Freundliche Erinnerung

Dies ist ein Notizbuch, kein Buch. Ich rate niemandem, die Aufzeichnungen, die das Magazin der Frankfurter Allgemeinen Zeitung vom 30. Januar 1981 bis zum 30. November 1984 zuerst veröffentlicht hat, fortlaufend zu lesen wie einen Roman; das einzige, das die Stücke verbindet, ist die Subjektivität des Verfassers. Notizen – notitiae – sind schon bei den Alten zuallererst Aufzeichnungen zum persönlichen Gebrauch gewesen, und auch dieses Notizbuch ist halb mit dem Rücken zum Publikum geschrieben. Der Verdacht, es werde die Mitteilung von persönlichen Erfahrungen und Erlebnissen, Einfällen, Lese- und Reisefrüchten kein allgemeineres Interesse finden, war freilich rasch zerstreut – nicht selbstverständlich für jemanden, der keine dramatische Vita vorzuweisen hat, nie ein öffentliches Amt innehatte, noch sonstwie auf Interesse Anspruch machen darf.

Das Buch enthält den unveränderten Abdruck der Texte, wie sie für das FAZ-Magazin geschrieben worden waren. Die geringen Abweichungen von der gedruckten Fassung folgen aus der Korrektur von Druck- oder Übermittlungsfehlern und der Aufhebung von kleinen Veränderungen, die die Redaktion des schönen Umbruchs wegen vornehmen wollte.

Die Beiträge, die drei Wochen oder 14 Tage vor dem Erscheinungsdatum abgeliefert sein mußten, sind im Buch durchnumeriert, mit Ausnahme der kleinen Bemerkungen „Am Rande“, die dem Notizbuch vom 11. März 1983 ab beigegeben waren. Sie erscheinen jetzt, zusammengefaßt, nach den Notizen. Endlich habe ich in ein paar Anmerkungen Nachträge und Korrekturen angefügt, zu denen mich aufmerksame Leser verpflichten. Ihnen möchte ich ebenso danken wie der Redaktion des Magazins für die allzeit vergnügte Zusammenarbeit: vorab den Herren Bruno Dechamps und Thomas Schröder.

Ich weiß wohl, daß sich aus diesem Notizbuch nichts ergibt; keine bündige Ansicht der Geschichte, keine feste Anschauung von Welt- und Zeitläuften; vom Sinn des Lebens keine Spur; nur eine Seele, die sich fragmentarisch zu dem Fragment ausspricht, das wir Wirklichkeit nennen.

1981

30. Januar 1981

Rom. Der Satz von Tucholsky fiel mir ein – „Es gibt ja nicht bloß die Gerechtigkeit, sondern auch die Justiz“ – mit der Frage, wie ein solcher Gedanke, der Tiefsinn beabsichtigt, sich in den romanischen Sprachen ausnimmt: nämlich gar nicht. Er ist nicht übersetzbar, sondern nur zu umschreiben, „la justice est autre chose que la bureaucratie juridique“; und damit eine Banalität. Auf den ersten Blick scheint es, daß die germanischen Sprachen, indem sie den lateinischen Begriff mitverwenden, eine feine Unterscheidung ausdrücken können. Umgekehrt läßt sich aber auch sagen, daß ein Begriff wie Gerechtigkeit im Deutschen in einer Art von Reinheit erhalten bleibt, für die er im Bewußtsein der Romanen gar nicht existiert, denen von vornherein nahegelegt wird, daß hienieden Gerechtigkeit nur als Sehnsucht vorkommt. – Einer der Gründe dafür, daß die lateinischen Völker in solchen Dingen einen weniger naiven Eindruck machen als die Deutschen oder Skandinavier. 1

Die guterhaltenen Denkmäler des Faschismus, die der Reisende auf dem Weg vom Flughafen Fiumicino in die Stadt wahrnehmen kann, sind ein schönes Zeugnis für die Anders- und Fremdartigkeit gegenüber der uns vertraut gewesenen, der heimischen NS-Ideologie. Hitler ist in Wahrheit der Zerstörer des Faschismus gewesen. Der Faschismus war auf Internationalität angelegt, stützte sich in den romanischen Völkern auf eine lateinische Überlieferung und altrömische Tugenden. Hinzu traten Elemente der katholischen Tradition, katholisch gemäß dem Diktum von Maurras, er sei zwar nicht Christ, aber Katholik. Rassismus und 2

Anti-Intellektualismus waren dem Faschismus ja ursprünglich fremd, der sich durchaus als progressive Strömung verstand und progressive Strömungen aufzunehmen wußte, wofür der frühe Bund mit den italienischen Futuristen den bekanntesten Beleg liefert. – Hitlers Nationalsozialismus mitsamt der sozialen Modernität seiner Volksgemeinschaft war demgegenüber etwas ganz anderes, nämlich provinziell, auf nur ein Volk und seine Reichsmission bezogen, feindselig und ausschließlich gegen alles andere, antichristlich, anti-intellektuell, auf den Dreck einer völkisch-romantischen Ideologie rekurrierend und nicht vor dem lächerlichsten Rückgriff auf germanische Mythologien zurückscheuend. Als Mussolini das Bündnis mit Hitler einging, war es mit dem Faschismus zu Ende. Die Niederlage des Nationalsozialismus hat ihn dann ein für allemal diskreditiert, er lebt nur noch weiter als Gespenst in wirren Konventikeln und als Denunziationsvokabel der Kommunisten.

3 Unbegreiflich die Beliebtheit von Flugreisen. Man wird doch durchweg en canaille behandelt: am Boden ist der Passagier lästig, das, was abgefertigt werden muß; in der Luft wird er, wie ein Kranker im Spital, als leicht schwachsinnig angesehen. In Rom eine Stunde Warten auf der Piste. Nach langer Zeit läßt sich der italienische Kapitän herbei, in dem unbeschreiblichen Englisch, das die Luftfahrt erzeugt hat, zu erläutern, es dauere noch etwas: for operational reasons. Beim Aufenthalt in Mailand das Restaurant, der Zeitungsstand wegen Mittagsruhe geschlossen. Reisen muß angenehm gewesen sein, bevor es technisch komfortabel wurde.

4 Vom Flughafen nur zum Umziehen nach Haus, dann nach Solingen in die Buchhandlung Tückmann zum Vortrag. – Nicht genug Zeit, an Gesehenes zu denken, Eindrücke zu ordnen und richtig zu speichern. Ein Erlebnis wird gar keins, wenn nicht die Herstellung

von Erinnerung gelingt. Viele Hochgestellte, die permanent „erleben“, haben wenig zu erzählen, nicht einmal zur Anekdote reicht es. In ihrem Ruhestand wollen sie vielleicht Memoiren schreiben, doch bringen sie kein Buch zustande oder eines, in dem kein Gedanke steckt, keine Erinnerung und keine Anschauung – obgleich sie zu ihrer Zeit viel gedacht, viel gesehen, zu viel erlebt haben. Erlebnisüberfluß hat Erinnerungsverlust zur Folge.

Im Fernsehen wird eine Aufnahme mit dem alten Adenauer gezeigt. Der Kanzler erklärt seinem Zeitgenossen in charakteristischer Manier („je einfacher reden, ist eine jute Jabe Jottes“), daß Außenpolitik nur den nationalen Interessen zu dienen habe, es gemeinsame nur geben könne, solange Interessen gemeinsam seien, daß Außenpolitik mit Barmherzigkeit nichts zu schaffen habe, daß solche Aufwallungen des Herzens ihr nur schadeten. Tiefe Vergangenheit: als Politiker nicht bloß kräftig öffentlich lügen oder sanft heucheln, sondern auch ungeniert die Wahrheit sagen durften und sagten. 5

13. Februar 1981

Zur Haushaltsdebatte. Die westlichen Regierungen stehen angesichts der wirtschaftlichen Rezession vor der Gefahr, die berühmten Fehler in der Weltwirtschaftskrise der zwanziger Jahre zu wiederholen. Sparen statt investieren; unproduktive Ausgaben stabil halten, produktive kürzen – die Maschine wird instandgehalten, zum Betrieb fehlt das Geld. Das schmeckt verdächtig nach einer ideologisch veränderten, mit anderer wissenschaftlicher Begründung versehenen Neuauflage der Politik, die Brüning und Herbert Hoover die Regierung kosteten und die in Amerika den New Deal und in Deutschland den Nationalsozialismus einleitete. Man kann auch den Gürtel nicht enger schnallen, solange die Bäuche dick sind. Die Bäuche – das sind die Besitzstände und Anspruchsrechte (mehr ist nicht genug!), garantiert durch Gesetz, soziale Verpflich- 6 tung der Politiker (das heißt ihre Abhängigkeit von Wählergruppen) und die Tarifautonomie, die längst informellen Verfassungsrang errungen hat.

7 Der Fortschritt im Luxus: die Nouvelle Cuisine, wo alles auf Wohlgeschmack und nichts auf Ernährung gerichtet ist. In früheren Jahrhunderten waren die Reichen immer dick, so wurden sie in Märchen und auf alten Bildern dargestellt, die Ärmeren ausgezehrt und dünn; heute ist es in den wohlhäbigen Gebieten umgekehrt. Ein kulinarisches Analogon zur Pille, die die Ablösung des Vergnügens vom Kinderkriegen bedeutet. – Die Abkoppelung der Lust von ihren Voraussetzungen und Folgelasten zeigt sich auch bei der Unterhaltung, die jenseits ihrer primitivsten Formen nie ganz ohne die Anstrengung des Geistes, ohne die Voraussetzung von Bildung denkbar war. Jetzt gibt es das Fernsehen, das allen zugängliche Unterhaltung, zugänglich auch für die Illiteraten, bereithält.

8 Begin muß Neuwahlen ausschreiben – Sadat nähert sich der PLO. Die Lage Israels ist immer heikler geworden, und immer schwerer wird es auch für das Land, guten Willen draußen zu organisieren. Dafür gibt es einen Nebengrund, der nie erwähnt wird – die physiognomische Überlegenheit Sadats (der von den Ägyptern freilich als zu negroid und sudanesisch angesehen wird) gegenüber Begin, den der Kanzler Kreisky unliebenswürdig als galizischen Winkeladvokaten charakterisiert hat. Zu Zeiten David Ben Gurions und seiner arabischen Feinde bestand ein umgekehrtes Verhältnis. Kein Mensch achtet auf solche physiognomischen Verschiebungen und ihre politische Wirkung. – Bei einer physiognomischen Betrachtung käme die deutsche Politik übrigens auch schlecht weg. Unsere Herrschaften scheinen das zu spüren – vielleicht sind sie so ausgesucht schlecht gekleidet, damit ihre Gesichter nicht auffallen.

Wandlungen in der politischen Sprache: In den USA tritt das Wort „statesman“ fast nicht mehr anders als ironisch auf. Die Vokabel „politician“ hat demgegenüber die Dignität bewahrt, die demjenigen zusteht, der sich auf sein Handwerk versteht. Der Statesman ist der Windmacher und Sprücheklopfer, der Poseur des nationalen Interesses, des Weltfriedens und der Humanität; auch der ältliche Mahner und Warner ohne Macht. – Ein Zeichen für die Verachtung, der die „große Politik“ allmählich anheimfällt. 9

Freund Kosto erzählt Schnurren aus der Emigrantenzeit; wie er ins Elend stürzte und vom Hotel Pierre ins Hotel Plaza umziehen mußte. Die literarische Emigration war übler dran, viele in großem Elend und noch immer von berechtigter Klage erfüllt. Einigen hat die Emigration eher genutzt. Sie waren vitalisiert, hatten endlich einen Feind und fühlten sich in ganz anderer Weise vom Nationalsozialismus ernstgenommen und negativ bestätigt als durch die matten literarischen Fehden, mit denen sie sonst vielleicht ihr Leben zugebracht hätten. Sehr kurios übrigens die Vorstellung, nach dem Kriege besonders von prominenten Emigranten wie Thomas Mann in aller Naivität verarbeitet, jemand sei gewissermaßen moralisch gehalten gewesen, auszuwandern. Das heißt das Exemplarische der eigenen Existenz doch übertreiben. – Ist später jemand auf die gleiche Zumutung gegen Intellektuelle des Ostblocks gekommen? 10

Eine pazifistische Grundströmung breite sich aus, hört man in Bonn. Unsinn. Pazifismus ist die ehrenhafte Überzeugungssache derjenigen, die Gewaltlosigkeit in der Politik wollen. Was jetzt für Pazifismus gehalten wird, ist hingegen nur Feigheit mit Sozialprestige – es soll keinen Widerstand geben gegen die Gewalt der Sowjetunion. Das gilt als Friedensliebe. Die Aktiven unter den falschen Pazifisten hängen selber der Gewaltlosigkeit keineswegs an, wenn es um Kernkraftwerkbauten geht, nicht benutzte Wohn- 11 häuser oder öffentliche Gelöbnisse. – Der mangelnde Enthusiasmus für Landesverteidigung ist so unbegreiflich nicht. Kann jeder eine offizielle Gesinnung verdauen, die Geschäfte mit Panzern im Großformat zuläßt, das Geschäft mit Panzern im Kleinformat, dem schrecklichen Kriegsspielzeug, aber nicht?

27. FEBRUAR 1981

12 Dem aufgehenden Vollmonde. Der bleiche Geselle wie die ihm gewidmete Lyrik spricht nicht mehr zum Gemüt wie zu der Zeit, da die Amerikaner ihn noch nicht begangen und als Kanzel für die Verlesung der Texte benutzt hatten, die ihnen das Weiße Haus mitgegeben hatte. Der Fortschritt macht nicht nur Sprachwerke obsolet, auch schlichte Wendungen, zur Bequemlichkeit von jedermann, fallen ihm zum Opfer. „Öl auf die Wogen gießen" war einmal friedensstiftend und verdienstlich, ist heute umweltgefährdend und verboten.

13 Im Louvre hängen zwei Bilder, gemalt von einem elsässischen Maler der Revolutionszeit, die für die Farbe Rot das Blut von Aristokraten verwenden. Genauer: Farbe, die gewonnen wurde durch das Zerstampfen von beigesetzten Herzen der Prinzessinnen des königlichen Hauses.

14 Das Preußenjahr schreckt, ehe es begonnen hat. Die Bundesrepublik, die aus lauter nichtpreußischen, darunter einigen spätpreußischen, Territorien besteht, mitsamt dem ganz unpreußisch gewordenen West-Berlin, schickt sich an, im zeitgenössischen Bewußtsein einen historischen Schwerpunkt zu bilden, der nicht nur außerhalb ihrer selbst liegt, mit dem sie auch sonst wenig verbindet. Gemeindeutsche Zuneigung hat immer nur Friedrich und Bismarck gegolten, aber nicht dem Preußentum und seinen „ethi-

schen Aufdringlichkeiten" (G. Benn), der Demonstration von Staatstugenden, die auf dem Mangel beruhen und Mangel verklären. Den Daten, die für das Ende Preußens diskutiert werden – *1871, 1918,* Kontrollratsbeschluß *1947* – kann am Ende des Preußenjahres eben dieses hinzugefügt werden. Unser Talent, einen proklamierten Gegenstand öffentlichen Interesses dermaßen auszubeuten – in Ausstellungen, Fernsehserien, Rundfunk- und Volkshochschulvorträgen etcetera –, daß zum Schluß kein Mensch mehr darüber ein Wörtlein hören mag, wird sich auch diesmal bewähren.

15

Jean-Louis, eben von der Reportagereise aus dem Libanon zurückgekehrt, schildert ausdrucksvoll, wie das Leben der Bevölkerung unter Bedingungen äußeren und inneren Krieges weitergeht. Während christliche Falangisten auf Muslims schießen und umgekehrt, die Syrer ihre dubiose Polizeifunktion ausüben, Palästinenser israelische Stellungen attackieren und umgekehrt, landen die Linienmaschinen unter Feuerwerk auf dem Flughafen von Beirut, kontrolliert der libanesische Beamte Paß und Gepäck; Kinder gehen zur Schule in ihren Quartieren, die von der zuständigen Bürgerkriegspartei gesichert werden; die Geschäftswelt versucht, das Beste aus einer Lage zu machen, für die keine Wendung zum Besseren in Sicht ist. Das Beste ist manchmal sehr gut – ein führender Musikalienhändler verzeichnet 1980 als sein bestes Geschäftsjahr, verkauft mehr Pianos als je in die guten Familien, bei denen die Hausmusik und die gesellschaftlich geforderte Einübung der Tochter in die Künste weitergeht. In alledem steckt eine Gewandtheit des Überlebens, die wir unbegreiflich finden würden, wenn wir nicht selber 1945 erlebt hätten. Zumindest in den westlichen Teilen des Reiches war der Zusammenbruch so wenig total wie der Krieg zuvor. Der offizielle Karneval im beinah völlig zerstörten Köln ist nur einmal ausgefallen.

16 Wer durch deutsche Städte spazierengeht, wird eine Anhänglichkeit an die Jeanskleidung feststellen, die anderwärts längst geschwunden ist. Auf den Boulevards westlicher Großstädte sind Jeans selten geworden. Offenbar stößt die Restauration bürgerlicher Formen bei uns auf größeren Widerstand. – Bisher war Männermode vornehmlich Nachahmung des bunten Rockes, der militärischen Uniform, die erhoben werden konnte zum höfischen Zivil oder herabsank zum bäuerlichen Festanzug, der die Formen früherer Jahrhunderte in einigen Trachten gut abbildet. Noch in unserem Jahrhundert gab es den Trenchcoat als direkte Übernahme aus dem englischen Schützengraben des Ersten Weltkrieges, wie sein Name sagt. Die Blue Jeans sind dagegen der erste große und sogleich international gewordene Fall einer männlichen Bekleidung, die sich nicht von dem geistlichen oder gelehrten Stande noch von der Uniform herleitet, sondern von der Kluft des Arbeiters. – R. A. erzählt von einem Geistlichen in der Kölner Erzdiözese, der den Verdacht seiner Oberen erregt, weil er lieber Soutane trägt als den nachkonziliaren Demutsdreß des schwarzen Küsteranzugs.

17 Am Rande der großen Ausstellung über die „Realismen" im Centre Pompidou gibt es in einer Art Orchestergraben die Anführer des Dritten Reiches zu sehen. Fratzenhafte Puppen in verrenkter Stellung, vielleicht halbe Lebensgröße. Beim Anblick des Diktators fiel mir Chaplins Film ein, der Fall der mißratenen Karikatur: der schmierenhaft-eklige Zwerg entlarvt nicht das Urbild, sondern rehabilitiert es. Das Rumpelstilzchen hieß Chaplin, nicht Hitler.

13. März 1981

18 Aus den letzten Lebenstagen von Conrad Ahlers ist die Bemerkung überliefert, Willy Brandt werde die SPD so lange führen, bis er die Abschieds- und Dankesrede auf seinen Nachfolger als Bun-

deskanzler halten könne. Gewiß ist, daß Adenauer dem Ende Erhards entgegenlebte (ohne sich auf eine Laudatio einzurichten); in England kann man beobachten, wie Heath dem Scheitern der Frau Thatcher entgegenhofft. Nichts ist seltener in der Politik als ein vernünftiges, großmütig-duldendes Verhältnis zum Nachfolger. Zum Vorgänger übrigens auch: die Übergabe der Amtsgeschäfte findet unter den leitenden Personen gar nicht statt, der Neue will vom Alten nichts hören, sich keine sogenannte Erfahrung zunutze machen; das unvermeidliche Gespräch beim Einzug des einen und dem Auszug des anderen wird mühsam mit Quisquilien angefüllt. Die Kontinuität der Staatsgeschäfte, im parlamentarischen System weniger problematisch als in Washington, bleibt die Sache der hohen Bürokratie.

19

Auf der Fünften Avenue in New York gibt es außer Büchern fast nichts mehr zu kaufen, das noch in den Vereinigten Staaten selbst hergestellt worden ist. Vielleicht ein Kennzeichen der wahren Metropole: Von den Enden der Welt werden Kostbarkeiten herbeigeholt, zum Genuß für ein Publikum, das sich alles, aber selbst nichts mehr leisten kann. Im Rom der Kaiserzeit könnte es ähnlich gewesen sein.

20

Die großen internationalen Organisationen, nach amerikanischem Muster betrieben, haben andere, subtile Statussymbole, die deutschen Funktionären oft verborgen bleiben. Vorzimmerdamen sind viel seltener, Kämpfe um eine persönliche Sekretärin recht aussichtslos. Die Hierarchie drückt sich auch nicht in der Tintenfarbe aus, mit der in die Akten verfügt werden darf. Eine andere Stufenfolge ist wahrnehmbar. Wer selber tippt, ist Paria. Nur einen Deut besser steht derjenige, der auf Band diktiert oder einem Fräulein aus dem Sekretärinnen-Pool. Der Statusbewußte schreibt mit der Hand und läßt abschreiben. Zur Spitzengruppe zählt jener, der unleserlich schreibt, so daß der Brief, die Notiz vom Assistenten entziffert und einer Schreibkraft weitergegeben werden muß. – Ein Landsmann, der sich in Unkenntnis der Bräuche auf sein flottes Diktieren viel zugute tat, wird vom Personal prompt zum Diktator des Jahres gewählt.

21 Der neue amerikanische Außenminister General Haig redet gescheiter daher, als er's kann. Nach seinen ersten Pressekonferenzen hat er gute Aussichten, als Nachfolger von Sheridans Mrs. Malaprop oder des Professors Galetti in die Geschichte einzugehen; in seiner eigenen Sprache könnte man ihn einen „Neologistiker" nennen. Wenn er Aspekt meint, sagt er Prospekt, wenn er definitiv meint, sagt er finit, aus der judaeo-christlichen Zivilisation hat er die Christian-Judeo Culture gemacht. Glanzstücke wie seine „additional number of augmentees" sind gottlob so unübersetzbar wie sein Verbum „to caveat", abgeleitet vom amerikanischen Substantiv „caveat", was im Lateinischen noch „er möge sich vorsehen" bedeutet. Die neue Haltung der Regierung Reagan konnte er mit dem Satz verdeutlichen, es handele sich nicht um eine „de-emphasis" (hochbarbarisch, etwa „Ent-Nachdruck"), sondern um eine Veränderung der Priorität, also just um das gleiche. – In der deutschen Politik wird im Vergleich wieder weniger aufgeblasen geredet, die Zeit der Lebensqualität ist auch sprachlich vorüber; statt Brandts „compassion" genügt es nun, Erbarmen oder Mitleid zu haben.

22 Ein Todessturz auf der Bob-Rennbahn in Cortina d'Ampezzo wird im Fernsehen gezeigt. Der Reporter macht dazu die Bemerkung: „Das Material wird immer besser und damit das Risiko immer größer."

23 Schauspieler und Journalisten haben ihre Freunde im eigenen Metier, Politiker eher außerhalb oder gar keine, wenn sie nämlich aufgestiegen sind. Franz Josef Strauß hat Spezis, Kumpane, mit

denen er lange Abende verbringen kann, aber von Freunden hat man wenig gehört. Der Bundeskanzler Schmidt hat Mitarbeiter, Bewunderer (zuweilen sind die Mitarbeiter auch die Bewunderer), die ihm auch jenseits der Bürozeit mit einer Schnurre gefällig sind, doch Freunde hat er nicht. An die Stelle der Freunde treten die „politischen" Freunde, die eben keine sind; sie kommen im Umfeld von Franz Josef Strauß reichlich vor, auch um Helmut Schmidt gibt es einige, aber nur wenige in der eigenen Partei. Die Unmöglichkeit oder Unfähigkeit, Freunde zu haben, findet sich bei Spitzenpolitikern, insbesondere den Regierungschefs, durchweg. – Die Macht schafft Abstand bei denen, die sie nicht haben, und eine Furcht vor Intimität bei den Machthabern, die sich bis in die Familie ausbreitet. Daß so viele der Mächtigen einer geheimen Liebschaft bedürfen, ist viel weniger Folge ihrer Libido als ihrer Isolation.

27. MÄRZ 1981

Die Wortmontagen mit „Jung-" verkünden Unheil. Jungdeutscher Orden, Jungsozialisten, Jungdemokraten – immer mehr Gesinnung als Bildung, mehr Anmaßung als Leistung. Drinnen die behenden Wortführer, die anpasserischen oder revolutionären Streber, die in eine neue Zeit marschieren und die alten Pfründen besetzen wollen, als Mitläufer die vielen Idealisten – also die Leute, die eine Dummheit um ihrer selbst willen begehen. 24

Der Papst wieder einmal in Rom. Was ist von seinen triumphalen Umzügen durch die Metropolen der Welt geblieben? Der Eindruck ungeheurer Massenwirkung, potenziert durch die elektronischen Medien, die er zu nutzen versteht wie kein anderer Großer des Zeitalters, und wohlbegründet durch ein Charisma, das so sehr aus der Person kommt wie aus dem Amt; die Höchstwürdenträger, die ihn stets umgeben, werden zur bloßen Staffage, Kümmerer, die vergeblich hoffen, daß ein Abglanz auf sie selber 25 falle. Aber was bleibt zurück, wenn das bedeutende Schauspiel zu Ende geht und die Menge sich verlaufen hat? Sein Pontifikat scheint bislang theologisch hohl, eigenartig bei so praller Lebens- und Willensfülle des Oberhauptes. Ob Wirkungen in der dritten Welt bleiben, ist ungewiß, in seinem Heimatland wahrscheinlich, in den westlichen Kernländern der Christenheit eher dubios. Zu den Problemen der hochentwickelten Wirtschaftsgesellschaften war nicht viel zu hören. Das ewig Wahre denen zu sagen, die von den Sozialbedingungen seiner Erstverkündigung sich am weitesten entfernt haben, ist nicht geglückt. – Die Weltkirche will regiert sein, vom Stuhl Petri aus.

26 Woher kommt die Beliebtheit der Gesinnungskontrolle bei Deutschen (und Amerikanern)? Es gibt eine sich ausbreitende Gereiztheit, wenn eine Auffassung sich ausspricht, die nicht geteilt wird, bei im übrigen großer praktischer Toleranz – die Leute verteilen keine Ohrfeigen, aber in ihrem Innern sammelt sich das Ressentiment. Der Anteil der Blockwarte, der Spruchkammer-Vorsitzenden und die Bereitschaft, solche Ämter – auch in Geschäftsführung ohne Auftrag – zu übernehmen, scheint unerfreulich hoch. – Mir fällt die Bemerkung von H. L. Mencken ein, daß der Puritanismus die Furcht sei, es könne irgend jemand irgendwo doch glücklich sein. Die Lust an der Ausübung von Sozialkontrolle wird sich wohl aus Ähnlichem speisen wie die Befürchtung, daß es anderen besser gehe, daß sie sich und die Welt genießen und sich Freiheiten herausnehmen, die vielleicht allen zugänglich sind, die sie aber nicht zu nutzen wagen oder zu nutzen verstehen.

27 Überhaupt ist Freiheit unter Deutschen, auch ihren Intellektuellen, nach wie vor nicht populär – vor allem die Freiheit der anderen. Von den Freiheitskämpfen der Griechen, Ungarn, Polen im vorigen Jahrhundert haben sie sich eher ferngehalten, der gegenwärtige Kampf in Polen erregt kaum Enthusiasmus, aber viel staatsmännisch-kluge Apathie, zumal die Polen ja nicht nur ein

wenig mehr Freiheit wollen, sondern gleich einen freien Samstag dazu, welche Verbindung von Nutz und Frommen deutschem Ideal widerstreitet. Man engagiert sich wohl an Freiheitskämpfen draußen, doch äußert sich darin eher die Anhänglichkeit an eine der kämpfenden Parteien als Liebe zur Freiheit selbst – wenn die linken Landreformer gesiegt haben, findet die nachfolgende Unterdrückung kein Interesse mehr. – Als das Committee for the free World gegründet wurde, in dem sich probate Männer zum Schutz der Freiheit vor ihren grimmigsten Feinden verbunden hatten, waren es deutsche Meinungsführer, die sogleich mit ihren Bedenken, Klügeleien, Verzagtheiten hervortraten. Eine Rundfunkanstalt wollte mich einvernehmen, mir Rechtfertigung erlauben, dem Redakteur, gebildet und nicht böswillig, fiel endlich die Frage ein, warum das Komitee nichts gegen die Arbeitslosigkeit unternähme. Ja, es unternimmt auch nichts gegen den Rheumatismus – nur für die Freiheit genügt nicht.

Man kann die Länder einteilen in solche, die eine rigide Ladenschlußregelung haben wie die Bundesrepublik, Britannien, Skandinavien, der Ostblock, und solche, die ihren Krämern und Konsumenten Freiheit lassen wie die USA oder die Romanen. Es ist der Unterschied zwischen den lässiggelaunten und den eher verdrießlichen Nationen. 28

In amerikanischen, englischen, französischen und japanischen Science-fiction-Filmen oder Spionageromanen spielen die eigenen Militärs und Geheimdienste die wichtigste Rolle, der Held gehört der eigenen Nation an und dient ihren Zwecken. Bei den Deutschen wäre das ganz undenkbar, wir haben in unseren Seelen politisch abgedankt, die bedingungslose Kapitulation verinnerlicht. 29

Zur geistigen Urheberschaft. Warum, in aller Welt, sind die Richter angesehener als die Henker? 30

31 An jedem Wintertag kam ein Fasan in den Garten geflogen, um die ausgelegten Körner aufzupicken, jedesmal selbstbewußter und majestätischer. Kaum ein Besucher, der nicht in Scherz oder Ernst bemerkte, wie leicht das Tier zu fangen und mit Weinkraut garniert auf den Tisch zu bringen sei. Der Gedanke ist anstößig, so wie uns Kindern in Kriegstagen der Gedanke fürchterlich war, das liebe Stallhäschen solle im Kochtopf enden. Persönliche Bekannte ißt man nicht.

32 In einer amerikanischen Buchbesprechung über einen Sammelband mit schon angestaubten Stücken heißt es: Elvis Presley ist tot, Janis Joplin ist auch tot, und Herbert Marcuse ist ganz besonders tot. – Es gibt eine Akzeleration des Vergessens. Es wird schwerer, Ruhm zu befestigen, ihn gar in Nachruhm zu verwandeln. Hinter manchem Prominenten sieht man schon, wie das Vergessen das Maul weit aufgerissen hat und aufs Verschlingen wartet; es ist nur noch nicht geschehen, weil er physisch noch da ist, Geräusch macht und ein Grüpplein von Genossen ihn beim Strampeln gegen den Sog noch festhält. Ein anderer ist vielleicht klüger, wenn er sich gleich im bloß Zeitgenössischen verankert, mit wenig Witz die Dinge wiederholt, die Lessing vor zweihundert Jahren mit großem Witz aussprach, und damit das zwischen Elbchaussee und Blumenstraße absetzbare Gedankengut umschlägt. Damit kann sich zwar keine Hoffnung verbinden als die auf hiesiges Ansehen und hiesigen Lohn – aber das ist doch etwas; nach den modernen Theologen ist das Reich Gottes ja schon gegenwärtig, warum dann nicht auch die Unsterblichkeit.

33 Was die Massenpresse leistet. Wer sich jetzt noch einem indischen Guru verschreibt, entlarvt sich sogleich als Einfaltspinsel, der sich dem Tourismus zum Club Médiocrité verspätet angeschlossen hat: die Trendsetter, die beautiful people sind längst wieder weg. –

Erstaunlich übrigens, mit welcher Gelassenheit die Konfessionen der Flucht in die fernöstliche Weisheit, die drakonische Sekte oder die Orgie zugesehen haben – man möchte vermuten, händereibend in der Ecke stehend, voll der Erwartung: die Leutchen werden noch dahinterkommen, daß dort auch nicht mehr zu holen ist als bei uns.

34

Die Gegenorganisation der freiwilligen Feuerwehr ist ganz ähnlich wie diese verfaßt: die freiwilligen Brandstifter. Wenn sie nicht im Einsatz sind, neigen sie zur fröhlichen Geselligkeit, auch zum Umtrunk, haben ihre Kapellen, die aufspielen, und zählen auf die Anteilnahme der Bevölkerung: dem Brandmeister der Feuerwehr entspricht der Löschmeister bei den Brandstiftern – er zündelt eben nicht, sondern sorgt dafür, daß das Feuer sich ausbreiten kann, während er es dementiert.

35

Verschwindende Stichwörter: Die Midlife Crisis scheint aus der Mode zu sein, noch ehe sie recht ausgenutzt wurde. Wenn einer die Krawatte ablegt und sich eine Freundin zulegt, aus Familie und Lebensverantwortung aussteigt, kann er zwar auf Milde hoffen, aber nicht mehr auf ein Stichwort, das den Nichtsnutz legitimiert und von allem Stirnrunzeln freistellt. – Oder wo ist der Gewerkschaftsstaat, Schreckwort vieler Freunde der Marktwirtschaft, geblieben? In der Wirtschaftskrise ist der Staat kaum wahrzunehmen, geschweige denn eine vom DGB unterjochte Politik. – Selbst jahrhundertealte Nobelwörter verlieren Glanz, ja Verwendbarkeit, „Herr“ zum Beispiel. „Herren“ausstatter bezeichnet ein Geschäft, das teure, aber modisch überlebte Waren für eine bereits abdankende Generation bereithält. Ansonsten kommt es noch als Aufschrift auf Toilettentüren vor. Die Wendung „er ist ein Herr“, hat schon einen Beigeschmack des Antiquierten, Komischen, so wie im Englischen, wenn von einem gesagt wird, er sei ein Gentleman. Gut, daß uns wenigstens die Anrede „Herr“ bleibt und das Siezen, das dazu gehört.

36 Der Dichter L., vor eineinhalb Jahren aus der DDR geflüchtet, wird von einer Rundfunkanstalt eingeladen, seine Eindrücke als Zugezogener in einem Film zu schildern. Er lehnt das Ansinnen widerstrebend ab und gibt endlich zu erkennen, warum: seine Eindrücke in der Bundesrepublik seien beinah uneingeschränkt positiv, auch von Ablehnung ihm gegenüber oder von der Isolation des Zugereisten habe er hier nicht das mindeste verspürt; er sei im Gegenteil freundlich, unbefangen, herzlich aufgenommen worden. Doch so viel habe er gelernt – mit einem derartigen Bericht (und anders als wahrhaftig wolle er sich nicht äußern) werde er sich in der Branche blamieren und bei Auftraggebern unwillkommen sein. Ob man das Angebot nicht ein Jahr später erneuern könne? Dann sei er vielleicht soweit, die gewünschten Negativa beizusteuern.

37 Endlich Frühling und Sonnenschein. Der Freiluft-Frohsinn bricht sich Bahn, mit den Einladungen, denen man ausweichen möchte. Das Gartenfest: lauwarmes Bier oder Landwein, der Grillgestank und das rustikale Buffet, die Konversation der Skigebräunten wendet sich der nächsten Bräunung zu. – Und zu Haus sind die Räume stiller, die Getränke besser, und nahe dem Brunch ist die Liegestatt. Und doch geht man hin; es ist so schön, Mensch unter Menschen zu sein.

24. April 1981

38 Je höher einer in der Hierarchie steigt, desto weniger tut er für die Instanz, die ihn bezahlt. Er weilt auf Konferenzen und Seminaren, auf Empfängen und Diners, hält Reden zu festlichen und traurigen Anlässen, füllt Ehrenämter aus und sitzt in Räten, nimmt Gesamtgesellschaftliches wahr. Und, o Wunder, man dankt es ihm.

39 Professor M., Sozialwissenschaftler an einer der neuen Universitäten im Revier, berichtet von den Vorlesungsgewohnheiten der

Studenten: fleißig und lernwillig seien sie, nicht von intellektueller Aufgeregtheit, gern bereit, schon morgens um acht zur Vorlesung zu kommen, doch gänzlich unwillig am Spätnachmittag oder Abend. Um fünf muß Schluß sein. Ein Sieg der Arbeitswelt über die akademische; ich erinnere mich aus der eigenen Studienzeit, daß ein Lehrer an der Marburger Juristenfakultät im Sommersemester seine Vorlesung auf einen Frühtermin setzte – kaum die Streber gingen hin, er war moralisch boykottiert. Offenbar ist die Verfassung der Universität der seelischen Verfassung der Studenten ganz unangemessen. Da sie auf das Handfesteste lernen wollen, und zwar im Acht-Stunden-Tag mit geregelter Freizeit, sind all die Mitwirkungsrechte billiges Manipulationsmaterial für die wenigen, die zwar auch Karriere im Auge haben, doch von ganz anderer Art.

40

Ich erhalte einen Aufruf zur Entkriminalisierung der Homosexualität zur Mitunterzeichnung. Die wohlmeinenden Veranstalter, die einen gleich als „konservativen Vordenker" in Anspruch nehmen, wollen den Paragraphen 175 StGB ersatzlos gestrichen sehen. Darüber ließe sich reden, wenn auch lieber nicht mit Hilfe von Resolutionen; die Zusammenrottungen von Meinungsträgern haben längst den Verdacht begründet, daß die Namen der Bessergestellten den Eindruck machen sollen, den ihre Argumente oft verfehlen. Immerhin ließe sich die Abneigung gegen Resolutionen überwinden, wenn nicht der Text die Klage enthielte, daß Homosexuelle nach wie vor beleidigt, geängstigt, entwürdigt und schikaniert würden und daß uns das Wort nicht unberührt lasse, nach dem für die Homosexuellen das Dritte Reich noch nicht vorüber sei. Die Verwertung der Untaten des NS-Reiches zur Anklage gegenwärtiger Zustände wäre infam, wenn sie nicht längst gedankenloser Übung entspräche; die für höhere Preise demonstrierenden Bauern führten in Bonn ein Banner mit, auf dem von einem Auschwitz für die Landwirtschaft die Rede war. Der Kern meiner Ablehnung war denn auch nicht dies, auch nicht die Wahrnehmung, daß Homosexualität längst in die Alltäglichkeit aufgenommen ist und in zivilisierten Umgebungen nicht mehr Interesse findet als irgendeine andere persönliche Eigenheit. Nach einiger Bedenklichkeit mußte ich mitteilen: In dem Aufruf ist gesagt, „daß Homosexualität nicht verpönt und verfolgt werden solle, sie sei nichts Infektiöses, Kriminelles« – und dann „Minderes". Das letztere mag ich nicht bekunden. Homosexualität ist für mich nichts Minderes im Sinne eines moralischen Unwerturteils, aber doch im Sinne des Unvollkommenen einer menschlichen Verfassung, die zwar zum Bestand des Menschlichen gehört, aber zu seinem Fortbestand nicht beiträgt. Das entbindet in keiner Weise von der Pflicht der Menschenliebe und der Toleranz; aber das Recht zur Unterscheidung steht jedem Menschen zu, auch dann, wenn er einer Mehrheit angehört; ein gänzlich unterscheidungsloses Wohlwollen halte ich nicht für Menschenpflicht – es gehört eher zur Sicherung der eigenen Identität, daß ein Anderssein als solches wahrgenommen und das jeweils Eigene vom anderen nicht nur unterschieden, sondern auch bevorzugt wird.

41 Die deutschen Ärzte, die heute vielgeschmähten, brauchten nur auf ihre Vorgänger, Vorbilder zu schauen. Über den deutschen Hippokrates, Lebrecht Friedrich Benjamin Lentin, heißt es in Rohlfs Medicinischen Classikern (Stuttgart 1880): „Er wurde eines Tages beim strengsten Froste im Schlitten nach einer benachbarten Stadt verlangt. Die Kälte war so schneidend, daß er sich niederlegen und seinen erfrorenen Mund im Fußsack verbergen mußte. Nach diesem Erfrieren des Mundes verlor er alle seine gesunden Zähne: sie lösten sich aus dem Zahnfleisch und fielen aus. Dieser traurige Umstand zwang ihn, seine Flöte, die er so schön blies, zu verschenken."

42 Sozialer Ausgleich: In der Zeit, da die Prügelstrafe für die Kinder abgeschafft wird, wird sie für Erwachsene wieder eingeführt. –

Überhaupt steht Strafe als Mittel der Erziehung der Unmündigen unter ideologischem Verdacht; gegenüber den Mündigen erfreut sie sich einer steigenden Gunst der Obrigkeit – der Verkehrspolizist lehrt Erwachsene das Fürchten wie früher der Vater, der Lehrer, der Pfarrer die Kinder.

Nichts Lästigeres als ein Sünder, der Buße getan hat – selbstgerechter als alle Gerechten. 43

8. Mai 1981

Die angelsächsische öffentliche Meinung verfällt beim Anblick von „Royalty" in ungenierte Infantilität. Im Gegensatz zum Kontinent, wo Geschichten über Fürstlichkeiten nur von den niedrigsten Schichten konsumiert und ernst genommen werden, versinken in Großbritannien, besonders aber in den USA, ansonsten zu Kaltblütigkeit und Zynismus neigende Blätter in augenrunde, offenmundige Anbetung. Der königlichen Familie Englands werden Eigenschaften angedichtet, wie sie früher im Glücksfall Monarchen eigen waren – zwar keine Intellektualität, aber politische Intelligenz und gesunder Menschenverstand, ja Charisma, dabei ein angeborenes Gefühl für Würde, das es beispielsweise undenkbar erscheinen ließe, wie in der Herald Tribune in einem adulativen Artikel zu lesen war, daß jemand vom Hause Windsor sich je auf einem Fahrrad seinem Publikum zeige, wie es skandinavische und holländische Popularfürstlichkeiten täten – tags darauf war der Thronfolger auf dem Zweirad zu sehen; seine Braut, ein Menschenkind mit eher normalen Vorzügen, freundlich, jung, gelungene Mittelschule, muß auch gleich zum Ideal erhoben werden – an erotischer Präsenz, Anmut und Bildung. – Uns hingegen erfreut ein Präsident, als Wandersmann mit dem Stab in der Hand; er reißt nicht hin und strengt nicht an. 44

45 „Die feine englische Art.“ Der arme Helmut Schmidt ist darauf hereingefallen, wie so viele anglophile Deutsche vor ihm, die sich vom sorgfältig gepflegten Image der englischen Oberklasse haben blenden lassen. Die feine englische Art gibt es tatsächlich, und sie hat dem Prestige der britischen Weltmacht und seiner Bestätigung gedient, denn sie lief auf nichts anderes hinaus als auf die strikte und oft genug kleinliche Wahrnehmung der eigenen Interessen, bei sorgfältiger Bewahrung angenehmer Formen, der Respektierung anderer Eigentümlichkeiten und Traditionen, solange diese nicht stören. Fairness kennt sie – im Sport der Wohlerzogenen vorzugsweise; sie ist indes kein Rechtsbegriff. Ein Abklatsch davon ist die hanseatische Vornehmheit der königlichen Kaufleute, deren Geschäftssinn keinen Augenblick dadurch beschädigt war, daß sie untereinander und gegen den Fremden einen zivilisierten und kühlen Umgangston pflegten. Gemütlichkeit in den Seelen ist dieser Vornehmheit fremd; menschliche Schwächen werden gern nachgesehen, geschäftliche nie. Von Großmut (und ihrer heruntergekommenen Spielart Gutmütigkeit) weiß die feine Art nichts.

46 Die systematische Minderheitenpflege macht immer neue Randgruppen aus, die betreut werden. Allmählich entsteht um eine Mitte von Produzenten und Konsumenten, die völlig zu unterwerfen noch nicht möglich und auch nicht dienlich ist, weil sie das Sozialprodukt für alle erwirtschaften, eine soziale Diktatur der öffentlichen Betreuung. Sie lebt einerseits aus durchaus vorhandenen Betreuungsbedürfnissen der Ausgegliederten, Ausgetretenen, von Natur oder Gesellschaft Benachteiligten, und zum anderen von der Überschußproduktion der nach sozialen Funktionen gierenden Berufe, die nicht nur das Ergebnis der Bildungsplanung vergangener Jahrzehnte ist. Die Not ist selbst ein gesellschaftliches Bedürfnis geworden: Notleidende müssen gefunden werden, damit die Wohltäter ihr Opfer haben. Die Mehrheit ist für die Minderheiten da; und der Rechtsstaat wird dem Sozialstaat hin-

derlich, der immer erbarmungsvoller zuschlagen möchte. – Die Millionen von Arbeitslosen und Gastarbeitern sind keine Randgruppen, sie verkümmern in der Mitte.

47 Der Goj will witzig sein. Die neudeutsche Satire findet ihre Lust darin, einen Autor im Zitat vorzuführen und dazu „Scheiße!“ oder „Faschist!“ zu rufen. Trotzdem angenehm für den Angegriffenen. Solang er richtig buchstabiert wird, kann er zufrieden sein, sein Text bricht aus der polemischen Umrandung heraus.

48 „La vie russe, c'est le communisme“, schrieb Jules Michelet 1851 und: „gestern sagte uns Rußland ‚ich bin die Christenheit‘, morgen wird es uns sagen ‚ich bin der Sozialismus‘.“ Das ist die Legitimation eines unabsehbaren Herrschaftsanspruchs und zugleich Beispiel der „propagande russe infiniment variée“. Zu lesen in der Schrift „Pologne et Russie“; gerade heute zu lesen. Die Darstellung der russischen Interventionsvorwände, der Beherrschungstechnik gegen die Polen, könnte nicht aktueller sein. Der russische Kommunismus, den der französische Historiker beschreibt, ist natürlich nicht marxistischer Art, sondern gewissermaßen elementar – die lässige, leistungsferne Lebensart eines exotischen Volkes; darauf hat Alexander Herzen eine Antwort unternommen. Nach 1848 hatten die politischen Köpfe Europas (darunter Tocqueville, Donoso Cortès, Bruno Bauer) den weiten Blick, der den bestimmenden Staatsmännern abgeht und abzugehen pflegt. – Die echten Prophezeiungen gelangen immer erst zur Kenntnis, wenn sie längst eingetreten sind.

22. Mai 1981

49 „Kaiser Nicolaus, der einen wahren Haß gegen die Bildung hatte, erließ einen denkwürdigen Befehl: In den niederen Schulen Geometrie zu lehren, doch *ohne Beweise*. Erst in den sogenannten edelgeborenen Schulen sollten auch die Beweise gelehrt werden“, so

Victor Hehn in „de moribus ruthenorum". Die Notiz stammt aus dem Herbst 1857. Heute sind wir einen Schritt weiter; in einfachen wie in edelgeborenen Schulen werden Wahrheiten bevorzugt, die gar keinem Beweis zugänglich sind. Der feste Buchstab ist geächtet, die Geschichtszahl, die philologische Genauigkeit im Umgang mit Texten. Statt dessen unbefangene Kommunikation auf der Basis gemeinsamer Ignoranz. Der Zar wollte den Massen eigenes Denken ersparen, damit sie leicht regierbar blieben. Heute wird vorgeblich Wissen allen zugänglich gemacht, doch in Wahrheit unmerklich sekretiert – die Manipulierbarkeit der sich kenntnisreich Dünkenden wächst ins Absehbare, nämlich bis zum Ende einer politischen Form, die auf die Urteilsfähigkeit ihrer Bürger abstellt.

50 Wie die Nationen einander erkennen. – Zu Beginn der Reisezeit übt sich wieder der Blick, die Herkunft der anderen aus äußeren Merkmalen zu erschließen. Wenn in südlichen Gegenden einer helle Anzüge trägt, kommt er aus dem Norden, wird Deutscher sein oder Skandinavier. Die zu kurze Hose markiert den Amerikaner, die kurz gebundene Krawatte den Briten. Das große Karo, bügelfrei, deutet auf Touristen aus den USA hin, Japaner sind ohnedies kenntlich an ihrer Menge, wären es aber auch sonst, weil sie alle den gleichen Anzug mit weißem Hemd und Krawatte zu tragen scheinen. Der Hemdkragen überm Jackett ist Amerikanern aus dem Süden und Westen des Landes, Israelis und den niederen Rängen aus dem Ostblock eigentümlich. Nur selten nehmen wir wahr, was uns selber kenntlich macht – ein Hang zur Sandale, dem ausrasierten Nacken und eine Gewohnheit, die insbesondere die Angelsachsen abscheulich finden, sich ungeniert bei Tisch zu schneuzen oder gar das Frühstücksei zu guillotinieren. – Jede Nation belächelt die anderen, und alle haben recht.

51 Abgesehen von allem Theologischen gibt es für Randgruppenmentalität in der evangelischen Pfarrerschaft auch die Erklärung,

daß sie selbst zu einer Randgruppe geworden ist oder sich so empfindet. Der Pfarrherr von einst war die zentrale Gestalt der Gemeinde, im geistlichen wie im weltlichen Sinn, und sein Pfarrhaus ein Mittelpunkt. Davon ist wenig geblieben. Sein Beruf ist respektiert wie andere akademische Berufe auch, aber gesellschaftlicher Reduktion unterworfen. Die Einsamkeit, die der Seelsorger thematisiert, mag zum eigenen Problem geworden sein. Primäre Wahrnehmungen der Wirklichkeit werden seltener: Umwelt wird ihm eher durch die Medien vermittelt als Ärzten, Anwälten oder Kaufleuten. Die Alltäglichkeit seiner Mitmenschen begegnet ihm nicht als Norm, sondern als Ausnahme. Er ist aber nicht Priester einer Religion, die sich im Kultischen erfüllt. Sein Amt war immer aufs Soziale angelegt, das sich ihm heute mehr und mehr verschließt.

52

Die Bundestagsabgeordneten erledigen ihre Post auf einem Briefpapier, das schon seit frühen Zeiten des Parlaments mit dem Bundesadler ausgestattet ist. Über dem Bundeshaus weht aber die Fahne Schwarz-Rot-Gold ohne Adler; im Plenarsaal ist sie auch so zu sehen; der Adler ziert in einer willkürlichen graphischen Form die Stirnwand. Der Bundesadler ist ein hoheitliches Symbol, wird, wie jedermann weiß, von den Behörden in Dienstsiegeln, auf den Hausschildern, den Flaggen und von den Hochgestellten im Autostander geführt: er markiert Staatsgewalt und Obrigkeit. Auch das Parlament, die Gewählten, treten den Wählern hoheitlich mit dem Imponieranspruch einer Obrigkeit entgegen. Schon der zweite Bundestagspräsident D. Hermann Ehlers, eine Figur von kompaktem Durchsetzungsvermögen, hatte es sich zum Programm gemacht, „dem Parlament ein Gesicht zu geben“. Sein Nachfolger D. Dr. Eugen Gerstenmaier war um Hebung des parlamentarischen Prestiges mit Mitteln des Protokolls bemüht. Ob der Bundestag als Volksvertretung im altmodischen Sinne viel Vertrauen gewonnen hat, mag dahinstehen, als Obrigkeit pocht er auf Respekt.

53 Kurzreisen nach Keitum und nach Vence. Dort ein Hotel von großem Prospektluxus und Michelinstern, aber das Meublement ohne Charme, die Küche ohne Distinktion. Im Norden alles bescheidener und vortrefflich. Der Reisende hüte sich vor den herrlichen Aussichten. Mancher Hotelier verläßt sich darauf, daß das Auge in die Ferne schweift und des Zimmers, des Tellers nicht achtet. – An beiden Plätzen hellste Sonne, klarster Frühling. Eine andere Anekdote von Zar Nikolaus kommt bei Rückkehr in den Sinn: Er hatte sich Kritik am Klima von St. Petersburg verbeten, doch die am Wetter war erlaubt. Auch in den Rheinlanden ist das Klima vortrefflich, nur das Wetter ist schlecht.

6. Juni 1981

54 Voraussetzungen geistiger Produktion. Von der Baudelaireschen Trias Calme, Luxe, Volupté (hübsche, höchst private Gegenformel zu der der Revolution) ist es nur die erste. Goethes Produktivität hat auch auf der Organisation des Tagesablaufs beruht. Um sechs Uhr Kaffee, keine Anfahrt zum Büro, der Sekretär wartet schon nebenan, das Schreiberzimmer ist am Frauenplan nur wenige Schritte entfernt, so daß auch die Reinschrift gleich „mundiert" werden kann. Zwischendurch ein kleines Frühstück gegen zehn, Mittagessen um ein oder zwei Uhr. Am Vormittag wird kein Besuch angenommen, überhaupt bleibt der Arbeitsplatz Fremden unzugänglich, die Tätigkeit am Werk geht unbehindert vonstatten. Die Arbeitsbibliothek im Haus; fehlt ein Buch, so wird es in zehn Minuten vom Diener aus der herzoglichen Bibliothek geholt. Fünf oder sechs Stunden hat Goethe die Ruhe, die er braucht; der Straßenlärm, ohnedies nicht bedeutend, dringt nicht ins Hinterhaus, auch vom Webstuhl des Leinewebers nebenan ist hier nichts zu vernehmen. Erst am Nachmittag wird Goethe öffentlich, aber auch dies streng reguliert. Keine Diners, Gesellschaften selten. Dafür gegen Abend die Freunde Riemer, Meyer, Knebel, die dem Werk dienstbar sind. Der Staatsminister geht

weniger oft zum Fürsten als dieser zu ihm, auch wenn es um Amtliches geht. – Dem Dichter kommt zustatten, was er nicht hat. Kein Telefon kann sich in den Gedanken- und Diktierfluß drängen; Reisen sind selten und nur vom eigenen Bedürfnis veranlaßt. In seinem sechzigjährigen Arbeitsleben hat er keinen Vortrag gehalten, eine Rede zur Bergwerkseröffnung in Ilmenau, ein paar Würdigungen in der Loge. Es gab noch keine Tagungen, keine Podiumsgespräche und keine Interviews. Dennoch teilte sich die Welt mit, und er sich der Welt, ohne die technischen und menschlichen Vermittler, die Kultur konsumabel zu machen. – Anderthalb Jahrhunderte Fortschritt, und die Kommunikation erwürgt die Produktion.

55

Dreizehn Stunden lang empfangen Joseph und Eva am Drakeplatz die Menge, die ihren Beuys zum Sechzigsten feiern will. Viele sanfte Grüne, die dem Meister Verehrung und Handgemachtes darbieten, dazwischen junge Künstler, Museumsleute und Fotografen, Baumkuchen, Spießbraten und sommerliche Getränke – ein schönes Volksfest; Volksfest auch in dem Sinn, daß das offizielle Deutschland von seinem berühmtesten Künstler nicht Notiz nimmt – keine Botschaft vom Präsidenten oder vom Kanzler, immerhin ein Telegramm von Helmut Kohl. Ich werde milde interpelliert: Was denn jemand hier suche, der mit Beuys' Politik gar nicht übereinstimme. In der Tat. Die Ablehnung der Überzeugung, die Kunst des Künstlers sei von seiner Politik nicht zu trennen, man habe sein Genosse zu sein, wenn man an seiner Kunst teilzunehmen wünsche, gilt als abwegig. Muß man Kommunist sein, um Brecht oder auch Dashiell Hammett, autoritär, um Borges, Ghibelline, um Dante zu lesen? Solche Fragen fruchten wenig. Noch weniger die Vermutung, daß übermäßiges Engagement der Kunst eher abträglich sei, wie bei Käthe Kollwitz oder Frans Masereel. Daß ein Bild und ein Gedicht alles Meinen transzendiere, wird freundlich belächelt und bourgeoisem Geisteszustand zugute gehalten.

56 Ganz so heiter ist der Wahlabend in Paris denn doch nicht gewesen. Zuerst ein frohes Abendessen in einem kleinen Restaurant im sechzehnten Bezirk, bei dem, je mehr Hochrechnungen ruchbar wurden, die Gäste immer trauriger und die Kellner immer lustiger ausschauten. Dann Fahrt über die Champs Élysées im Strom der siegestaumelnden jungen Leute aus den Vororten, deren Gestik und Geschrei nicht nur mehr zum Mitmachen einluden, sondern aufforderten. Vor dem Hauptquartier der Sozialisten eine große und glücklich gestimmte Menge, die die Morgenröte des Vaterlandes feierte, mit Umarmungen und Jubelrufen nicht sparte, auch das ironische Postulat dankbar goutierte – „Les aristocrates à la lanterne", oder „Nur noch neun Monate Schwangerschaft!". Auf dem Weg zur Bastille, auf dem schlecht beleuchteten Pont Sully, tritt ein Trupp Rechter die Wanderer an, stellt sie zur Rede, reißt die Mitterrand-Plaketten vom Revers und schäumt vor Rache, hätte auch gern geprügelt, wenn nicht die linke Übermacht im Anmarsch gewesen wäre. Auf dem Platz ist eine Stunde später die Riesenmenge versammelt, dem Kommunisten mehr zujubelnd als dem Sozialisten Rocard. Übermütig, ausgelassen dabei, das ist wahr. Aber die Ausgelassenheit einer Viertelmillion hat ihre bedrohlichen, ja terroristischen Züge. Nichts leichter, als sich den Umschlag der Aufgewiegelten, sich selbst Aufwiegelnden vorzustellen. Die kritische Masse der unkritischen Masse war längst überschritten.

57 In Deutschland ist es wichtiger, Verständnis zu haben als Verstand.

9. Juni 1981

58 Die bürgerlichen Formen, die diejenigen bekämpfen, die die Seife so verabscheuen wie das Grundgesetz, sind unsicher genug. Was in anderen Ländern als lebenserleichternde bürgerliche Konvention geachtet wird, hat sich bei uns nie recht etablieren können

und wird immer mehr das Opfer des Hangs zum Originellen, den die gerne pflegen, die das Zeug nicht dazu haben. Das fängt bei Visiten- und Einladungskarten an und hört bei Todesanzeigen auf. „Monsieur et Madame Charles Dupont prient ...", heißt es so selbstverständlich wie „Mr. and Mrs. Alfred Smith request ...", während man im Deutschen sich mit „Herr" selber nicht benennen mag und die Subsumption der Gattin unter den Vornamen des Mannes als exzentrisch gilt; statt dessen lassen „Irmi und Karlfriedrich Meier" wissen, daß sie sich freuen würden – dem Einfallsreichtum ist, man habe denn eine hohe amtliche Stellung inne, kein Maß gesetzt. Die Todesanzeige signiert nicht der Nächstbetroffene, der sie freilich bezahlt; es versammelt sich die Großfamilie, um kundzutun, daß der Verstorbene liebender Gatte und Vater, Großvater, Bruder, Onkel und was nicht alles gewesen sei. Nicht selten wird ihm der Tort angetan, sein Leben darauf zu reduzieren, daß es „nur Sorge für die Seinen" gewesen sei. Auch Offenlegung der Glaubens- und Bildungsverhältnisse findet zuweilen in den Leidzirkularen statt, durch Mitteilung eines schicklichen Verses oder stattgehabten geistlichen Beistands; zum Schluß gelegentlich die Wendung „in stiller Trauer", zur Abwehr des Verdachts, es könnte auch in unserem Kulturkreis lärmiges, gar ausschweifendes Klagen Eingang gefunden haben. – Daß die Herren den Damen ins Restaurant vorangehen als wären es Räuberhöhlen, mag in Häusern, wo man sich Tisch und Stuhl erkämpfen muß, immerhin verständlich sein, daß den Frauen die Männerhand entgegengereckt wird, schon weniger: und kaum, daß hierzulande die Gäste eine Gesellschaft beenden sollen statt des Gastgebers (selbst die Oberhäupter unserer bürgerlichen Republik halten es so). Alles bloß Formsachen! denkt der redliche Deutsche. Aber was für einen Inhalt muß einer haben, der ohne sie auskommen kann.

59

Direkte Anglizismen werden, aus der Mode gekommen, wieder ausgeschieden, die indirekten werden einheimisch, so töricht sie sein mögen. So sagt jemand einmal mehr (once more) *in* German statt *auf* deutsch, daß er in Batzdorf *lebe,* obgleich man dort bloß wohnen kann.

60 Die Weltbevölkerung wächst, aber explodiert nicht. Die einfältigen Hochrechner, die in vergangenen Jahren für das Schreckensbild einer übervölkerten Erde sorgten, auf der die Masse Mensch rattenhaft gedrängt, rattenhaft neurotisch, rattenhaft auf Nahrung gierig nur den Untergang erwarten darf, müssen sich korrigieren – so vorsichtig freilich, daß ihre Scharlatanerie möglichst wenig auffalle. Daß von einem Bevölkerungswachstum in Westeuropa und Japan nicht mehr die Rede sein kann, weiß jeder. Gleiches gilt für die USA, fast auch schon für die Sowjetunion. In dem „Global 2000 Report", den Präsident Carter in Auftrag gegeben hatte, kommt noch eine Schätzung einer Weltbevölkerung von 30 Milliarden in den nächsten 120 Jahren vor; diese wird die Erde nie erblicken. Die heutigen Hochrechner reden von 20 Milliarden oder auch nur von 8; 4,5 Milliarden Menschen gibt es derzeit. Wenn man davon ausgeht, daß eine Bevölkerung konstant bleibt, sobald eine Geburtenziffer von ungefähr 15 Lebendgeborenen pro 1000 Einwohner erreicht ist, zeigen sich auch große Entwicklungsländer auf dem Weg zur Stabilität statt zur Explosion. So ist die Geburtenrate in der Volksrepublik China von 1950 bis 1975 von 40 auf 22 gefallen (die Chinesen auf Taiwan haben gar keinen „Zuwachs" mehr). Die indische Rate fiel seit 1950 von 43 auf 35. Die indonesische Geburtenrate ist von 46 auf 36 gesunken, die brasilianische von 44 auf 30; Thailand, Türkei und Mexiko haben 10 pro 1000 weniger als vordem. So unterschiedlich die Zahlen, so eindeutig die Tendenz. Die Weltbevölkerung wächst noch, wie immer in Zeiten der Not und der Hoffnung, aber die Vermehrung schlägt schon um in die Mäßigung, die mit wachsender Bildung und einigem Wohlbefinden einhergeht. Daß auch dieses Wachstum problematisch ist und noch problematischer wird, weil die Lebenserwartung in den Entwicklungsländern sich ständig ver-

bessert (in Indien von 41 Geburtstagen 1950 auf 56 dreißig Jahre darauf), bedarf keines Kommentars, aber doch des Zusatzes, daß jedes Baby nicht nur mit einem Mund, sondern auch mit Händen und Füßen geboren wird. Vielleicht hatten die Päpste mit ihrem Vertrauen auf eine regulative Weltvernunft doch recht und nicht Alarmisten wie Professor Grzimek, der, unser aller Umwelt und des Wildes wegen, mit dem Gummistempel unter seinen Briefen zur diminutio generis humani aufruft. Positive Zweifel liegen nah.

61 Böse Nachricht aus Bonn: der Sigmatismus Helmut Kohls ist unheilbar.

3. Juli 1981

62 Dem alten Kollegen Fredericia klagte ein akademischer Berufsanfänger sein Leid, er sei so erfolglos. Antwort: Trösten Sie sich – erfolglos sind Sie noch nicht, erfolglos werden Sie erst.

63 Düstere Vermutung. Egozentriker haben am ehesten eine gute Chance, uralt zu werden: Menschen, die sich selbst und ihr Werk, ihre Leistung, ihre Gesundheit, ihre Fürsorge für alles mögliche pp. (also immer wieder sich selbst) wichtiger nehmen als alles andere: vorzüglich gilt das für leitende Staatspersonen, die nie ein Zweifel an der eigenen Unentbehrlichkeit ergreift. Erfahren sie diese aber doch aus roher Umgebung, dann fällt sie der erste Augenblick.

64 Historische Reminiszenz. Der deutsche Marineattaché in Istanbul berichtete unter dem 11. 1. 1941 seinem Botschafter in Ankara, dem Herrn von Papen, von einem Vorschlag der nationalen mili-

tärischen Organisation Palästina (Irgun zwai leumi) „betreffend der Lösung der jüdischen Frage Europas und der aktiven Teilnahme der N.M.O. am Kriege an der Seite Deutschlands". Voraufgegangen waren mannigfache Kontakte, auch in Palästina selbst, von Vertretern der Irgun und der „Judenpolitik" des Hitler-Regimes, in denen, getragen von der beiderseitigen Auffassung, ein je auserwähltes Volk zu repräsentieren, von Zusammenarbeit die Rede war. Der Irgun ging es darum, die Reichsregierung in der Absicht zu bestärken, die Juden aus Europa zu entfernen, vorausgesetzt, daß diese in Palästina eine Heimat fänden und eine entschiedene Mehrheit gegen die Araber begründeten. In dem Geheimbericht des Attachés heißt es: „Dieses Angebot seitens der N.M.O., deren Tätigkeit auf das militärische, politische und informative Gebiet, in und nach bestimmten organisatorischen Vorbereitungen auch außerhalb Palästinas, sich erstrecken könnte, wäre gebunden an die militärische Ausbildung und Organisation der jüdischen Manneskraft Europas, unter Leitung und Führung der N.M.O., in militärischen Einheiten und deren Teilnahme an Kampfhandlungen zum Zwecke der Eroberung Palästinas, falls eine entsprechende Front sich bilden sollte. Die indirekte Teilnahme der israelitischen Freiheitsbewegung an der Neuordnung Europas, schon in ihrem vorbereitenden Stadium, im Zusammenhang mit einer positiv-radikalen Lösung des europäischen Judenproblems im Sinne der erwähnten nationalen Aspirationen des jüdischen Volkes, würde in den Augen der gesamten Menschheit die moralischen Grundlagen dieser Neuordnung ungemein stärken. Die Kooperation der israelitischen Freiheitsbewegung würde auch in der Linie einer der letzten Reden des deutschen Reichskanzlers liegen, in der Herr Hitler betonte, daß er jede Kombination und Koalition benutzen werde, um England zu isolieren und zu schlagen." – Im Jahr darauf schloß sich Menachem Begin der Irgun an. Für die Taten, Gedanken und Hintergedanken seiner Vorläufer und Oberen war er so wenig verantwortlich wie der Oberleutnant Schmidt für die der seinigen.

Metaluna IV antwortet nicht. Seit Samuel Butlers „Erehwon" gebe es, wird behauptet, nur noch negative Utopien, da vor der Vollindustrialisierung von Platon bis Marx nur die positiven im Schwange waren. Das stimmt nicht – die positive Utopie hat nur eine andere Ausdrucksform und heißt jetzt Science-fiction. Vornehmlich die Filme des Genres drücken Optimistisches aus: Wie es den Erdlingen gelingt, allen Monstern des Weltalls zum Trotz, sich und ihre Lebensform zu behaupten. Zweierlei fällt dabei auf: die künftige Lebensform wird als freiheitlich imaginiert, aber im privaten Bereich: von Demokratie und allgemeinen Wahlen ist nirgends die Rede, all die galaktischen Räte stellen die Herrschaft einer auf technische Intelligenz gegründeten Funktionselite dar. Das war vor Jahren schon dem politischen Scharfsinn von Günter Grass nicht entgangen, der die Fernsehserie Orion als faschistisch anprangerte. Das zweite: Orion war ein multinationales Unternehmen, mit keinem hervortretenden deutschen Helden, obgleich eine deutsche Produktion; amerikanische oder japanische Science-fiction bezieht die Zukunft optimistisch noch auf die eigene Nation; unser Unterhaltungshaushalt ist mit den Problemen vollgestopft, die einer trüben Gegenwart gelten und Zukunft ausschließen. – Bei den amerikanischen Zukunftsfilmen wird als Aktiver regelmäßig der Typ des Stiernackens vorgeführt, der Wissenschaftler sieht meist aus wie ein deutscher Emigrant. So schlägt die Gegenwart ungewollt in die Zukunft durch. – Gegenüber intelligenter Science-fiction ist die offizielle Futurologie ganz ohne Interesse, bloß eine langweilige und dumme Form der Kulturkritik. 65

Zum Umgang von Obrigkeit und rebellierender Jugend: Der Dialog der Sprachlosen ist die Prügelei. 66

67 Mein Lehrer Julius Ebbinghaus, jetzt im Alter von fünfundneunzig Jahren verstorben, war ein Mann, der sein Leben ganz dem Werk Kants verschrieben hatte, sich aufrecht durch die Hitlerzeit brachte und seine Hörer durch Liebenswürdigkeit und Eleganz des Vortrags wie Schärfe des Argumentierens unvergeßlich beeindruckte. Ihm wurde einst am Schwarzen Brett der Marburger Juristenfakultät die Ehrung zuteil: „Die Rechtsphilosophie von Prof. Ebbinghaus ist nicht Rechtsphilosophie im Sinne der juristischen Prüfungsordnung."

68 Gegen Autobiographien von Politikern wird der Einwand erhoben, daß sie nicht bloß subjektiv schreiben wie jedermann, sondern ihre Lebensbeschreibung als politisches Instrument einsetzen, sich selber rechtfertigen und ihre Gegner züchtigen, und daß der Wunsch, ihrem Wirken eine Kontinuität und sich einen Nachruhm zu sichern, die Erzählung durchweg verderbe und selbst die Darstellung von Tatsachen verzerre. Der Einwand ist richtig, aber trifft nicht. Gerade die Verzerrung der Geschichte, die der Autor gar nicht unterlassen kann, weil sie seine Wahrheit ist, macht den Wert solcher Autobiographien aus. Die verläßlich nacherzählenden Politiker, die sich um Gerechtigkeit mit Erfolg bemühen, belegen damit noch im nachhinein, daß es ihnen am politischen Willen gefehlt hat, daß ihr Ehrgeiz sich auf Prestige richtete und sie eher Eitelkeit antrieb, aber keine große Idee oder tiefe Absicht, der sich ihre Realität zu fügen, ihre Gegenwart zu unterwerfen hatte. Man lese Bismarck oder Bülow, de Gaulle oder Bidault, Eisenhower oder Kissinger, Adenauer oder die Teilnehmer an seiner Zeit, die allmählich mit ihren Päckchen herausrücken – da ist einer, der, ganz unabhängig vom schriftstellerischen Talent, einen Gedanken zu befestigen, ein Gestalten zu legitimieren hat, und ein anderer, der nur sich in die Geschichte einträgt, die er nicht gemacht hat; zur Geschichte der Kulisse mag der Statist beitragen,

der sie beobachten kann, während der Held an der Rampe agiert und ins Dunkle blickt; die trübere Quelle ist die kräftigere und ergiebigere. – Wie Malcolm Muggeridge zeigt, wird die verläßlichste Zeitgeschichte als Autobiographie von Journalisten geschrieben, die nicht an politischem Ehrgeiz leiden.

69 Zur Geschichte der Nazi-Zeit. Während die USA sich schon über Rassismus in Deutschland entrüsteten, war noch in neunundzwanzig Staaten die Heirat zwischen Weißen und Schwarzen verboten. Davon und von anderem handelt George M. Fredericksons „White Subpremacy". Ein neueres Buch, „Bad Blood" von James H. Jones, behandelt medizinische Versuche an Negern. Aus Regierungsgeldern finanziert, wurden von 1932 an vierhundert Landarbeiter in Alabama, die an Syphilis erkrankt waren, absichtsvoll nicht behandelt, doch regelmäßig medizinisch beobachtet. Den Männern, deren Leiden zu registrieren war, wurde für medizinische Kontrollen und mancherlei schmerzhafte Eingriffe eine warme Mahlzeit ausgelobt. Auch als Penicillin längst zur Verfügung stand, auch als die Behandlung der Geschlechtskrankheiten 1943 vorgeschrieben war, wurde das Experiment fortgesetzt und erst 1972 beendet; wie Jones schreibt, „das längste nichttherapeutische Experiment an Menschen in der Geschichte der Medizin". – Während die USA die Vergangenheit in Geschichtsschreibung bewältigen, können es junge Deutsche durch Ignoranz. Helmut Kohl widerfuhr es kürzlich, daß ihm, den Hitler-Stalin-Pakt als eine Voraussetzung des Völkerschlachtens erwähnend, „Aufhören mit den Greuelmärchen!" entgegentönte – von dem Pakt hatte man nie gehört, ins linke Weltbild paßt er tatsächlich nicht gut, also hat es ihn nicht gegeben.

70 Schöne Künste. „Paris-Paris" im Centre Pompidou. Zwei Bilder des zu seiner Zeit als progressiver Kopf geltenden Francis Picabia belegen überzeugend, daß er auch wie ein schlechter Nazi-Maler

arbeiten konnte, wenn's gewünscht war; der Einfall, ihn als Vorahner der Pop-Art zu exkulpieren, ist pfiffig – könnte aber auch von den heute Verfemten aufgegriffen werden. Die loyalen Lobpreisungen der französischen Kritik gegenüber einer Ausstellung, die die schwächste in der Serie „Paris-" ist, unterstreichen nationale Verschiedenheit aufs deutlichste: Westkunst in Köln, die auch eine Epoche darstellen will, ohne sie als Epoche glaubhaft zu machen, aber doch erfreulich ist als Ansammlung bedeutender Exponate, stößt auf die massive Pedanterie der Mäkelei, durch welche sich Kunstkritik hierzulande legitimiert. – Die Protestaktionen der Künstler, die in der Westkunst nicht vorkommen, kündigen ein neues Sozialbegehren an: die Einklagbarkeit angemessener Vertretung in öffentlich finanzierten Ausstellungen, ja des ehrenreichen Platzes in der Kunstgeschichte.

71 „Wo zwei oder drei versammelt sind in meinem Namen", sagt der Heiland (Matth. 18,20), „da bin ich mitten unter ihnen." Zum Hamburger Kirchentag waren hundertzwanzigtausend gekommen.

31. Juli 1981

72 Als Philosophen die Zukunft entwarfen, sollte es auf ein Paradies hinauslaufen. Wenn große Architekten Zukunft entwerfen, wie Le Corbusier oder Niemeyer, zeigt sich gleich die antizipierte Hölle. – Weder im Paradies der einen möchte man leben, noch in der Hölle der anderen; leider haben Architekten rascheren Zutritt zur Wirklichkeit als Philosophen.

73 Fort Myers. In der Flughafenhalle läuft auf großen Schirmen ein Fernsehgottesdienst des Anführers der Moralischen Mehrheit, Rev. Dr. Jerry Falwell. Technisch vorzüglich; in einem Bildausschnitt wird die Predigt für Taubstumme übersetzt, auch werden

die Passagen der Heiligen Schrift, auf die sich Falwell stützt, zum Mitlesen eingeblendet. Er selbst im blauen Nadelstreifen vor einer Art Fischer-Chor zu einem sehr aufmerksamen Publikum redend, das aus sonntäglich gekleideten Weißen aller Altersklassen besteht. „Fundamentalism is traditional Christianity!" ruft er aus, aber nicht im Brüllton altmodischer Evangelisten, sondern wohlerzogen-gemäßigt, christliche Tugend fordernd, bürgerliche Tugend verkörpernd. Beide werden als althergebrachte amerikanische Tugend vorgestellt; am Aufruf zum Patriotismus fehlt es nicht, das Land soll sich kraftvoll gegen Pornographie und Homosexualität, gegen Kommunismus und Liberalismus behaupten. Falwell fordert, daß die Christen Ladies sein sollen und Gentlemen, auch Menschenweisheit und Wissenschaft nicht verachten, sondern sich ihrer bemächtigen. – Dieser Fundamentalismus, der moderne Theologie, Bibelkritik und ein Großteil der Kirchengeschichte links liegenläßt, ist unserem Pietismus allenfalls in Formen persönlicher Frömmigkeit vergleichbar, aber ansonsten eine Religion, die in Europa nicht vorkommt. Es sind nicht die Stillen im Lande, die sich zur moralischen Mehrheit versammelt haben, auch keine kleinen Leute, die das Jenseits mit den Tröstungen herbeisehnen, die das Diesseits vorenthält; es ist eine überaus selbstbewußte, auskömmlich ausgestattete Mittelschicht, die durch lange Jahre sich und ihre Überzeugungen von der öffentlichen Meinung und der amtlichen Politik verraten und verspottet sah und jetzt mit Macht dagegen aufbegehrt. Falwell und die Seinen schäumen gegen den verderblichen Einfluß der elektrischen Medien, die sie doch zunehmend besetzen oder einschüchtern (aber in ehrlichem Zorn – nicht gleisnerisch wie unsere Politiker, die sie von Anbeginn beherrschten). Die Mittel des politischen Kampfes, derer sich die moralische Mehrheit bedient, sind nicht nobel, aber wirkungsvoll und gedeckt von einem allerdings unerschütterlichen guten Gewissen. Wie nur eine linke Basisgruppe legen sie Dossiers über Personen an, kontrollieren politische Kandidaten auf Linientreue und Moral, verschmähen nicht Psychoterror oder Denunziation. Die amerikanische Politik in den achtziger Jahren ist ohne diese Lauten im Lande nicht zu verstehen, die an Amerika und die Bibel glauben, keine Verzagtheit kennen und schon gar nicht den Defätismus des europäischen Protestantismus, und die für gegenläufige Argumente ganz unerreichbar sind. – Dieses rechte Christentum ist so unappetitlich wie unser linkes; und gleichermaßen in die politische Rechnung zu setzen.

74 Der Amtsgenosse heißt lateinisch Kollege, auf neudeutsch wird Amtskollege daraus – eine Bezeichnung, die unvermeidlich auftritt, wenn unser Genscher einem fremden Außenminister begegnet. Bei Einladungen wird zur Rückantwort aufgerufen, auch erinnert man sich nicht mehr, der Zeitgenosse erinnert sich zurück. Der alte Optiker ist längst dem Augenoptiker gewichen, dem praktischen Arzt folgt der Facharzt für Allgemeinmedizin. So reden wir, wie uns der Schnabel gebogen wird, damit die Sprache fülliger und pompöser werde, Bedeutung heische, wo nichts zu heischen ist. Schopenhauer hätte einen, der ihn zu „hinterfragen" unternommen hätte, einen Lumpen genannt. Das lehnen wir ab; es ist Pflicht, gegen Barbaren duldsam zu sein.

75 In Trierer akademischen Zirkeln wird der Wunsch laut, die ansässige Universität möge nach dem bekannten Sohn der Stadt, Karl Marx, genannt werden. Nicht undenkbar, daß in Augsburg ein Begehren aufkeimt, die dasige Hochschule Bert-Brecht-Universität zu nennen. Die Landesregierungen in Mainz und München werden nicht willfahren. So bleibt nur festzuhalten, daß die alberne Sitte (sonst nur in Diktaturen der dritten Welt und des Ostblocks einheimisch) bei uns immer wieder Fürsprecher findet, Universitäten, die früher nach ihrem fürstlichen Stifter benannt wurden, mit großen Namen auszustaffieren, die mit der Bildungskörperschaft nichts zu tun haben. Die Universität Frankfurt, die so doch wohl ausreichend benannt ist, trägt außerdem noch Goethes Namen, die benachbarte in Mainz den von Johannes Guten-

berg. Solche Namensgebung lädt den Bekenntnisdrang akademischer Gesinnungstrupps unwiderstehlich ein, die in Fortsetzung des Autoaufklebers und des Spruchbandes vor Mit- und Umwelt ihren Offenbarungseid durchaus ablegen wollen, aere perennius.

14. AUGUST 1981

„Meine Wenigkeit". Die kuriose Wendung, deren Ursprung man in deutscher Demutsgesinnung, etwa im Absolutismus, vermuten könnte, verdanken wir, wie mich der Historiker Karl Ferdinand Werner belehrt, in Wahrheit unseren spätrömischen Vorfahren, die auch den Ehrentitel Serenissimus erfanden: Majestät hingegen ist viel älter, römisch aus republikanischer Zeit und wird schon von Livius dem – römischen Volk zugeordnet. „Parvitas Mea" nannte sich der Geringe gegenüber den Oberen und tut es heute noch, und nur auf deutsch; freilich so gut wie immer ironisch. Auf die Idee, aus Höflichkeit in der dritten Person pluralis anzureden, sind wir aber von allein und ganz allein gekommen. 76

Beim Lesen des erhabenen Unfugs, den Hegel über die Elektrizität schreibt, kommt mir die Bemerkung von La Bruyère zur Hand: „C'est la profonde ignorance qui inspire le ton dogmatique." 77

Wenn große Naturwissenschaftler weltweise oder fromm werden, wenn sie's ins Weite, in die Höhe, in die Tiefe treibt, entsteht meist peinliche Prosa, ähnlich derjenigen der früheren systematischen Philosophen, die sich hilfreiche Analogien zu schwächlichen Beweisgründen aus den Wissenschaften zusammenklaubten. – Dergleichen wird von Mit- und Nachwelt durchaus mit Schonung aufgenommen, in Ansehung anderweitiger denkmalsfähiger Eigenschaften. Niemand beurteilt den japanischen Kaiser als Meeresbiologen. 78

79 Das Kind, das lieber in ein Buch sieht, als mit den Schulgenossen zu spielen, muß sich Leseratte nennen lassen; ein Erwachsener, der Geld für Bücher ausgibt, ist ein Büchernarr, liest er sie gar, ein Bücherwurm. Ratte, Narr, Wurm – erstaunlich bei einem Volk, das noch immer mehr Titel produziert als andere und sich des weitaus besten Buchhandels bedienen kann. Stammt die Denunziation aus der Zeit, als wir tatenreich und gedankenarm sein wollten? – In Frankreich haben Literatur und Lektüre das höchste Prestige, und in den großen Buchläden türmen sich die Bandes Dessinées, mehr als in den USA die Comics, umlagert von jungen Leuten, die nicht mehr buchstabieren wollen.

80 In Bonn gibt es vielleicht hundert Politiker von Statur, die von fünfhundert Korrespondenten unaufhörlich observiert werden. Ähnliche Proportionen zeichnen das in Deutschland noch junge Fach des Gastro-Journalismus aus. Die französische Gastronomie, ungefähr fünftausend bemerkenswerte Adressen, wird von ungefähr fünfzig Restaurantkritikern kontrolliert; hierzulande placken sich vielleicht zehn mit den immer gleichen hundert oder zweihundert guten Küchen ab. Ihre Mühe ist indes vergeblich nicht – sie haben jungen, unternehmungslustigen Köchen ein Ansehen verschafft und applaus- und zahlungswilliges Publikum dazu; ihr Verdienst, daß es heute Küchen und Kenner in Deutschland gibt. Es wird gern hingenommen, wenn sich Restaurantkritik ins Abwegige verläuft – da macht einer im Hinterhof ein Pärchen aus, das so charmant wie prolet-rustikal eine auch noch eßbare rote Grütze anbietet, oder einen Cuisinier, der die Notkost des Krieges zur Gourmandise aufmöbelt; ein anderer mißt jedes Haus, ob dort zum Wohl des Publikums der Gratin Dauphinois gelingt: es bleibt immer eine publizistische Gattung, die kein Unheil anrichtet, was von den anderen nicht gesagt werden kann.

81 Den trefflichen Karl Kraus, dem zu einem falschplazierten Komma alles einfiel und zu Hitler, der ihn und seinesgleichen

vernichten wird, nichts, bezeichnet die selbstgefällige Abdankung der Vernunft. Cäsar non supra grammaticos? Offenbar doch.[1]

Aus der Fremde heimgekehrt, mag der Reisende mit Vergnügen empfinden, daß Deutschland, vergleichsweise, ein höfliches Land geworden ist. Die Beamten sind nicht bärbeißig oder barsch, eher zuvorkommend-bemüht; ganz unaufdringlich der Zoll, der Grenzschutz sachlich-reserviert, die Schaffner der Bundesbahn sind die liebenswürdigsten von der Welt, die Polizei ist doch meist ebenso höflich wie ihre Kundschaft; in den Hotels das Personal so effizient-hilfsbereit wie sonst nur noch in der Schweiz. Bei den Taxifahrern darf man noch weniger generalisieren; mir sind die Hamburger als die höflichsten in Erinnerung, gemütlich-angenehm auch die Münchner; im Rheinland erwartet der zutrauliche Chauffeur, daß der Fahrgast vorn, neben ihm Platz nehme (und hält die rückwärtige Tür oft verschlossen), was im Ausland aus guten Gründen verboten, jedenfalls nicht erwünscht ist; in Berlin ist leider, des Nachts vor allem, mit sprach- und stadtunkundigen Nichtberlinern zu rechnen oder mit Studenten noch nicht entdeckter Wissenschaften; aber nett, gesprächig, höflich sind sie auch, während sie sich verfahren. 82

28. August 1981

In der Kölner Menoritenkirche ruhen der große Theologe Duns Scotus und der Gesellenvater Adolf Kolping. Die letzte Stätte des einen wird von den Besuchern kaum wahrgenommen, nie ist ein Kranz oder eine Blume als Zeichen der Erinnerung und der Verehrung zu sehen. Zu Kolping pilgern Heerscharen, an Gedenktagen ist der Sarkophag von Fahnen und Gewächsen fast unzugänglich umstellt. Auch für den Nachruhm braucht es Organisation; nur für die ganz eminenten Geister nicht. Wie stände es um Eberts Ansehen oder um Stresemanns Namen, wenn nicht SPD und FDP sich denkmalpflegerisch ihnen allenthalben zugewendet hätten? 83

84 Was schlimm ist: wenn der Augur durch die Straßen geht und die anderen Auguren erwidern sein Lächeln nicht mehr.

85 Vor allem müssen die Begriffe stimmen, predigt chinesische politische Weisheit seit Konfuzius' Tagen, und die Nachbeter im Abendland tun es auch. Es ist eine Weisheit von Mandarinen, die sich mit solchem Satz selber unentbehrlich machen. Die Tatmenschen der Politik haben nicht auf den Begriff als ihr Stichwort gewartet, sondern gehandelt. Ihren Willen und ihre Überlegung konnten sie oft gar nicht auf Begriffe bringen. Das haben meist die Geister besorgt, die ihren Flug erst in der Abenddämmerung antreten. Als die Generalstände sich unter Mirabeau zur „Nationalversammlung" konstituierten, schuf der Begriff die Lage. Bei der Frankfurter Paulskirche drückte die offizielle Benennung eine Sehnsucht aus, aber die Realität ließ sich nicht aufhalten. Das Pathos der Begriffe Jeffersons antizipierte eine Verfassung, die sie bis heute nicht eingeholt hat; aber es hat die USA zweihundert Jahre getragen. Viele andere Gemeinwesen erhielten sich in Glanz, aber alle ihre Begriffe waren falsch, oder sie ließen sich nie begrifflich beherrschen. Was beweist die Sowjetunion für Karl Marx? Alle ihre Begriffe hängen schief zu ihrer Wirklichkeit. Für sie sind Lenin und noch viel mehr Stalin konstituierend gewesen; die Begriffe gehören zur Fassade.

86 Eine angenehme Überraschung in München. Voreingenommen, das Auge auf kritische Wahrnehmung gestellt, Besuch der neuen Neuen Pinakothek. Innen das liebenswürdigste Museum, das man sich denken kann. Alle Bilder von Tageslicht reflexionsfrei beleuchtet (was nicht alle aushalten), menschenfreundliche Auf- und Abgänge und Erker zum Ausruhen, in denen verweilen kann, wer nicht allweil Gemaltes betrachten mag. Von außen ein diskreter Bau, nicht demonstrativ-modern, mit unaufdringlich historisierendem Dekor, der gut in eine Stadt paßt, die dem Zitat aus der

Baugeschichte so viel verdankt. Mir bleibt ganz unerfindlich, welcher Affekt den Verriß des Neubaus trägt. Weil in Bayern auch ein Museumsbau reaktionär zu sein hat? Weil das Gebäude sich nicht mit der Ideologie des sogenannten Funktionalismus brüstet? Aber wo sind denn in Deutschland Exempel des Funktionalismus statuiert? Viele Funkhäuser beispielsweise, in denen ich mich verlaufe und die alle funktional sein sollten und beinahe sonst nichts, sind fast alle nichts und schon gar nicht funktional.

87 G. B. Shaw, Lord Bertrand Russell, John Kenneth Galbraith. In der angelsächsischen Welt ist der Typ des hochaufgeschossenen, ausgedörrten Intellektuellen heimisch, der auch den trockenen Witz versprüht. Die Leute werden oft uralt; sie verschwenden ihre Vitalität nicht an andere, sind nicht Familienväter, haben keine anstrengenden Amouren, sondern ihre Sach' auf nichts, das heißt auf sich selber gestellt. Dabei kommt viel Gescheites heraus; das Bonmot liegt griffbereit, das Talent zu spöttischer Kritik bestätigt sich zum Vergnügen der Umstehenden. Gefühls- und Herzenskälte geht mit einem distanzierten sozialen Engagement ein Bündnis ein – man winkt den Elenden über den Abgrund des mittelständischen Philistertums freundlich zu. Das alles schließt Charakter nicht aus – Russell hat für seinen Pazifismus im Gefängnis gesessen; aber regelmäßig entspricht der körperlichen eine menschliche Dünnigkeit.[2]

88 Was ist ein Literaturpapst? Einer, dem der Primat der Jurisdiktion über die Welt der Literatur zugestanden wird? Der den Index librorum prohibitorum verwaltet? Dem die Gabe der Infallibilität verliehen ist, wenn er ex cathedra redet? Keineswegs. Das Wort, das nur im Deutschen vorkommt, wird bloß einem kritischen Zuchtmeister verliehen, dessen Feder als Rute gefürchtet wird. Die ironisch-gehässig von ihm reden, sehen sich selber als Ministranten der Literatur: auf den Stufen kniend, das Weihrauchfaß

haltend, aus dem sie selber nur weniges spenden dürfen. Geschickter im Sinn der Erfinder ist die Wendung vom Großkritiker, weil es nicht bloß Großmoguln, sondern auch Großmäuler gibt. In dem „Großkritiker" steckt ein Krümel polemischen Witzes, der dem Kleinneid Entlastung schafft.

11. SEPTEMBER 1981

89 Kaum ein wohlerzogener Kontinentaleuropäer will wahrhaben oder wahrnehmen, daß alles Denken, das auf systematischen Abschluß aus ist, sich in der historischen Abfolge als ridikül erweist. Jeder Naturwissenschaftler, auch vom allerhöchsten Ingenium, weiß, daß nach ihm andere kommen werden, daß es mit der Erkenntnis noch nicht zu Ende ist (während Herbert Hoover einst meinte, das US-Patentamt solle aufgelöst werden, weil schon alles erfunden sei). Wohingegen die großen systematischen Denker ein Gebäude hinterlassen, das sich als fertig, nie reparaturbedürftig, der Zeit enthoben versteht. Wie würden dem Kant die Kantianer, dem Hegel die Hegelianer und Marx die Marxisten verhaßt, ja verächtlich gewesen sein! Jeder sah sich, zuletzt noch Schopenhauer, doch als das Ende der Philosophie, deren Fortsetzung als Disziplin nur als Lehre der eigenen zu denken war. Daß dann doch ein anderer kommt und den Vorgänger „überwindet" (der Euphemismus bezeichnet nur das Mißverstehen, Beiseitedrängen), weil neue Wahrheiten bedrücken und auf Ausdruck drängen, mag im Jenseits der Philosophen erträglich sein, weil Aristoteles wie Thomas, Augustin wie Hobbes, Leibniz wie Locke auf sich selber beharren dürfen. Widerlegungen gibt es nicht; die Philosophiegeschichte ist nicht das Philosophiegericht. Wie die Weltkinder inmitten der Propheten stellen sich die bescheiden auf totale Aussagen verzichtenden Philosophen günstig dar, Nietzsche oder Pascal als Aphoristiker, oder die wie Seneca oder Montaigne Philosophie als Lebenskunst treiben; Kant, wenn er nicht Postulate der praktischen Vernunft statuiert, sondern darlegt, was wir nicht

wissen können, auch Sokrates, wenn man ihn nicht ironisch, sondern beim Wort nimmt und ihm glaubt, daß er denkt und nichts weiß.

Die Menschheit läßt sich auf vielfältige Weise in zwei Teile teilen. Eine der Entzweiungen: es gibt Leute, die Probleme, und andere, die Konversation haben. Ein wichtiges Element der Selbstschonung – die Problemträger unter sich lassen. 90

Auf dem Kanzlerfest im Bonner Theater sprach Altbundespräsident Scheel eindringlich mit einem bedeutenden Theatermann über die Sorgen der öffentlichen Haushalte und kündete, daß dieser in ein paar Jahren von der öffentlichen Hand keine Mark mehr oder nur noch wenige Pfennige an Zuschüssen erhalten werde. Darauf ganz gelassen der Theatermensch: „Wenn mich die Behörde nicht mit absurden Personal- und Sachkosten belastet und jedem Druck aus der Kulisse nachgibt, kann ich mein Theater mit zwanzig Mann Technik und fünf Mann Verwaltung führen; ich lasse vier Stücke pro Saison en suite spielen und brauche die einstmals ausgestreckte, jetzt drohende öffentliche Hand nicht mehr." 91

Gegen die Raucher wird mit großer Wut vorgegangen, von der Obrigkeit, die doch an ihnen verdient, und noch entschiedener von den Mitbürgern, die selber des Tabaks unter Leiden entsagt haben oder ihm nie anhänglich waren, und nun mit Feuereifer die Gelegenheit nutzen, sich als Hilfspolizisten und Blockwarte wieder betätigen zu dürfen – keine Tugend, die nicht im Terror ihren Lohn fände. Was heute Passivrauchen heißt, ist gewiß oft höchst verdrießlich und eine Abwehr der Belästigung darum sehr verständlich, solange sie nicht den vielen kurzerhand die Stillung eines Bedürfnisses verbietet, das den anderen abgeht. Gegen Belästigungen anderer Art gibt es keinen Schutz. Wer hilft den Passivhundefreunden gegen die Aufmerksamkeit jenes sich rasch ver- 92 mehrenden Tiers, das sich als der beste Freund des Menschen empfiehlt und es durch Kläffen, Anspringen, Beschnuppern, öffentliches Excernieren, Verbreiten anheimelnder Gerüche und allergenen Haares kundtut? Der Hund im Zugabteil, im Restaurant, sogar an manchem Arbeitsplatz, ist sozial akzeptiert. Ein Restaurant, das dem Rauchen beim Essen wehrt, aber dem Zutritt von Hunden gleichfalls, würde ich gern aufsuchen. Auch ein Nichtraucherabteil möchte ich benutzen, wenn ich zugleich von hündischer Zutraulichkeit verschont bliebe und geradezu begierig, wenn die Bundesbahn an solchen Stätten wechselseitiger Schonung ihren Passagieren nahelegte, die Schuhe nicht abzustreifen, um den Fuß aufs Nebenpolster zu betten. – Es gibt den statistischen Zusammenhang von Rauchen und Krebs und wahrscheinlich auch Kreislaufkrankheiten. Weiß man etwas von medizinischen Folgen unfreiwilligen, auferlegten Nichtrauchens? Von Wirkungen der Zwangsaskese aufs Gemüt, die seelische und körperliche Belastbarkeit? Nein, die Medizinstatistik weiß davon nichts, von der freilich die professionellen Statistiker insgesamt nicht viel wissen wollen. Und wer zählt die Tennistoten oder die im Morgengrauen beim Jogging im Unterholz verenden? Dies soll ein schöner Tod sein, wie Kenner versichern, in rauschhaftem Hochgefühl.

93 Fernsehkritik. Die Sendung war, wie bewußtseinspflegende Sendungen zu sein pflegen – Einschaltquote niedrig, Einfaltsquote hoch.

25. September 1981

94 Das Olaf-Gulbransson-Museum in Tegernsee enthält auch Fotografien seines alltäglichen Lebens; darunter das Bild seines von ihm, als er zu Geld und Ansehen gekommen war, selbst eingerichteten Speisezimmers: Kleine-Leute-Rokoko, mit Schleiflack und aufgemaltem Gold an den Stühlen. Ein Dementi seiner Kunst und seiner Sozialkritik.

95

Drei Beobachtungen auf einer internationalen Konferenz: 1. Es tritt der Typ des Angepaßten, sich weltläufig dünkenden Deutschen hervor, der, wenngleich Deutsch Konferenzsprache ist und es sich um eine deutsche Veranstaltung in Deutschland handelt, englisch redet. Bismarcks Bemerkung, Fremdsprachenkenntnis gehöre zu den Talenten des Oberkellners, ist in einem ganz anderen Sinne richtig. 2. Was konservative Deutsche „Nestbeschmutzung" zu nennen pflegen, ist zu einer internationalen Passion geworden. Reagan-Leute äußern sich über Nixon und Carter mit bösartigem Witz, ätzender noch linke Franzosen über das bürgerliche Frankreich und rechte über den mitterrandistischen Zerfall; kein Gedanke daran, daß man auf fremdem Territorium das Heimische aus patriotischer Noblesse schonen solle. 3. Ein neokonservativer Intellektueller aus New York sagt zur gegenwärtigen Situation in der Bundesrepublik, es sei höchst gleichgültig, ob die Deutschen pro-amerikanisch dächten oder nicht, wenn sie bloß pro-deutsch seien. Es werde sich schon auf Grund der Identität der Interessen der notwendige Gleichklang im Bündnis herstellen; überhaupt sei der Nationalismus in aller Welt die gestaltende historische Kraft und Nationalismus bei allen vonnöten, die ihre Geschichte nicht zu beenden vorhätten. Großes Entsetzen im Saal. Einen anderen als den preußisch-deutschen Nationalismus, der für den Osten optiert oder nach Osten reitet, kann sich deutsche Phantasielosigkeit nicht vorstellen, so wenig wie, jenseits des Ökonomischen, ein spezifisch deutsches Interesse. Die deutsche Politik diskutiert sich mit dem besorgten Blick nach Moskau, nach Washington; daß die Republik Politik treiben könne als westlicher Staat unter westlichen Staaten, kommt noch nicht in den Sinn.

96

Überschneidung der Intimsphären. Im „schönsten Blumendorf Europas" kommt der Besucher vom Spaziergang aufs Hotelzimmer zurück und findet sein Bett zerwühlt, geschändet vor – nach den Spuren von einem Liebespaar, das darin seine Zeit verbracht hat.

97 Ralph Waldo Emerson meinte, in den politischen Verfassungen jeweils eine „Party of Hope" und eine „Party of Memory" wahrzunehmen, also eine, die Erlösungen und Erfüllungen verheißt, und eine, die bewahren will, in Erinnerung an die besseren Zeiten, die vordem gewesen sind. Aus diesem Schema waren die faschistischen Parteien ausgebrochen, die auch glaubten, Alexander Herzens Unterscheidung zwischen einer Partei des Geizes und einer Partei des Neides hinter sich gebracht zu haben. Heute versucht die neo-konservative Bewegung in den USA, Hoffnungsträger zu sein, die Zukunft des Landes zu okkupieren, nicht bloß Aufhalter, wie der alte Konservatismus, der sich mit dem jüngst Vergangenen jeweils abzufinden vermochte, doch sich dem allerneuesten Schritt dem Abgrund zu entgegenstemmt. Die Neo-Konservativen wollen nicht das Budget sanieren, sondern die Gesellschaft; die Alt-Konservativen wären schon mit dem Budget zufrieden.

98 Als Lavater den Caligiostro fragte, worauf seine Wirkung beruhe, antwortete dieser: in herbis, in verbis, in lapidibus. – Motto für die Alternativen: Gras freß ich, Großmaul bin ich, Steine schmeiß ich.

99 Auch ich in Arkadien. Einladung nach Cadaquès zur Vernissage des Freundes Karl und anschließend Ferien in einem Haus von Franco und Margarita. Erfreuter Aufbruch von Köln, das in sich eine Welt birgt, aber Reisen in die Welt kaum noch ermöglicht, doch bis Paris geht es. Hier stock' ich schon, denn Orly-Süd ist überfüllt. Mariä Himmelfahrt (warum unterscheiden wir nicht, wie andere Sprachen, zwischen ascensio und assumptio) an rechtzeitige Abfertigung nicht zu denken, zudem der frühgefaßte Vorsatz: nie wieder um etwas Schlange stehen, wenn's nicht ums Leben oder die Lieben geht. Doch findet sich ein Hinterweg ohne Bordkarte auf die Maschine nach Barcelona. Nach zwei Stunden Autofahrt der erste Blick auf die herrliche Bucht. Eine Stunde Parkplatzsuche und noch eine nach dem Domizil. Allenthalben die

langsamen Bewegungen, der leere Blick nach drei Wochen Sonne und Entspannung. Am Abend gute Ausstellung und liebenswürdiger Empfang bei den eleganten Gastgebern. Trotz allem Depression, in Panik übergehend. Alles so sonnig, so freundlich, so voll und so leer. Abrupter Entschluß zur Flucht. Unbeschreibliches Glücksgefühl: nach sechsunddreißig Stunden in der Urlaubswelt wieder daheim, wo kein Strand ist und kein Berg.

9. Oktober 1981

100 Im neuen Buch von C. F. von Weizsäcker gelesen. Niemand will meinem Eindruck beitreten, aber mir geht's nicht anders: eine so tiefe wie hohle distinguierte Imponierprosa von großer Fertigkeit. Das tiefliegende Pietistenauge, der herabgezogene Mundwinkel, die ganze Selbstinszenierung nötigt Respekt ab – ein großer Darsteller, ein Vor-Bild. Gewiß auch ein bedeutsamer Physiker; ein starker Antifaschist mag jemand, der 1942 einem Ruf nach Straßburg folgte, auch gewesen sein, ein Zukunftskenner und Seher, mit kommender Gefahr vertraut, aber kaum. – „Der Friede ist der Leib der Wahrheit": da erhebt sich das Gemüt im Orgelklang und heißt den Verstand, ohn' alle Majestät, stillestehen.

101 Der „Großkritiker" ist eine Analogiebildung zu Musils Großschriftsteller. Wen der große Schriftsteller im „Mann ohne Eigenschaften" meinte, weiß man recht gut, er könnte auch an Gerhart Hauptmann oder Thomas Mann gedacht haben. Großschriftsteller ist sicher nicht, wer bloß über große Einnahmen und literarisches Prestige gebietet: die Fähigkeit und der Wille zum großen Stil der Lebensführung, als Repräsentant des Geistes, gehören dazu. Solche Großschriftsteller sind nicht selten gewesen, kamen schon in der Antike auf; Voltaire war sicherlich einer, Goethe natürlich und gleich mehrere in der anglo-amerikanischen Literatur des neunzehnten Jahrhunderts. In unserem Jahrhundert fallen, kurios

genug, zuerst die beiden Deutschen ein: Thomas Mann wird wohl der Großschriftsteller par excellence gewesen sein und den erfreulichen Typus (weil das Vorrecht des Geistes gesellschaftlich sinnfällig machend) auf lange Zeit verkörpern. Wie er seine Rolle und sich selbst genoß, belegen vorzüglich die Tagebücher, auch im Verhältnis zu anderen Schriftstellern von großer Berühmtheit und Bedeutung. Am 8. April 1937 notiert er, auf dem Luxusdampfer Normandie in die USA reisend: „Besuch bei Huxleys in der Touristklasse." Ein deutscher Großschriftsteller, zum englischen Kollegen in den Bauch des Schiffes niedersteigend – es ist buchenswert. Wer das „Ende der Bescheidenheit" proklamiert, mag Nobelpreisträger und Stolz gegenwärtigen Schrifttums sein, ein Großschriftsteller ist er schon eben darum nicht.

102 Die Vereinigten Staaten hatten 1963 in ihrem Bundesbudget für Soziales 18 Prozent der Ausgaben vorgesehen und 43 Prozent für die Landesverteidigung: 1980 betrug der Verteidigungshaushalt noch 24 Prozent, das Sozialbudget hingegen 36. Diese Umkehrung macht die radikale Umkehr, die Reagans Präsidentschaft markiert, plausibel – aber kaum die amerikanische Erwartung, die Kontinentaleuropäer sollten sie ebenso radikal nachvollziehen. Insbesondere die deutsche Politik ist zu einem Zickzackkurs von Regimewechsel zu Regimewechsel gar nicht fähig. Eine Nachfolgeregierung bei uns nimmt Kurskorrekturen vor, aber keine prinzipiellen Rücknahmen, wie sie in den angelsächsischen Demokratien vorkommen können. Wenn wir auch vom Gegenteil überzeugt sind, so ist es doch nicht wahr, daß wir nach bewährtem Muster Regierung und Opposition haben, die einander ablösen und höchst unterschiedliche Politik treiben mögen. Die sogenannte Opposition regiert im Bund immer mit, hat alles Belangvolle kontersigniert und kann, zur Regierung gelangt, eine entschiedene Wende nur vollziehen, wenn sie sich zum guten Teil selbst desavouiert – undenkbar ohne Austausch des Führungspersonals, zu dem bei den Stelleninhabern wenig Neigung besteht.

Daher auch die Substanzlosigkeit politischer Debatten, die regelmäßig im Kramen in beiderseitiger Vergangenheit enden und der Frage gelten, wer welchen Fehler zuerst gemacht habe, statt die Forderung des Tages zu bedenken. In den Herzen nistet noch Ideologisches und die Lust zur entschiedenen Tat, doch bringt sie es selten weiter als zu Spruchbändern. In der geheimen Großen Koalition der Regierung und der mitregierenden Opposition staut sich das Ressentiment und kann sich doch nicht aussprechen; am blökenden Blick der von ihrer Sache noch Überzeugten kann man's ablesen.

Nachrichten. Zu den Berliner Demonstrationen beim Besuch des Außenministers Haig und dem neuen Kampf um die Hausräumungen werden von behenden Rundfunksprechern „kirchliche und kommunistische Gruppen" als Veranstalter genannt, ohne Komma, Stocken und Verwunderung, als ob es schon Synonyme wären. – Ein Landesbischof hat sich von seinen geistlichen Ämtern auf einige Monate dispensieren lassen, um Vorlesungen an einer amerikanischen Universität zu halten. Na also! Er hat doch ein Lehramt und übt es aus. 103

Lesefrucht. „Ich glaube", sagt ein langjähriger Mitarbeiter in der Hoffnung auf ein Kompliment zu Howells, dem Chefredakteur des Atlantic Monthly, „ich schreibe nicht mehr so gut wie früher." „Doch, doch. Sie schreiben wie immer, nur Ihr Geschmack wird besser." 104

23. OKTOBER 1981

Die Meister der Menschheit haben nicht selber geschrieben, sondern ihre Botschaft oder ihren Ruhm anderen übergeben: Sokrates, Konfuzius, Buddha und Jesus. Die Großen, die formulierten, Texte festlegten, hinterlassen auf uns einen geringeren Eindruck. 105

Der Ruhm Friedrichs verdankt seiner Schriftstellerei nichts, der Cäsars wenig. Alexander schrieb nicht und blieb der Kollegen-Kritik der Dichter und Gelehrten entzogen.

106 Lesefrüchte. „Ein völliges Gleichgewicht der Kräfte kann einen Stillstand nicht hervorbringen, denn bei einem solchen müßte der, welcher den positiven Zweck hat (der Angreifende), der Vorschreitende bleiben." (Clausewitz zur Nachrüstung.) „Einen gerüsteten, auf die Defensive berechneten Zustand kann kein Staat aushalten." (Goethe über die NATO-Müdigkeit der Deutschen.)

„Gäbe es keine öffentlichen Lehranstalten, so würden weder Methoden noch Wissenschaften gelehrt, für die keine ausreichende Nachfrage besteht oder die zu erlernen nach den jeweiligen Zeitumständen nicht notwendig, zweckdienlich oder zumindest zeitgemäß ist. Ein Privatlehrer könnte es sich weder leisten, überlebte und veraltete Theorien einer als zweckmäßig anerkannten Wissenschaft weiterzugeben, noch eine Wissenschaft zu lehren, die allgemein als eine nutzlose und pedantische Anhäufung von Sophismen und Unsinn gilt. Solche Methoden und Wissenschaften können allein in Einrichtungen für die Erziehung überleben, deren Erfolg und deren Einkünfte von ihrem Ansehen weitgehend und vom Wert ihrer Arbeit völlig unabhängig sind. Ohne die öffentlichen Bildungseinrichtungen wäre es unmöglich, daß jemand, der mit Fleiß und der nötigen Begabung den nach den Zeitumständen vollkommensten Bildungsgang durchlaufen hat, so bar jeglichen Allgemeinwissens in die Welt tritt, wie dies der Fall ist." (Adam Smiths Beitrag zur Bildungsdiskussion.)

107 Die fruchtbarste Diskussion ist doch das Selbstgespräch. – Will jemand, der sich ernst nimmt, seine Meinung austauschen?

108 Aus Trachten werden Gesinnungsabzeichen. Die Wandersleute, die die Heide, den Harz oder die Eifel durchstreifen, ziehen sich

wie Bayern an, um sich von bloßen Spaziergängern abzuheben; in grünem Loden, mit Bergschuh, Bundhose und dicken roten Strümpfen dazwischen ziehen die Grüppchen einher, der Tirolerhut fehlt selten. Die schwarze Prinz-Heinrich-Mütze, von Kanzler Schmidt bekannt, wenn auch nicht tragfähig gemacht, ziert, oft braun getönt, den Kopf älterer und rechter Sozialdemokraten bis tief ins Binnenland. Den Blazer legt der Sechziger an, der noch mitten im Leben, wenn auch nicht auf Schiffsplanken steht. Abgelegte Soldatentracht oder ihre kommerzielle Nachahmung, der grau-grüne Parka mit den Bundesfarben am Oberarm, wird von jungen Leuten bevorzugt, die mit der Bundeswehr nicht viel im Sinn haben. Die Lust an einer Uniform ist nicht ausgestorben, nur soll sie frei gewählt sein und vermeintlich Individuelles ausdrükken; der Briefträger hingegen trägt sie schon lang nicht mehr, der Geistliche in möglichster Anlehnung ans Zivile.

109

Die Pfarre St. Joseph feierte fünfundzwanzigjähriges Bestehen. Wie der Patron und das Wort Pfarre verraten, ist es ein katholisches Fest, bei den Evangelischen würde es Gemeinde oder Pfarrei heißen. Joseph ist im Protestantismus nicht gerade verpönt, aber doch, vielleicht Mariens wegen, gemieden, dafür kommt Christus, dem doch alle Kirchen gewidmet sind, bei evangelischen Kirchen oft im Namen vor. – Der treffliche Pfarrherr von St. Joseph versendet eine kleine Festschrift zum Jubiläum seiner Kirche, die, obgleich vom angesehenen Kirchenbaumeister Dominikus Böhm entworfen, in eigentümlich geduckter, disproportionierter Weise im Lande hockt – ein mißbehaglicher Anblick. Den Grund verrät die Festschrift, ohne Tadel, versteht sich. „Die Pläne sahen ursprünglich eine längere und größere Kirche vor. Generalvikar Teusch und Pfarrer Wassong von St. Maternus verkürzten den Bauplan aber um 10 m.“ Die Bauherren verkürzten nicht nur, sondern ließen das Gesamtwerk maßstabsgerecht schrumpfen, wohlmeinend, daß sich dann so wenig ändere wie beim Verhältnis von Dampflok zur Spielzeugeisenbahn. Das ist weit gefehlt, wie vornehmlich jeder weiß, der sich einmal mit Typographie beschäftigt hat. Wird eine Schrift nur um wenige Punkte vergrößert oder verkleinert, so bleibt nur die mathematische Proportion gewahrt, aber die ästhetische nicht. Die Schrift muß neu geschnitten werden. Im Zeitalter des Lichtsatzes, da die Größe der Typen beliebig manipuliert werden kann, wird das häufig vergessen, und darum sehen die meisten Bücher so abscheulich aus, denen wir heute begegnen. – Der Generalvikar Teusch hatte sich überdies geirrt, die Kirche des Architekten wäre nicht nur schön und stimmig, sondern auch fürs Gemeindebedürfnis richtig gewesen.

6. NOVEMBER 1981

110 Herr und Frau Maier freuen sich angeblich, laut gedruckter Einladungskarte, „Herrn J. G. mit Begleitung" bei sich zu sehen. Wie schicklich, daß bei uns die Libertinage nicht bloß akzeptiert, sondern auch gleich pedantisch wird! Anderswo würde man vielleicht den Schein wahren: bei uns wäre das unmoralischer als irgendein Mißverhalten selber. In der flotten Einladungsform sind uns die Italiener vorangegangen, bei denen die öffentliche Moral auch viel rascher zerfällt als die private. – In der gleichen Post der Brief einer rastlosen Standesperson der Wirtschaft, unterzeichnet mit „nach Diktat verreist, f.d.R., Sekretärin". In dieser Flegelei sind wir einzig.

111 Die Ermordung Sadats im Fernsehen. Deutsche Politiker bekunden Abscheu und Trauer, die sich beim Zuschauer gleich wieder verflüchtigen, wenn er über ihre elenden Phrasen ins Nachdenken kommt. Ein feiger Mord sei es gewesen; ein Mord war es, aber darf man ihn feige nennen, wenn die Mörder in aller Öffentlichkeit, gegen eine Front von Leibwächtern, ihr Leben riskieren? Ein besonderer Freund Deutschlands sei dahingerafft worden – war er, wenn schon solche Überlegung überhaupt angestellt wird, nicht

auch ein besonderer Freund der USA, Englands, des Westens? Dem Toten ist keiner gerecht geworden, und wenn das „Nil nisi bene" noch Kraft hätte, dann hätten die Leidträger schweigen müssen. – Freilich ist auch keiner der Unseren so fürchterlich ausgeglitten wie Henry Kissinger, der den Nachfolger Mubarak noch in der Todesstunde als ungenügend qualifizierte, ungewollt den Ruf einer takt- und verständnislosen Nahostpolitik festigend.

112

„Sightseeing is the art of disappointment." Das hat schon hundert Jahre vor dem Massentourismus Robert Louis Stevenson bemerkt. Wer sich zu einer Sehenswürdigkeit begibt, die ihm von Malern und Fotografen schon hundertmal vorgestellt worden, die ihm von großen Schriftstellern und denen der Reiseprospekte geschildert worden ist, steht hilflos davor, weil er aus eigener Empfindung zu dem längst Empfangenen nichts hinzutun kann. Und natürlich fehlt der Reiz der Entdeckung, für den das Gemeinschaftserlebnis mit den vielen guten Menschen, die auch da sind, nicht entschädigt.

113

Die Emanzipation der Frau, die Gleichstellung mit den Männern beabsichtigt und unter vielem anderen auch die gleiche Entlohnung für die gleiche Tätigkeit, ist unter den Frauen selbst bei weitem nicht gelungen, ja noch erschwert, wie das neue Scheidungsrecht belegt. Da ziehen zwei Frauen Kinder groß, führen einen Haushalt, doch hatte die eine sich unauflöslich einem Millionär, die andere sich einem Schichtlöhner verbunden. Nach der Scheidung ist die eine reich, die andere arm, und zwar mehr noch als vordem, und haben doch beide das gleiche getan. – Daß es die Gerechtigkeit erfordere, einem Mann nur ebensoviel zukommen zu lassen, der eine Familie unterhält, wie der Kollegin am Schreibtisch gegenüber, weiß sie auch erst seit kurzem, vom Zeitgeist belehrt.

114 Unterhaltung mit S. H. in Berlin, der mein Buch kritisiert, weil ich von einem falschen Feind ausgehe, nämlich dem Sowjetblock. Der wahre Feind seien vielmehr die Entwicklungsländer. Daran knüpft die Überlegung, ob es nicht längst an der Zeit sei, daß der Westen sich mit dem Osten zusammentue, um sich die dritte Welt als Rohstoffbasis gemeinsam zu unterwerfen. Man kommt auf das sowjetische Ausgreifen nach Afghanistan, über Kuba nach Angola und Mozambique, das auch unter diesem Gesichtspunkt gesehen werden kann – denn wenn die Bereitstellung der Rohstoffbasis allein mit herkömmlichen Mitteln der Weltwirtschaft geschieht, hat nur der Westen eine Chance, nicht aber der wirtschafts- und devisenschwache Osten. – Jenseits von Stammtischplaudereien: Richtig ist, daß Feindschaften historisch meist schon überholt sind, wenn sie ausbrechen.

115 In einem Seminar über Elisabethanische Literatur hat einst W. H. Auden seinen Studenten die Aufgabe gegeben: „Explain why the devil is (a) sad and (b) honest." Warum der Teufel traurig ist, weiß jeder Kenner der Heilsgeschichte, aber warum ist er auch ehrlich? Weil die Wahrheit selten Glauben findet?

20. November 1981

116 Julia, den Faust studierend, trifft im zweiten Teil auf eine Stelle, die sich zur aktuellen Verwertung anbietet. Haltefest tritt vor und spricht: „Dem linken Flügel keine Sorgen! Da, wo ich bin, ist der Besitz geborgen; In ihm bewährte sich der Alte: Kein Strahlpilz spaltet, was ich halte." Besitzstandsgarantie auf der Linken und für die Linken und Schutz vor dem Strahlpilz obendrein! Daß Goethe schon den Strahlpilz erschaut hat, ist besonders merkwürdig; er tut es aber nur im Text des Inseltaschenbuchs 200 – alle anderen Ausgaben haben in der Zeile 10 548 nur den konventionellen Strahlblitz. Erfreulich zu sehen, was ein guter Verlag für seine Autoren tun kann.

Das Debakel des modernen staatlichen Mäzenatentums. Es gab ein großes Mäzenatentum, als Herrschaft noch selbstverständlich war und sich nicht in Zweifel zog, die Herrscher auch ein selbstverständliches Überzeugtsein von ihrer eigenen Größe hatten. Augustus konnte dem Vergil und dem Horaz ganz unbefangen Gunst gewähren, während alle modernen Machthaber seit dem Bruch der Legitimität durch die Revolution der Neuzeit das versteckte Bewußtsein der Tatsache, daß die Herrschaft eines Menschen über andere Menschen abscheulich ist, nicht mehr loswerden und sie sich deshalb auch allesamt durch Programme ausweisen, verheißungsvolle Inhalte ihres Tuns propagieren, was notwendig mit aller freien Kunstübung kollidiert. Das galt für die Nazis, gilt für Kommunisten wie selbst für die liberale demokratische Obrigkeit. – Im alten Rom wurden die Konsuln begleitet von den Liktoren, die dem Fußvolk Achtung beizubringen hatten vor seinen Oberen und es notfalls auf der Stelle züchtigen konnten; wohingegen die modernen Konsuln sich umgeben mit Schutztruppen, die sie vor dem Volk schützen müssen. Diese sind als Symbol der Herrschaft mittlerweile so charakteristisch, daß man sie auch dann beibehalten sollte, wenn es einmal keinen aktuellen Terrorismus mehr gibt; dergleichen braucht heute jeder Staatsmann als Abzeichen seiner Würde und Macht – die amerikanischen Präsidenten mit ihrer Schar aufdringlicher Leibwächter belegen es seit langem. 117

Der amerikanische Romancier Gore Vidal, der auch in Geschichte dilettiert, streitet sich mit den Fachleuten der Zunft über das Ausmaß des „Genozids“, den die USA am Anfang des Jahrhunderts auf den Philippinen begingen. Das Faktum selbst ist unstreitig, aber nicht die Zahl der getöteten Zivilpersonen, Männer, Frauen, Kinder. Vidal gibt drei Millionen Tote an, einer seiner Kritiker dreihunderttausend, Brigadegeneral Bell, der bei der Eroberung der Philippinen dabei war und das Vorgehen als notwendig rechtfertigte, schätzte, daß man auf der Hauptinsel Luzon ein Sechstel der Bevölkerung umgebracht habe, etwa sechshunderttausend. – 118

Der Streit erinnert an die peinlichen Auseinandersetzungen in Deutschland nach dem Krieg, als es um die Zahl der ermordeten Juden ging – zwei Millionen oder vier, oder waren es sechs? Die Weltmeinung hat sich für die höchste Ziffer entschieden; und viele hatten schon immer gemeint, die Zahl stelle kein moralisches Datum dar, berühre nicht die Abscheulichkeit des Verbrechens. Das ist richtig; aber es befriedigt eben nicht die Seelen der Völker, die die Chance einer Exkulpation einerseits und der energischen Schuldzuweisung andererseits wahrnehmen. Daß Hitlers Greuel die furchtbarsten waren, bleibt bei alledem eine vorgegebene Tatsache, was auch an fürchterlichen Ausrottungen in diesem Jahrhundert noch aus dem Zwielicht der Geschichte treten mag.

119 Der Streit um den Frieden wird allgemach zum Ermattungsfeldzug, zum Stellungskrieg. Wie immer, wenn die guten Gewissen sich organisieren, fliegen die Fetzen, hobelt der Span; die kämpferische Humanität gibt kein Pardon. Der Dalmatiner Grün (der von Alcofribas Nasier vielleicht gehört hatte, daß der eigentlich und in Wahrheit François Rabelais hieß), entzieht sich der Polarisierung der Friedenskämpfer links, der Friedensbewahrer rechts und steht darum als Zeitkritiker heiter in der Ecke; er erinnert an Gottfried Benns Bemerkung über die Öffentlichkeit, der mit ihr einschlagende Erfahrungen gemacht hatte – sie sei ein Morast; er schreibt mir: „Dabei will ich gern zugeben, daß diese publizistischen Menüs von links und von rechts verschieden angerichtet werden. Aber die Grundstoffe, Pathos und Kot, sind immer mit verarbeitet."

120 Ein Mitarbeiter Henry Kissingers bekam, als jener im Zenith der Macht stand, von ihm zu hören: „The West is doomed and what I'm doing is, by a series of hopefully brilliant manoeuvers, to delay the inevitable" – der Westen sei zum Untergang verurteilt, und er versuche nur, mit hoffentlich brillanten Manövern, das Unvermeidliche aufzuhalten. Reagan denkt anders; und die Defätisten verzweifeln.

Ein Jahr nach seiner Wahl ist der Präsident Reagan schon in Bedrängnis; wie die meisten seiner Vorgänger auch. Der durch die Medien unermeßlich verstärkte Hang der Amerikaner, alle vier Jahre nicht eigentlich einen Präsidenten, sondern einen Messias zu wählen und, wenn die angesagten Wunder ausbleiben, über ihn herzufallen, schwächt zugleich die Präsenz der Vereinigten Staaten als Weltmacht, die eine Politik nicht konsequent bedenken, geschweige denn exekutieren kann. Reagans innere Basis ist freilich viel haltbarer als die Carters und das Talent seiner Regierung, sich beim heimischen Publikum immer wieder zu salvieren, viel besser ausgeprägt. Hätte Carter es je geschafft, mit der Ankündigung massiver Steuersenkungen anzufangen, nach einem Jahr Steuererhöhungen ins Auge fassen zu müssen und das erste ehrlich und erfolgreich als tax cuts zu verkaufen und das zweite als „future revenue enhancements" auch? 121

Germania terra incognita. In der größten amerikanischen Literaturzeitschrift schreibt einer, der sich für einen Experten ausgibt, von Görings Ausspruch, daß er beim Wort Kultur nach dem Revolver greife. Ein anderes gelehrtes Haus korrigiert: Göring sei eher Kulturliebhaber gewesen, wie seine Museumsplünderungen im Kriege bewiesen; den zitierten Spruch habe vielmehr Hans Joilst, Hitlers Kulturminister, getan. Der Angegriffene wehrt sich mit der Vermutung, vielleicht hätten beide, Göring und Joilst, das Verlangen nach der Handfeuerwaffe gehabt, wenn von Poesie die Rede war. Am Ende meldet sich Susan Sontag zu Wort, die weiß, daß der Satz in Hanns Johsts Drama „Schlageter" steht und daß Johst nicht Minister, sondern Präsident der Reichsschrifttumskammer war. – Nur ein Indiz dafür, daß außerhalb des Kreises hochspezialisierter Historiker die Deutschlandkenntnisse in der angelsächsischen Welt immer mehr abnehmen (nicht so unter den Franzosen, um die wir uns dafür weniger bemühen), selbst in den 122

„Pressestimmen" der großen transatlantischen Blätter kommen deutsche Zeitungen kaum noch vor. Wenn auch noch das NS-Regime eines Tages, der freilich nicht zu sehen ist, an Interesse verloren haben wird, werden wir zum exotischen Land geworden sein.

123 Auf engem Raum mit Unbekannten zusammen. Stumm steht jeder im Lift, blickt unbehaglich zu Boden oder zur Decke, um die anderen nicht anzustarren. Dauern solche Begegnungen an – wenn im Flugzeug nach der Landung die Tür nicht geöffnet wird und alles sich schon im Gang versammelt oder in Wartezimmern ohne ausreichende Lektüre –, tritt ein seelischer Druck zur Kommunikation auf, für die es an Ausdrucksmöglichkeiten fehlt. Small talk ist unsere Stärke nicht, man muß auch hier originell sein; der Augenblick des schlecht plazierten Scherzes oder gar verbaler Zudringlichkeit ist gekommen. Müßte man hinterher lesen, was man unter Kommunikationszwang von sich gab, wäre das Genieren groß. Einem anderen Kommunikationszwang von viel lästigerer Art weichen beherzte Gemüter aus. Ein Kollege, dessen profunde Geistigkeit ihm viel Post ins Haus bringt, hat sich entschlossen, gar nicht mehr zu antworten, außer alten Freunden, den Großen der Erde oder der Zunft. Diese Charakterstärke hat nicht jeder, nicht jeder will sie sich anerziehen.

124 Aus der Korrespondenz von Flaubert: „Als die Götter verschwunden waren und Christus noch nicht erschienen war, hat es von Cicero bis Marc Aurel einen einzigen Augenblick gegeben, in dem der Mensch allein war." Der Augenblick ist nicht einzig geblieben. Die fortgeschrittenen Völker, zum Hedonismus unbegabt, suchen nach Göttern, während ihre Eliten in einem technisch-funktionalen Stoizismus sich ums Überleben kümmern. Weitermachen! heißt die Devise, die keinen Enthusiasmus an sich binden kann.

Possierlich, ältere Herrschaften über den Verlust an Tradition klagen zu hören, von denen man weiß, daß sie der nationalen Erhebung von 1933 nicht feindselig, eher aufatmend beigewohnt hatten. Wo war der nationale Sinn für Tradition geblieben, als Hitler das Hakenkreuz zum Staatssymbol erhob, das in der ganzen deutschen Geschichte nicht vorkommt, als der cäsarische Gruß der landfremden Römer den Post-Germanen, selbst im Teutoburger Wald, zur Pflicht gemacht wurde? 125

Der verstorbene ehemalige Bischof von Rottenburg, Dr. Leiprecht, war ein herzensguter Mann. Als während des Konzils dem deutschen Episkopat ein Essen gegeben wurde, macht er mich, kaum daß ich ihm vorgestellt bin, auf einen Herrn der Kurie aufmerksam; wenn Sie einmal Schwierigkeiten in Ihrer Ehe haben, können Sie sich getrost an den Prälaten M. wenden, er hat zur Rota die besten Kontakte und kann manches richten! – Das war ganz unironisch gesagt und freundlich gemeint. Der Betroffene fuhr auch nicht gekränkt zurück, vermerkte bloß, wie einer im hohen Klerus das Leben der Laien sieht. 126

18. Dezember 1981

Die krankhafte Suche und Sehnsucht nach „Sinn“ im Leben – ein Schrei nach einem Luxus, der unglücklich macht, weil er nicht erhört wird; eine Einladung für Scharlatane aller Art; wer nach „Sinn“ verlangt, nach mehr, als die eigene Existenz und Leistung hergeben, nimmt als Antwort Sinnlosigkeit wahr oder wird in einer Täuschung stillgestellt. – Die großen Institutionen, die überindividuellen Lebenssinn bereithalten, befriedigen nicht mehr. Individueller Lebenssinn, nach Maß des Ich, wird nachgefragt, den keine Subjektivität tragen, keine Institution liefern kann. 127

128 Nach einem Disput mit Erhard Eppler in einer politischen Fernsehsendung, die bloß literarisch betitelt ist, versichert mir bös und kalt ein junger Schriftsteller, der zu den Hoffnungen unserer Literatur gehört: „In Deutschland wird's erst erträglich, wenn es keine Leute mehr gibt wie Sie." Auf mein Erstaunen über diese Bekundung praktischer Toleranz und Humanität erklärt er sich, ich müsse nicht totgemacht werden, mundtot genüge schon. – Die engagierten Umweltfreunde waren vornehmlich über den Nachweis entrüstet, daß Verschmutzung und Vergiftung der Natur schon vor ihnen da waren und problematisch wahrgenommen wurden; der missionarische Eifer sieht seine Sache als historisch einmalig, den eigenen Auftritt als einzigartig an. Daß schon Seneca vor der Luftverschmutzung in Rom ins Freie floh und Pepys London als so fürchterlich beschrieb, daß dagegen die Stadt heute eine reinliche Idylle ist, scheint ihr Selbstgefühl empfindlich zu treffen. Die Beobachtung, daß die Lebenserwartung parallel zu der Verseuchung gestiegen ist und beides zusammenhängt, nämlich mit der Entwicklung der chemischen Industrie, gilt für schändlich; zur Entschuldigung weiterer Zerstörung taugt sie in der Tat nicht. Ein Hinweis auf die Romane des Engländers Peacock, den ich in der Sendung noch unterbringen wollte, kam nicht mehr übers Mikrophon: dieser Schriftsteller des neunzehnten Jahrhunderts, in Deutschland unbekannt, hatte schon vor hundert Jahren die Ursache systematischer Umweltverderbnis ausgemacht – den Fortschritt, der aus der Zusammenarbeit von Staat und Wissenschaft hervorging. Nach Peacock hat uns in erster Linie die öffentliche Forschungsförderung die moderne Zivilisation und deren Krankheit beschert; erst heute beginnt sie, sich umzukehren, aber stößt sich fortwährend an der eigenen Irreversibilität.

129 Die Zeitschrift „Warum?", die sich psychologischer Lebenshilfe widmet, druckt die Zuschrift eines Fünfzigjährigen, den Impotenz quält; er ist „infolge falscher Erziehung total gehemmt... in puncto Kontakten zu Wunsch-Liebes-Partnerinnen". Ärztliche

Hilfe sei ihm vom Gesundheitsamt Ulm verweigert worden, lediglich normale nervenärztliche Behandlung sei angeboten worden, die AOK übernehme ja nur Kosten für derartige Therapien, wenn sie ärztlich verordnet seien – er verlangt aber eine Behandlung in den Vereinigten Staaten, wohl in einer der Sex-Kliniken, wo seinem Leiden aufs Handgreiflichste zu Leibe gerückt werden kann. Aufgeben will er nicht: „Im Weigerungsfalle werde ich mein Recht auf Gesundheit und diese Behandlung sofort einklagen."

130

Deutsche Ballsaison. Sie tanzen nicht, sie konversieren nicht, und unser himmlischer Vater ernährt sie doch, am kalten Büfett und bei der Tombola. Selbst der Betuchteste steckt die Flasche mit Kräuterlikör in die Tasche, belädt sich mit Bildbänden, die nicht marktfähig sind, und der Strumpfhose, die die Gattin als Sonderangebot verschmäht. Die Plastiktüte in der Hand, den frisch gewonnenen Toaster auf der Schulter, verläßt der Befrackte die festliche Stätte; gerade den Reichen erkennt man daran, daß er nicht das Geringste liegenläßt.

131

Der Staat Waldeck hatte die eigene Staatsverwaltung schon 1867 an Preußen abgegeben. Als er 1919 demokratisch wurde, mußte nach der Reichsverfassung eine freistaatliche Verfassung gegeben werden, welche die wackeren Waldecker aber mit ihrer Landesversammlung nicht zustande brachten. Es blieb ein Staat ohne Staatsverfassung und ohne Staatsgewalt. Bis man sich 1929 an Preußen anschloß, lebte das Land in bäuerlich-bürgerlicher Eintracht. Ein Exempel, das nicht statuiert werden kann: Der Staat, der sich selbst auf ein Minimum reduziert, beseitigt Ansatzpunkte von Protest und Unzufriedenheit. Auf eine Verfassung, die es nicht gibt, kann sich niemand berufen, und gegen eine Staatsgewalt von außen läßt sich innen schlecht demonstrieren.

132 In einer Diskussion, in der Medienexperten die selbstverliehene Vormundschaft über das Publikum verteidigen, redet einer mit Emphase von „latentem Unbehagen". Das ist das Unbehagen, das ich nicht empfinde, doch auf Geheiß des Zeitgeistes zu empfinden hätte. In den gleichen Zirkeln läuft noch immer die Vokabel „Bewußtseinserweiterung" um: Die Ausdehnung der Ignoranz und der Inkompetenz auf Bereiche, von deren Vorhandensein es zuvor keine Ahnung gab.

31. Dezember 1981

133 Der Kulturphilosoph und Linguist George Steiner macht in einem Interview darauf aufmerksam, daß Leute von Geist zu ihrer Zerstreuung die eher banalen, harmlosen Vergnügungen bevorzugen und intellektuellem Problemgerede ängstlich ausweichen. Kant verbat sich im Freundeskreis jedes Gespräch über Philosophie, man aß, scherzte, erzählte Anekdoten und spielte Karten; Wittgenstein liebte Krimis und Western. Es muß befürchtet werden, daß die Produktionen, welche die Medien für intellektuelle Hervorbringungen halten, von den eminenten Köpfen, ja den altmodisch Gebildeten kaum wahrgenommen werden. Da reden Halbintellektuelle zu Viertelintellektuellen, der middle-brow teilt sich den low-brows mit, die angestrengt nach Höherem lechzen, nach Problemen, die sie nicht haben und nicht lösen, aber wenigstens mit mehrsilbigem Vokabular bereden können.

134 Wie schaffen es bloß die Engländer, Franzosen und Amerikaner, die schönen alten repräsentativen Straßen ihrer Großstädte vom Lastwagenverkehr freizuhalten, wenigstens um die Tageszeit, da sie vom allgemeinen Publikum benutzt, begangen, befahren werden? Bei uns ist, außer natürlich in den immer größer, langweiliger und schmuddeliger werdenden Fußgängerzonen, allzeit ein unförmiger Transporter wahrzunehmen, jedermann zum Verdruß. Auf der Hinterseite der Ungetüme, die ihm den Weg in der

Stadt oder auf der Autobahn versperren, darf ein deutscher „Pkw-Fahrer“ den Spruch lesen: „Wir fahren für Sie!“ Hübsches Beispiel für den Schwindel und die Dreistigkeit, mit denen wir uns widerstandslos füttern lassen und die im demokratischen Obrigkeitsstaat von beinah jeder Instanz geboten werden.

135 Wenn einer von einem Vorfahren eine Firma namens „Dr. Meyersohn“ erbt, sollte man denken, er fühle sich verpflichtet, selber zu promovieren, um den Namen als seinen eigenen fortzuführen. Aber keineswegs – schon oft in der nächsten Generation ist der Erbe zu reich, zu dumm oder zu faul, um sich noch den Doktortitel zu holen.

136 Unfromme Gedanken nach dem Weihnachtsabend. Es sind Übertreibungen in der Weihnachtsgeschichte, die man von fragwürdigem Geschmack finden würde, wenn sie nicht von der Schrift so deutlich bezeugt wären. Es genügt nicht, daß der künftige Erlöser nicht in prächtigen Umständen zur Welt kommt, nein, es muß in einem Stall sein und in der Krippe. Die Nation, die diesen Zug am gierigsten aufgenommen hat, ist die deutsche. Daher die besondere Gemütlichkeit des deutschen Weihnachtsfestes, die Stallstimmung, die bei uns herrscht, und die auffällige Vorliebe für Hirtenlieder. Anderwärts erschallt die Trompete, bei uns die Blockflöte; anderswo Hosianna, der jubelnde Triumphgesang, bei uns das wimmrige „Joseph, lieber Joseph mein“. – Eine unerwartete Freude indessen war die Weihnachtspredigt, in der nicht soziale und politische Fragen umgewälzt wurden, sondern von Menschenhoffnung und Erlösung die Rede ging und von der vierten Ekloge Vergils.

137 Die deutsche Luftwaffe habe, so berichtet ein Kriegsteilnehmer, zum Jubiläum der Vernichtung der Katharer zu ihren Ehren den Montségur in festlicher Formation umkreist. Höchst merkwür-

dig; ich kann es nicht nachprüfen, halte es aber auch nicht für so unglaubhaft, wie wenn dergleichen von der Royal Air Force oder den amerikanischen Militärfliegern erzählt würde. Der verschrobene Geschichtssinn, der eine solche Übung ins Werk setzen könnte, ist anderwärts wahrhaftig so wenig denkbar, wie Wagners Opern. – Im unverschrobenen Geschichtssinn indessen gibt es Übereinstimmungen. Noch heute ist über dem Häuschen in San Casciano (Val di Pesa), in dem Machiavelli die Jahre seiner Verstoßung verbrachte und die großen Bücher schrieb, über der Eingangstür nicht nur das Schutzschild des in der Toskana kommandierenden deutschen Offiziers zu sehen, sondern auch das Off-limits-Gebot seines amerikanischen Funktionsnachfolgers, General Mark Clark.[3]

138 Ein Geschenk, das Freude macht und beinah nichts kostet: Reclam-Bändchen 7724. Der Gießener Philosoph Odo Marquard nimmt darin seinen Abschied vom Prinzipiellen – nicht ohne Koketterie, gehobene Kalauer und Autobiographisches, ein Diogenes, der den eigenen Laërtius spielt; der geistreichste philosophische Schriftsteller der Gegenwart, neben dem die akademische Philosophie, gleich welcher Zunge, sich eher belanglos ausnimmt oder als bloße Propädeutik zu anderen Wissenschaften oder als seherische Scharlatanerie, klumpfüßig einhertretend obendrein. Er hat aus dem alten Satz „Vita brevis ars longa“ die Erkenntnis gezogen, daß dem kurzen Leben auch eine kurze Philosophie angemessen sei. Seine heitere Skepsis teilt sich dem Leser mit angesichts der überlegenen Bescheidenheit, die das bisherige Philosophieren auf die Deponie seiner Geschichte verweist.

1982

15. JANUAR 1982

139 Bei all den innenpolitischen Krisen kommt der Gedanke nicht auf, daß nicht bloß das Unvermögen des politischen Talents, die Unzulänglichkeit des politischen Charakters der handelnden Personen sie verschuldet haben könne, sondern daß die Institutionen verbraucht sind, und daß die Verfassung falsch gebaut ist; zum Beispiel ist es doch eine Frage, ob dieser Nachkriegs-Parlamentarismus, der aus den Fehlern des weimarischen lernen wollte, überhaupt leisten kann, was ihm übertragen ist. Er vertritt nicht die Steuerzahler, sondern die Subventionsempfänger und Privilegien-Rezipienten. Die Verteilung des Geldes ist ihm interessanter als die Aufbringung und, als dessen wirtschaftliche Grundlage, ein vernünftiges Wirtschaften. Und da alle plebiszitären Elemente aus der Verfassung hinausgeworfen sind, es also keine Einsprüche des „Volkssouveräns" gibt, der, auf einen Augenblick in vier Jahren eingeschränkt, gegenüber der einmal etablierten Gewalt machtlos ist, muß das Parlament notwendig zur Funktionärsversammlung verkommen. Die Parlamentarier sind immer noch Vertreter des Volkes, aber in einem anderen Sinne: nämlich zugleich seine Beglücker und seine Ausbeuter. Vielleicht ist das schon zuviel der Unehre – wenn das Parlament nicht mehr ausspricht, was das Gemeinbewußtsein empfindet und urteilt, sondern bloß nach vermuteten ideologischen und materiellen Bedürfnissen das öffentlich Verfügbare repartiert, was auch von anderen Instanzen geleistet werden könnte, der Regierung, der Bürokratie, einem Stammtisch der Parteiführer, dann wird es nicht mehr zu den essentiellen, sondern zu den ornamentalen Bestandteilen der Verfassung zu zählen sein.

140 Unter winterlichen Mitmenschen wandelnd – links Frau Sorge und rechts Herr Not –, kommt mancher sich selbst wunderlich vor, dem das konventionelle Problembewußtsein fehlt und der bloß die Mißlichkeit wahrnimmt, die am Wege liegt, aber nicht am Persönlich-Problematischen teilnimmt, zu dem er nur Meinungen, aber keine Lösungen beitragen kann. – Ich habe lange zu der Entdeckung gebraucht, daß mir die tragische Dimension abgeht, leide auch nicht darunter, außer – als einem Phantomschmerz, der sich rasch in Langeweile verwandelt (im tiefernsten Theaterstück).

141 Altes, neu aufgelegtes Gebot aus Polen: Ora et collabora.

142 Der ontologische Gottesbeweis schließt vom Begriff Gottes auf seine Existenz: das vollkommene Wesen wäre nicht vollkommen, wenn es nicht vorhanden wäre. Umgekehrt geht es auch – aus dem herkömmlichen Begriff Gottes ergibt sich die Unmöglichkeit seiner Existenz. Die überkommenen Attribute Allmacht, Allwissenheit, Allgüte lassen sich nicht zu einem Wesen zusammenfügen, das der Menschenverstand als existierend wahrnehmen mag. – Eine negative Theologie, die nur weiß, was über Gott nicht gesagt werden kann, sagt am Ende auch nur, daß Gott so verborgen ist, daß es der Nichtexistenz zum Verwechseln ähnlich sieht. Jede Erörterung über die Existenz Gottes ist übrigens indelikat; anstößig dem frommen wie dem weltfrommen Sinn. „Für mich gibt es etwas anderes als ja, nein und indifferent – das ist zum Beispiel die Abwesenheit von Forschung dieser Art“ (Marcel Duchamp).

143 Zum Ende des Jahres der Behinderten. Man wendet sich dem Schwachen, dem Unterlegenen zu, was dem Tugendhaften zugleich das warme Gefühl eigener Herzensgüte und einer in Maßen machtvollen Überlegenheit gibt. Aus gleicher Gesinnung

auch die Chance der Popularität von Entwicklungshilfe, die als Fortsetzung des Negerpfennigs und der patriarchalischen Sitte des Suppeausteilens an die Armen mit neuzeitlichen Mitteln akzeptiert wird. Dadurch, daß die Medien sogleich (und unterscheidungslos) Aktionen wie das Jahr der Behinderten oder den Kampf für die Rettung der Robben oder Schwarzwaldtannen ausschlachten, wird auch im Großen eine sittliche Ablenkung von Aufgaben geleistet, die sich sonst stellten: den Deutschen in der DDR wird kaum ein Gedanke gewidmet, auch nicht dem Freiheitskampf der Polen, für die ein politischer Enthusiasmus in der Bundesrepublik sich nicht einstellen will; aber an humanitärem Einsatz lassen wir's nicht fehlen. Leute, die selbstbewußt um ihre Freiheit kämpfen, haben bei uns selten Sympathie gefunden. Man kann sich diesen Selbstbewußten, den Kopfhochtragenden nicht „zuwenden", man müßte ihnen mit Respekt und Höflichkeit begegnen, zwei Verhaltensweisen, die hier nichts gelten und die im Umgang mit den zu Betreuenden, den Erniedrigten und Beladenen nicht vonnöten scheinen. Vor allem keine Politik! Man will doch seine Ruhe haben und möchte nicht, daß so nah wie in Polen die Völker aufeinanderschlagen: dafür spendet man gern und gönnt sich auch eine unruhige Friedensbewegung, die einen Status quo moralisch sanktioniert, wo Veränderung gefährlich wäre. Das alles bewirkt Gutes und drückt den guten Willen aus, von dem schon der Professor Kant lehrte, daß außer ihm nichts gut zu nennen sei. Es reicht bloß nicht.

29. Januar 1982

144

Beim Anblick von Menschen, die sich entrüsten oder empören – man sieht, wie die Dummheit über sie Gewalt gewinnt. Oder, genauer: wie der Wille den Intellekt besiegt. Der Anblick rät einem zur Vorsicht, aber er darf nicht gänzlich abraten. Die prinzipielle Ablehnung, ja Verurteilung von „Emotion", die ja höchst begründet und deren Verweigerung unmenschlich sein kann – statt dessen ein Selbstgefühl der eigenen Gelassenheit –, drückt oft genug nur Willensschwäche aus. Das gilt vornehmlich für die deutsche Politik, die keinen Willen verlautbart und bar ist jeder Spontaneität, ohne deshalb intelligent und überlegen zu sein.

145 Goethe zum Fernsehen: „Dummes Zeug kann man viel reden / Kann es auch schreiben./ Wird weder Leib noch Seele töten./ Es wird alles beim alten bleiben./ Dummes aber vors Auge gestellt / Hat ein magisches Recht: / Weil es die Sinne gefesselt hält, / Bleibt der Geist ein Knecht." (Zahme Xenien)

146 „Nichts für ungut". Erst der Schlag ins Gesicht, dann die Weisung, es nicht übel zu nehmen. „Das mußte ja einmal gesagt werden!" Erst die Unverschämtheit, dann die zweite als Rechtfertigung. „Rauhe Schale – weicher Kern." Aber nur mit der Schale kommt man in Berührung; so wenig wie Herzensbildung die Bildung ersetzt, so wenig die „Höflichkeit des Herzens" die des Umgangs. „Es war nicht so gemeint." In der Tat. Manche Leute haben nie gesagt, was sie meinten; der Gemeinte soll nur auf das Gemeinte antworten dürfen, nicht auf das Gesagte, und die Prügel einstecken, die doch nur zu seinem Besten waren.

147 Helmut Schmidt scheint von vielem verlassen, auch vom Sprachgefühl. Zuerst hieß es, Kanzler und Regierung betätigten sich als Vermittler zwischen Moskau und Washington. Bismarck konnte ein „ehrlicher Makler" sein, denn er war der neutrale Dritte im Streit gegenläufiger Interessen und politischer Chef eines mächtigen Landes dazu; Schmidt ist beides nicht. Dann hieß es, daß er sich als Dolmetscher zwischen den Supermächten bemühe – auch nicht tauglich, weil ein Dolmetscher immer einer Partei zugeordnet ist, von einer bezahlt wird und für eine dolmetscht. Die Frage, ob es des Dolmetschers zwischen den USA und der Sowjetunion überhaupt bedarf, wird am besten so wenig gestellt wie die

andere, was eigentlich anders wäre, wenn Breschnew nicht in Bonn und Schmidt nicht in der DDR gewesen wäre. Mag es darauf auch keine zureichende Antwort aus der Sache geben, so doch eine aus einer Nebensache, die für den Kanzler keine ist. Gegenüber seiner Partei hat er sich als Friedenskanzler dargestellt, auf Kosten des Friedensvorsitzenden Brandt, der vom Frieden nur reden, aber nicht für den Frieden handeln kann; und die Friedensbewegung, schon durch die polnische Militärdiktatur und die Sprachlosigkeit darauf moralisch angeschlagen, mag von Schmidt noch gänzlich kassiert werden. Die falsch etikettierte Außenpolitik hätte dann zum Inhalt eine Innenpolitik, die die Opposition gegen Nachrüstung zum Verstummen bringt; und das Ende, an dem Schmidt schon schien, wäre noch ein gutes Stück.

148

Daß russische Weltherrschaftspläne an der kyrillischen Schrift scheitern könnten, mutmaßt Don Capisco; gewiß ist im Zeitalter der Massendrucksachen die isolierende Kraft der Verwendung eines anderen als des römischen Renaissance-Alphabets. Deutschland hatte sich einige Jahrhunderte lang durch die Fraktur isoliert, bis Hitler sie am 3. Januar 1941 mit der Begründung abschaffte, es seien „Schwabacher Judenlettern". Sein wahrer Grund war dieser Unfug nicht, sondern der Wille, das neue Europa anzuführen, zu welchem Zweck man sich dem Kontinent mußte mitteilen können. Historisch betrachtet, hat Hitler eine Sonderrolle Deutschlands zwischen Ost und West beseitigt und die Deutschen dem Westen zugeschlagen, „the one good thing Hitler did for German civilization", wie Steinberg, der Historiker der Druckkunst, schreibt.

149

Das Verbum „bumsen", in den sechziger Jahren in Schwang gekommen und längst zu lexikalischen Ehren gelangt (wenn auch mit falscher Aussprachebezeichnung, denn das „s" ist, entgegen deutscher Sprachübung, stimmlos und scharf), ist ebenso vulgär wie die anderen Populärvokabeln für den Geschlechtsverkehr – halbwegs Gesellschaftsfähiges wie „make love“ oder „faire l'amour“ haben wir nicht –, aber nicht ohne Grund zu einem Umgangswort von jüngeren Leuten geworden. Es ist weniger aggressiv als die alten Kraftwörter und kann vor allem von beiden Geschlechtern im aktiven Sinn gebraucht werden. In anderen großen Sprachen gab es diese Möglichkeit schon länger, im hochdisponiblen Englisch zumal, wo die Frauen einfach das Männerwort arripieren; da kann ja auch ein junger Mann „virgin“ sein, den man sich als vierge oder Jungfrau nicht denken kann.

12. FEBRUAR 1982

150 Klassenloses Krankenhaus. In den Hospitälern wird bei den Patienten noch immer ein, geringfügiger werdender, Unterschied gemacht zwischen jenen, die sehr viel zahlen, und denen, die mit Hilfe der Krankenkasse billiger wegkommen; Privatpatienten im eigentlichen Sinne, also solche, die das Risiko der Krankheit voll ins eigene Portemonnaie nehmen, kommen kaum noch vor. Andere Unterscheidungen sind weggefallen. So ist ein Unterschied zwischen den jungen Ärzten und Pflegern oft nicht mehr auszumachen. Der ärztliche Stand, der vielleicht keiner mehr sein will, bevorzugt den Rauschebart über dem offenen Hemd wie seine dienstwilligen Helfer auch, und der junge Heilkundige schleicht auf den gleichen Sandalen, aus durchsichtiger Plastikmasse gegossen, durch die Gänge. Der Patient erfährt erst im Gespräch, wenn er Glück hat, wen er vor sich hat.

151 Ein kulinarisches Gipfeltreffen. Eckart Witzigmann aus München und Franz Keller aus Köln haben sich zusammengetan, um ein paar Gäste mit ihrer kombinierten Kochkunst zu erfreuen. Das Mahl ist vortrefflich, kein Franzose würde es besser machen, aber jeder für sich allein wäre genausogut. Dem Genießenden, von

Schmausen ist bei so wohlproportionierter Gabe nicht zu reden, kommt eine Geschichte in den Sinn: Mozarts Kleine Nachtmusik ist schön, schön ist auch das Unterwasserballett von Esther Williams; wie schön muß es erst sein, wenn Esther Williams die Kleine Nachtmusik unter Wasser aufführt.

152

Mit einem Freund, Künstler aus Basel, auf der Suche nach einer Kopfbedeckung. Die Sache ist heikel, weil der Zeitgeist dem Herrenhut nicht wohlwill, obgleich er für die Glatzköpfigen oder nur schwach Behaarten sich im Winter dringlich empfiehlt. Eine Prinz-Heinrich-Mütze kommt nicht in Frage, ihre Häßlichkeit muß dem Kanzler vorbehalten bleiben; das Barett bei Zivilisten auch kaum, weil es in Deutschland, anders als in Frankreich, von Chorleitern, Volkshochschuldozenten und ähnlichem Personal getragen wird, das seinen Hang zum Geistigen andeuten möchte, ohne doch die Regelhaftigkeit der beamteten, bürgerlichen Kleidung aufzugeben. Eine Mütze ist zu sportlich, auch meist nur in Farben zu haben, die wohl dem Jäger und Wandersmann anstehen, und sie ist am Abend unverwendbar. Die Pelzmütze nimmt sich nur in winterlicher Landschaft aus, aber nicht in der Stadt. Da kann in der Abenddämmerung, angesichts des Hangs deutscher Männer zu dieser unförmigen Kopfbekleidung (und deutscher Frauen zu unförmigen Stiefeln), eine unwirkliche Empfindung sich einstellen, als ob man plötzlich weit nach Osten versetzt wäre, in eiskalte versteppte Gegend, besonders wenn dazu die hohen Bogenlampen leuchten, die viele Kommunen in Neubauzonen bevorzugen und die wir von der Beleuchtung der Mauer und der Stacheldrahtzäune um geschützte, Unmenschliches bergende Installationen kennen. – Bleibt dann doch der klassische Hut aus leichtem Filz mit nicht umgenähter weicher Krempe, natürlich ohne Pfauenfedern und ähnlichem Zierat. Leider gibt es nur noch wenige Hersteller, die diesen schönen Hut machen, das einfache Gute hat keine Marktchance mehr.

153 Luigi Pirandello: Das Leben ist tatsächlich weniger real als die Kunst.
Paul Léautaud: Ich bin zu der Auffassung gelangt, daß die Literatur – wie alle Künste – eine Lappalie ist (une faribole).
Das sind Beispiele für treffende Aperçus: ihr Gegenteil ist, ein andermal, auch richtig.

154 Don't cry for me, Argentina. In New York findet das seit mehreren Jahren laufende Musical „Evita" bei hohem Eintrittspreis noch immer ein volles Haus. Mit Recht. Die Musik geht ein, die Choreographie ist perfekt, kein Augenblick der Langeweile; eine Leistung, von der unsere Theatermacher, die ihr Handwerk und ihr Publikum vernachlässigen, weil sie ja eine Mission haben, nur träumen könnten, wenn sie etwas anderes könnten als träumen. Das Stück hat den National-Sozialismus Peróns zum Gegenstand, mit kritischem Ton, doch wird beim Beschauer Verständnis, ja Sympathie geweckt für die Heroine, die die Aspirationen ihres Volkes auszudrücken verstand. Dem Kenner des deutschen Nationalsozialismus und Hitler-Biographen neben mir liegt die Frage nahe, ob auch Hitler und Evita Braun musicalfähig werden könnten. Ich mag's nicht glauben, nicht in Manhattan und nicht auf ganz, ganz lange Zeit.

155 Ein Protestant ist jemand, der sich über die evangelische Kirche ärgert. Eines Tages tritt dann der Fall ein, daß er, in einem ganz altmodischen Sinn, des Rates, der Hilfe bedarf. Und siehe da, er findet sie, nicht synodalenhaft-geschwätzig und umständlich, sondern rasch, wirkungsvoll, selbstverständlich. Unser Protestant ärgert sich über den politischen Protestantismus hinfort nicht weniger; aber er sucht und findet die Kirche, die kein Wort mehr findet gegen ihre Wortführer, hinter ihrem öffentlichen Bild.

Le plaisir du texte. Ich frage mich zuweilen, ob die großen philosophischen Texte, von Kant, Hegel oder Nietzsche, von vernünftigen Leuten, d. h. nicht Pedanten, Sinnsuchern und Sinndeutern, anders gelesen werden als andere große Prosa auch. Die transzendentale Ästhetik ist für helle Köpfe ein helles Vergnügen. Die Aphorismen, die Hegels verschlungenes Werk durchsetzen, tun ihre Wirkung ganz ohne Rücksicht auf das kuriose System. Nietzsche wird gelesen wie einer der Moralisten, aber doch nichts vom Übermenschen, der ewigen Wiederkehr aller Dinge und den Naivitäten zur Politik. Platon, auf den sich jeder beruft, der auf Tiefe Anspruch macht, gehört im Deutschen nicht zur Mehrzahl der Philosophen, die zu lesen Freude macht, dank Schleiermacher vor allem. „Nun sage mir aber, o mein Glaukos, verhält es sich denn nun also oder möchte nicht ein anderer das Nämliche anders begreifen?" Dergleichen liest ein Mensch nur, wenn er sich um Bildung zu mühen entschlossen ist. 156

Musée Marmottan. Die großen Sammlungen, mögen sie noch so bequem und menschenfreundlich eingerichtet sein, schrecken ab, schüchtern ein. Bilder betrachten ist allemal eine anstrengende Tätigkeit. Länger als ein, zwei Stunden hält der Besucher nicht durch, ohne daß Kräfte, Laune und Gedächtnis ihn verlassen, und ein so kurzer Aufenthalt im Louvre, im Prado oder in der Alten Pinakothek scheint dem Kunstfreund nicht angemessen, der die Stätte mit der unbehaglichen Empfindung eigenen Ungenügens, der verfehlten Pflicht verläßt. Dazu die Menschenmengen, die Blick und Weg verstellen und sich in den großen Museen und Ausstellungen unfehlbar vorfinden, meint man auch die Zeit des Besuchs schlau ausgesucht zu haben. Dagegen ein stilles Vergnügen in dem kleinen Museum am Rande des winterlichen Parks; die Seerosen von Monet, das berühmte Bild, das dem Impressionismus den Namen gab; kaum ein Mensch im ganzen Haus, keine 157

Führung, keine Spur der pädagogischen Mode, die heute die Museen in Volkshochschulen umfunktioniert. – Eine Lust von anderer Art, doch auch von tiefer, in dem winzigen Museum für Holographie gegenüber dem Centre Pompidou; es gibt auch eins in Pulheim. Auch hier alles still und leer, die Mirakel der Laser-Photographie erfreuen den, der nicht einmal ihr Prinzip versteht, wie eine kindliche Seele. Der Löwenkopf reckt sich dreidimensional aus der Wand, aus dem Photo streckt sich plötzlich eine Hand mit Ping-Pong-Bällen, ein schönes Frauenzimmer winkt mit den Augen, wirft dem Vorübergehenden die Kußhand zu. Erheitert und erfrischt geht der Zeitgenosse von dannen – es gibt doch den Fortschritt, erfreulicher und befriedigender noch als das Teflon in der Bratpfanne, mit dem man uns die Mondfahrt der Amerikaner plausibel macht.

158 Der Berliner Komponist Dieter Schnebel macht mit Recht darauf aufmerksam, daß häßlich sich von Haß herleitet und daß lieblich und Liebe den ursprünglichen Gegensatz bilden. Dem Kult des Häßlichen, den wir in den Künsten wahrnehmen, aber auch in der Kleidung, dem Auftreten, der Sprache des Umgangs, liegt auch Haß zugrunde. Man will dem Publikum, seiner Umwelt, nicht gefallen und nicht gefällig sein, sondern tritt der Gesellschaft, von der man sich aushalten läßt, mit fletschender Aggressivität entgegen, am häufigsten in den darstellenden, den sekundären Künsten. Dann kommt noch der Haß des bloß Ausübenden gegen das Talent, den wirklichen Autor ins Spiel, dessen Beschädigung durch Paraphrase und Parodie als eigene Leistung vorzuführen übrigbleibt.

159 Tobsuchtsanfall in mitternächtlicher Gegend. „Heuchler, Ihr seid alle Heuchler!“ schreit einer, der sich zum Protest gegen die (doch wahrlich geringe) politische Teilnahme am Untergang der polnischen Freiheiten genötigt fühlt. So weit muß es kommen, wenn

totale Schamlosigkeit erreicht ist. Dem erscheint jeder als Heuchler, der sich noch nicht am Nadir der Niedrigkeit eingefunden hat.

Nach einem Aufenthalt an einer der neuen Universitäten, die einen sogenannten Ballungsraum versorgen, der Eindruck, daß sich zwei Kulturen herausbilden, die mit den von C. P. Snow einst konstatierten der Naturwissenschaften und der Artes liberales nichts zu tun haben, außer daß auch unter ihnen Kommunikationslosigkeit besteht: es gibt eine Schicht der wenigen, die immer klüger, gebildeter, sensibler werden und ihr Metier mit Fleiß und Witz betreiben; in einer Menge der vielen, die stumpf, beinah sprachlos, aber brünstig-gläubig, sich für Führungspositionen heranbilden, für keinen unerwarteten Gedanken erreichbar, schon den ironischen Ausdruck mit Unverstand, ja Haß verfolgen. Die künftige Oberschicht driftet auseinander, zerteilt sich in zwei Kulturen, deutlicher als je zuvor. Eine differenzierte Oberstufe entsteht, von der sich die Erfinder der Vokabel nichts träumen ließen. 160

12. März 1982

Der Mathematiker Brillhart (Universität von Arizona) sucht nach einer Bestätigung für die Vermutung, daß es sich bei einer bestimmten 97stelligen Zahl um eine Primzahl handle. Seine Kollegen Lenstra in Amsterdam und Cohen in Bordeaux erbringen den Beweis mit Hilfe eines Computers in 77 Sekunden. Wieder ein Welträtsel gelöst; vordem hatte der Erfinder des ursprünglichen Primzahlenermittlungscomputerprogramms, Rumely (Universität von Georgia), gemeint, daß die Prüfung einer hundertstelligen Primzahl auch mit Computerhilfe die ganze Zeit brauchen werde, die als bisherige Dauer des Universums angenommen wird. Der Laie vernimmt mit Ergriffenheit, daß das Universum Rätsel aufgab, die während seiner Geschichte nicht gelöst werden konnten, korrigiert sich aber gleich, weil nicht das Universum die Probleme 161 stellt, sondern die späten Erdlinge, und erfährt nun aufatmend, daß die seriösen Fragen, die sich Menschen stellen, wie solche nach den ganz großen Primzahlen, von ihnen selber verläßlich und schnell beantwortet werden. Folgt eine Zuversicht daraus? Die Probleme nichtintellektueller Natur, die sich aus der Unreinlichkeit, Mangelhaftigkeit, Bedürftigkeit der physischen und moralischen Verfassung der Welt und ihrer Bewohner herleiten, sind kaum lösbar geworden. Der resignierende Verdacht meldet sich, daß die auflösbaren Fragen just die seien, deren Antwort nicht wirklich interessiert; immerhin erfüllen sie das Gemüt mit Heiterkeit, wie das Schachspiel oder die mathematische Kommentierung von „Alice im Wunderland".

162 Wie viele Juden hat es vor der Ausrottungskampagne in Deutschland gegeben? Eine Meldung der Agentur Reuters wird in der internationalen Presse fleißig nachgedruckt, es seien zwei Millionen gewesen. Dagegen wenden sich Kundige aus dem Kreis der Überlebenden, es habe höchstens 600000 gegeben, davon 200000 in Berlin und ungefähr 120000 hätten bis zum Krieg vor den Nazis fliehen können. Die Zahl der heute noch oder wieder in Deutschland lebenden Juden wird mit 27000 bis 30000 angegeben; auch sie ist falsch. Viele jüdische Einwanderer, aus Israel und Osteuropa vor allem, haben sich nicht bei den Synagogengemeinden immatrikulieren lassen, aus Gründen, die wir als Motiv für Kirchenaustritte kennen. Sie sind statistisch schwer zu registrieren, weil das religiöse Bekenntnis nicht mehr zu bekennen ist; auch hat die Frage, ob Juden, die vielleicht keine mehr sein wollen, Juden sind, die Behörde nicht zu interessieren; so bleibt es bei der Zahl, die falschen Eindruck nährt.

163 Werner Höfer, der seinen Fernsehgästen nicht nur das Wort erteilt, sondern ihren Worten auch zuhört, bemerkt, daß die Singularetantums immer mehr verschwinden und sich dubiose Pluralformen einschleichen. Den guten alten Zwang braucht man kaum

noch zu beklagen, es sind Zwänge, die uns überall einengen – heute gibt es Politiken, früher gab es nur eine dänische Zeitung dieses Namens. Unempfindliche reden von Polizeien und von Wirtschaften, letztere wären noch gestern nur als Synonym für Gasthäuser bescheidener Ausstattung verständlich gewesen. Ganz versunken die Zeit, da der Singular aus Gründen der Dezenz dem Plural vorgezogen wurde. Der wohlerzogene junge Mann sprach vom seidigen Haar, das seine Schöne schmückt, nicht von ihren Haaren, schon gar nicht von ihren Beinen, allenfalls von ihrem wohlgeformten Bein. Manche Pluralbildung bereichert die Sprache, schenkt ihr neue Nuancen – Ängste sind nicht so arg wie Angst; eines Menschen Dummheiten müssen nicht auf genereller Dummheit beruhen, von seinen Weisheiten läßt sich nicht auf Weisheit schließen. Die mächtig vordringenden Pluralformen der politischen Sprache hingegen sollen das Schlichte, die Einfältigkeit eines Sachverhalts aufs Bedeutsame stilisieren oder Präzision vortäuschen, wo es an Genauigkeit fehlt; Kurt Hiller hätte gesagt: Sülze, die hochtrabt. – Kein rechter Trost für uns, daß es in anderen Sprachen noch ärger zugeht: das „Medium", vordem einer Person geltend, die Botschaften aus dem Jenseits den erwartungsvollen Gläubigen vermittelte, wurde zunächst Inbegriff jener Einrichtungen, die oft genug Nachrichten ähnlicher Glaubwürdigkeit verbreiten, dann wurde im Englischen und Französischen „Media" daraus mit der naheliegenden Folge, daß dieser Plural aus einer unbekannten Sprache nach einer Weile für einen Singular gehalten wird, der im Bedarfsfall durch Anhängen eines s wieder pluralisiert werden kann; bei Visa ist der Brauch schon allgemein, bei Data bürgert er sich gerade ein.

164

Aus der neuesten Welt. In Sydney gibt es einen Telefonansagedienst, der dem Anrufer mitteilt, wer gerade wo wie lange streikt, und der Einwohner kann sich einrichten. So tritt dem sozialen Fortschritt gleich der technische zur Seite und bricht ihm die Spitzen ab. In Deutschland ist dergleichen nicht vonnöten, doch könnte mancherorts ein Auskunftsdienst über Demonstrationen nützlich sein – für diejenigen, die mitmachen und für die, die sie meiden wollen.

26. März 1982

165 Eine offenbar verbreitete Zeitschrift wirbt mit ihren Schlagzeilen, von denen ich nicht eine verstehe: Bei Helen Schneider in New York. Aktion Liebe anonym. So lebt Shakin' Stevens. Spider Murphy Gang auf dem Vormarsch. Status Quo mit neuem Schlagzeuger. Styx Interview. „Status Quo mit neuem Schlagzeuger" könnte eine Meldung über die Koalition betitelt sein, welche die Ablösung Wehners durch Ehmke mitteilt; doch geht es natürlich nirgends um Politik, sondern, wie mich die Kinder aufklären, um die exklusive Unterhaltung einer Generation, die auf kulturelle Selbstversorgung hält. Spider Murphy Gang klingt nach Verruchtheit und New York, sie macht aber Stimmung auf deutsch: „In München steht ein Hofbräuhaus / aber Freudenhäuser müssen raus ..." Die Pointen just so verwegen, so schlüpfrig, wie die Großväter gesagt haben würden, daß die Biederbürger in Hosenträgern am Stammtisch ihre Freude dran haben könnten, wenn sie sich nicht empören müßten.

166 In der Schule wird die „Beteiligung am Unterricht", also das Aufzeigen und freiwillige Mitreden, zu fünfzig Prozent bei der „Benotung" in Anschlag gebracht. Das verdrießt Verwaltungsrichter, weil es die gerichtliche Überprüfung einer Zensur erschwert, die leichter möglich wäre, wenn die Note als Durchschnittsbewertung der schriftlichen Arbeiten zustande käme, ist aber den Lehrern eher recht, weil sie ihre Beurteilung am liebsten als justizfreien Hoheitsakt sähen. Beider Gesichtspunkte sind verständlich, die Rechtssicherheit wie der Affekt gegen die Juridizierung des Verhältnisses zum Schüler. Pädagogisch ist das Mündlichkeitsprinzip sicher nicht bedenkenfrei. Es wird ja nicht der heitere,

sichere Ausdruck geübt, die Kunst der freien Rede, wie die Alten sie verstanden, sondern die Talk-Show-Begabung der Seichtheit und des ignoranten Meinens; dazu die Indezenz des Sichselbermeldens und Nachvornedrängens, die dem Schüler abgenötigt wird. – Über die Beliebtheit des Diskutierens gegenüber dem Lehren sagt Professor Galbraith: „Discussion, in all higher education, is the vacuum which is used to fill a vacuum."

167

Bei politischen Veranstaltungen fällt auf, daß die Kunst des Zwischenrufs nicht gepflegt wird. Die guten Leute glauben, sie könnten einen versierten Redner mit einem Einwand zur Sache aus der Fassung bringen. In den allermeisten Fällen hilft ihm das aber, wie auch bei Zwischenfragen im Parlament zu beobachten ist, die regelmäßig dem Redner zustatten kommen und nicht dem Einwender, der kläglich auf seinem Plätzchen steht. Durchschlagend sind Zwischenrufe, die einer Antwort nicht fähig sind. Wenn jemand kraftvoll „Quatsch!" in eine Effektpause ruft, muß der Vortragende schon sein Auditorium entschlossen hinter sich haben, um unbeschädigt fortzufahren – wogegen dann aber überhaupt nichts hilft. Auch das simple „Aufhören!" tut oft die schönste Wirkung. Ganz verfehlt ist die Taktik von Sympathisanten, die ihrer Sache bei Podiumsdiskussionen helfen wollen, indem sie kritische Fragen an den Gegner richten und den eigenen Mann verschonen. Dann wird der Gegner zum Mittelpunkt der Versammlung, kann mehr reden als die anderen und sich als Profi meist anstandslos aus der Schlinge ziehen, der eigene Mann sitzt ungefragt daneben, als stummer Zeuge des Erfolgs des anderen. Auch Störergruppen richten bei politischen Gegnern oft wenig aus. Sie riskieren, daß sich mit ihm alles solidarisiert. Auf feine Weise, unangreifbar und wirkungsvoll kann hingegen eine Gruppe stören, deren Mitglieder einzeln, in schicklichem Abstand, das Lokal gelangweilt verlassen. Dagegen anzureden ist schwer, noch mit dem schmähenden oder scherzenden Nachruf trifft sich der Redner selbst.

168 Die Feriensaison beginnt für viele mit den Mißlichkeiten der Einreise in fremde Länder. Großzügig und fremdenfreundlich veranlagte Staaten, zu denen entgegen der Sozialarbeitermeinung in unseren Medien vorab die Bundesrepublik zu rechnen ist, verlangen nur von wenigen ein Visum, von niemandem eine Einreisekarte und kontrollieren Pässe und Koffer so rasch wie menschenfreundlich. Die berühmte Gastfreundschaft der Amerikaner fängt erst bei dem Austritt aus dem Flughafen an. Zuvor die quälende Zeremonie der Paßkontrolle, ganz langsam rückt die Schlange vor bis zu dem gelben Strich, über den der Passagier erst bei Leerung der Kabine durch den Vordermann schreiten darf, dann beginnt der Beamte zu buchstabieren, erst im Paß, dann in dem dicken Fahndungsbuch. Die Zollkontrolle von peinlichster Genauigkeit, wehe dem, der Einreisende aus exotischen Ländern vor sich hat. Die USA privilegieren ihre Bürger bei der Durchsicht der Pässe, aber nicht beim Zoll. In London findet eine Aufteilung der Reisenden in Briten, EG-Angehörige und den Rest der Welt, von Ruanda bis Amerika, statt. Das ist nicht nur praktisch, es erhebt auch das europäische Gemüt. Diese Teilung der Weltbevölkerung möchte man auch auf deutschen Flughäfen sehen – wer in die eigene Heimat zurückkehrt, will nicht anstehen müssen wie irgendwer.

169 In der Demokratie heißt es: mit den Schafen heulen.

8. April 1982

170 Immer häufiger wird das Wort „blauäugig" verwendet, um Naivität zu bezeichnen, die an die Grenze der Dummheit reicht. Wie sind die Blauäugigen in diesen Geruch gekommen? Stellt man sich den dummen deutschen Michel blauäugig vor, der dem Listenreichtum der glutäugigen Lateiner und Orientalen so wenig gewachsen ist wie dem kalten grauen Blick der Arrivierten und Aufsteiger der angelsächsischen Welt? Aber treudeutsch sind die

Deutschen gar nicht, blauäugig nur wenige und die, die sich über Blauäugigkeit lustig machen, meist nur von der Schläue, die vom Vormittag bis zum Nachmittag reicht.

171 Zwei polnische Asylbewerber wagen es, vor der polnischen Botschaft in Köln zu demonstrieren; sie wollen Ausreisegenehmigungen für ihre Angehörigen; sie tragen ein Blatt mit einer Karikatur des Generals Jaruszelski in sowjetischer Uniform. Die Botschaft, die längst gemerkt hat, in was für einem Land sie akkreditiert ist, fühlt sich belästigt, mobilisiert die Polizei. Diese stellt eine Verunglimpfung Jaruszelskis fest und eine Strafanzeige wegen Beleidigung des Militärdiktators in Aussicht. Das ist juristischer Unfug, wird auch von der Kölner Polizeiführung als solcher ausgemacht, die Aktion bleibt folgenlos. In jeder Hinsicht: der Zeitgenosse stelle sich nur vor, welche Folge eintreten würde, wenn die Ordnungsmacht wegen einer Demonstration vor der chilenischen Vertretung gegen Demonstranten vorgegangen wäre und nur einen Augenblick an Strafverfolgung wegen Ehrenkränkung des Generals Pinochet gedacht hätte. – Die doppelte Moral ist längst eindeutig geworden.

172 Harold Evans als Chefredakteur der Times abgelöst. Seine Bestallung war kurios genug – Walliser, Autodidakt und Reporter, in keinem Sinne dem Establishment zuzurechnen und mit dem falschen Akzent redend, ein „Blattmacher“, der die Sunday Times in die Höhe gebracht hatte. Es ist nicht wahrscheinlich, daß der Niedergang der einst mit Furcht oder Ehrfurcht genannten britischen Nationalinstitution aufzuhalten ist – mit den großen Zeitungen ist es wie mit Monarchien, wenn die Kontinuität abgerissen ist, sind Restaurationen nur selten erfolgreich. Ein Jahr lang hatte es die Times nicht gegeben, und als sie wiedererschien, war sie im Eigentum eines Australiers, dessen Hauptengagement in Amerika liegt und nach dessen Vorstellung das britische mit dem amerika-

nischen Interesse identisch zu sein hat. Wenn sie sich überhaupt hält, wird sie eine Zeitung sein wie viele andere auch, aber nicht jenen zu vergleichen, die mit Glaubwürdigkeit aussprechen, was das Gemeinbewußtsein empfindet und urteilt und jedenfalls den Anspruch erheben, etwas anderes zu sein als eine Stimme unter vielen beliebigen.

173 Der hierzulande verehrte Kennedy wird in Amerika gerade entmythologisiert. In dem Buch von Gary Wills kommt nicht nur der Vater Joseph schlecht weg, über den auch bisher niemand Gutes gemeldet hatte, nicht nur der übriggebliebene Senator Edward – über den Präsidenten, seinen Hof und seine Amtsführung wird so viel mitgeteilt, daß es einer publizistischen Hinrichtung gleichkommt. Die sexuellen Extravaganzen des Präsidenten verdienen weniger Aufmerksamkeit als der Autor ihnen zuwendet, wenngleich es bedenklich ist, daß sie den Staatsmann gelegentlich mehr in Anspruch nahmen als die Staatsgeschäfte. Jack Kennedy wird vorgeführt als einer, der sein Kriegsheldentum selber erdichtet, dafür aber die beiden Bücher nicht selber geschrieben hat, deren Autorschaft er hartnäckig reklamierte. Nur auf Imagepflege bedacht – und darin Meister –, im übrigen ein gefährlicher politischer Dilettant. Seinen Hofintellektuellen ergeht es nicht besser, auch nicht dem Chefredakteur B. Bradlee von der Washington Post, der nicht erst seit Watergate als Vorbild journalistischer Integrität gefeiert wird; als er noch bei Newsweek war, pflegte er Kennedy als Zuträger zu dienen und dem Präsidenten zu verraten, wenn eine kritische Veröffentlichung geplant war. Am Bild Kennedys wird das Buch wohl wenig ändern: die Legende schlägt die Wahrheit allemal.

174 Das Telefon als Vehikel des Sittenverfalls. Ein fremder Mensch ruft an und erwartet von mir, als wäre ich eine Firma, daß ich mich ihm mit Namen vorstelle und wird ungehalten, weil es nicht geschieht. – Der Billigtarif der Post hat die Folge, daß manche

Leute ihre Sparsamkeit auf Kosten der häuslichen Ruhe des Mitmenschen betätigen, nie rufen sie tagsüber an, aber des Abends, am Wochenende, zugleich unterstellend, ihre eigenen Essenszeiten seien die allgemein verbindlichen. – Man steht vorm Schalter, sitzt beim Arzt oder dem Steuerbeamten, ist „persönlich anwesend", wie die beliebte Wendung lautet: da schrillt das Telefon, und man erfährt mit trauriger Regelmäßigkeit, daß dem Auskunft oder sonstiges Heischenden der Vortritt gegeben wird, und ihm gelingt, was einem selber versagt bleibt: nämlich ein Gespräch so lange und ohne Unterbrechung zu führen, wie es nötig ist.

23. April 1982

175 Jüngere Leute staunen heute, wenn sie zur Kenntnis nehmen, was deutsche Geistesgrößen von 1933 bis 1940 zur Politik verlautbarten. Lange brauchte man nicht mehr zu warten, um eine Anthologie mit all den Verlautbarungen herauszubringen, durch die sich Nachkriegsintellektuelle in Szene setzten: moralischer, aber nicht gescheiter.

176 Die weithin bekundete Existenzangst, deren Pflege mittlerweile Industrien ernährt, hat Sicherheit und Wohlstand zur Voraussetzung. Als James Cook die Welt umsegelte, gab es keine Reiseversicherung; als die Arbeitslosigkeit sehr hoch war – wie im Mittelalter –, wurde sie nicht als Problem wahrgenommen; als es noch keine Heilanstalten gab, sondern bloß Siechenhäuser, und die Lebenserwartung niedrig war, galt der Gesundheit kaum Sorge und kein Kult; als das Leben gefährlicher war, gab es weniger Angst.

177 Der Münchner Althistoriker Christian Meier erfreut sich lebhaften gesellschaftlichen Zuspruchs, weil er, Verfasser der „Res publica amissa", als Experte für republikanische Niedergänge gilt. Nun

erscheint sein Opus Magnum, die Caesar-Biographie, und mit Verlockungen zu politischen Analogieschlüssen ist es aus. Kein Caesar ist in Sicht; im Rubikon baden die Parteien, bestätigen alte, verabreden neue Rendezvous; die Republik fühlt sich nicht angegriffen und wird auch nicht verteidigt; sie bleibt, wie ein Sandsack, stabil.

178 „Wir haben über unsere Verhältnisse gelebt." Das sagen Politiker landauf, landab. Ich habe nicht über meine Verhältnisse gelebt, sondern alle Rechnungen bezahlt und kenne beinah niemanden, bei dem es anders wäre. Als es den Deutschen sehr gutging, waren sie zudem das sparfreudigste Volk der Erde. Was hätten sie mit ihren Einkünften anfangen sollen, statt das Geld auszugeben oder aufzuheben, um nach ihren Verhältnissen zu leben? Eine Pflicht, die Banknoten zu verbrennen, ist nie statuiert worden. Die Wendung, von pfiffigen Politikern ausgedacht, von wohlgestellt Wohlmeinenden gedankenlos nachgeplappert, soll dem Volk das schlechte Gewissen machen, das seine Vertreter haben müßten: der Staat hat über seine, über unsere Verhältnisse gelebt und auf Betreiben der ihn Betreibenden die Wohlfahrt organisiert, die jetzt als Übelstand allerorten sichtbar ist.

179 „Zwietracht brauchte ich unter ihnen nicht zu stiften; denn die Einigkeit war längst von ihnen gewichen. Nur meine Netze brauchte ich zu stellen und sie liefen mir wie ein scheues Wild hinein. Untereinander haben sie sich erwürgt und glaubten dabei lediglich ihre Pflicht zu tun. Leichtgläubiger und törichter ist kein Volk auf Erden gewesen. Keine Lüge ward zu grob ersonnen, daß sie ihr nicht in unglaublicher Dummheit Glauben beigemessen hätten. Keine Schmach ist über sie gekommen, der sie nicht eine schöne Seite abgewannen. Die verblendete Mißgunst, mit der sie sich befehdeten, habe ich zu meinen Gunsten wirksam genährt. Immer haben sie mehr Erbitterung gegeneinander als gegen den

wahren Feind an den Tag gelegt." Ja, Napoleon kannte die Deutschen nicht – sowenig wie heute Breschnew.

180 Die deutsche Gesellschaft ist weniger von Klassenteilungen geprägt als andere: in England ist gerade ein Buch über „Class" erschienen, dessen Autorin auf mehreren hundert Seiten die feinsten Merkmale des Verhaltens von upper, upper-middle, lower-middle und working class verzeichnet, von den Redeweisen bis zur Gartengestaltung – anfänglich amüsant, endlich langweilig, wie immer, wenn das Belanglose wichtig genommen wird. Bei uns kann man klassenspezifisches Verhalten bei Klimaveränderungen beobachten. Es gibt Leute, die immer gleich frieren oder schwitzen, sich beim ersten Sonnenstrahl die Kleider vom Leib reißen und sich beim ersten Frost vermummen.

181 Karl Jaspers erzählt in den nachgelassenen Schriften von dem großen Pascal, daß dieser als Zwanzigjähriger bei einer theologischen Streitigkeit sein Gegenüber nicht zu überzeugen vermochte, ihn daraufhin bei der geistlichen Behörde anzeigte und einen Widerruf erzwang, auch daß er seiner Schwester die Herausgabe des elterlichen Erbteils verweigerte, als sie ins Kloster gehen wollte. – Es gilt als unschicklich, bei Philosophen und anderen Eminenzen von der Biographie plumpe Schlüsse aufs Werk zu ziehen, von der praktizierten Moral auf die Solidität der gepredigten; der Name Schopenhauers stellt sich bei solchen Überlegungen unschwer ein. Es bleibt aber doch ein Soupçon gegen die Unbedingtheit, die – selbstquälerisch, ehrfurchtgebietend, in herrlicher Prosa – dem Ich, der Seele und ihrem Gott gilt, und die Bedingtheit, unter der die Beziehung zum Nächsten steht. – Der böse Machiavelli konnte nichts Böseres von einem Menschen sagen als: dem ist das eigene Seelenheil wichtiger als das Vaterland.

182 Ernst Jünger erzählt in seinem Reisetagebuch von dem italienischen Helden Nobile, der mit seinem Luftschiff „Italia“ im hohen Norden scheiterte, sich als erster retten ließ, während von seiner Besatzung nur wenige davonkamen. Das faschistische Vaterland ehrte den heroischen Anlauf; Nobile kämpfte noch im Zweiten Weltkrieg mit und wurde nach der Niederlage Kommunist. Eine Figur des Zeitalters. Eine andere ist derzeit häufiger anzutreffen – der Opportunist, der nicht die Kurve kriegt. Ich treffe einen Jugendfreund, großbürgerlichen Ursprungs und selber immer auf bürgerliche Ehren bedacht gewesen, ein strammer Konservativer von der schwer erträglichen Sorte, der stets mehr Überzeugungen mit sich herumschleppte, als ein Mensch sinnvoll verwalten kann. Später schloß er sich dem liberalen Zeitgeist auf und ist jetzt ganz links – als Teil der Nachhut, die die Kolonne anzuführen meint.

183 Beim Abendessen, dessen Bereitung er sorgsam kontrolliert, erzählt Daniel Spoerri von seinem Buch über die bretonischen Heilquellen, das nicht im Handel zu haben ist. Man bekommt es, solange die Auflage von dreitausend Exemplaren reicht, wenn man ein anderes dafür einsendet. Durch das Tauschgeschäft soll bei Paul Gredinger, der dies alles finanziert, eine Bibliothek des Zufalls entstehen. Aber der Zufall, der sonst dem Schöpfer des Musée sentimental de Prusse (und de Cologne) beisteht, spielt diesmal nicht ehrlich mit. „Ich habe bis jetzt zehn Prozent aggressive Eingänge, Telefonbücher, zerfetzte Reclam-Bändchen, ungefähr genausoviel Brauchbares, und dann schicken die Leute Simmel und den Butt und so'n Scheiß.“

184 Die Juden haben recht und schlecht unter Moslems wie unter Christen überlebt. Das ist das Mirakel des Hauses Israel. Wenn seine Geschichte einmal sub specie aeternitatis geschrieben ist,

wird nicht die Verfolgung hervorragen, sondern die Duldung, die dem Volk zuteil wurde, das allen anderen sagte, daß es das auserwählte sei. – Die Deutschen sind andern Völkern nie lang zur Last gefallen, schon weil ihnen das Talent zum Herrschen abgeht, aber sie im Talent der Assimilation exzellieren. Als Eroberer hatten schon die Germanen kein dauerhaftes Glück, als Kolonisatoren waren die Deutschen bloß schwächliche Nachahmer der Engländer, Spanier, Franzosen, Portugiesen, Holländer. Sie haben nie das Prinzip der Synchronsünde kapiert: Man darf Greueltaten nicht begehen, wenn andere die ihren längst bewirtschaften und darüber moralisch geworden sind.

185

Das Zimmer 208 im Hotel Reina Victoria wird nicht vermietet. Es ist dem Andenken Rilkes gewidmet, der darin einige Winterwochen vor dem ersten Kriege gewohnt hat. Die Sparkasse von Ronda, der das Hotel heute gehört, hat ein kleines Museum eingerichtet mit den alten bescheidenen Möbeln, dem schönen Kamin, ein paar echten, ein paar reproduzierten Dokumenten, die sich auf des Dichters Leben und Schaffen beziehen. Zu Ehren des Dichters, der in den Prospekten als Tscheche bezeichnet wird, liegt ein prachtvoller Lederband auf, in dem sich Diplomaten und Intellektuelle vieler Länder mit verehrungsvollen Worten eingetragen haben, aber auch eine Menge von Landsleuten, dabei viele Zutraulichkeiten, die in Unverschämtheiten übergehen. „Du bist Orplid mein Land", versucht einer Rilke zu zitieren, viele tragen eigene Verse, eigene Witze bei. Wo immer solche Bücher aufliegen, tut sich die Schamlosigkeit unschuldiger Unbildung kund, die mit Selbstbewußtsein einhertritt und sich des Verständnisses Gleichgesinnter, ja des sozialen Prestiges sicher ist. Sehr ähnlich bei amerikanischen und japanischen Touristen anzutreffen, die auch gern hinterlassen, daß sie dagewesen, und sich und ihre Liebsten vor prominenten Hintergründen ablichten.

186 Zeichen der Zeit. Die Miniatur des Bundesverdienstkreuzes gibt es nun als Ansteckandel: auch um Volk und Vaterland verdiente Persönlichkeiten haben keine Jacketts mit Knopflöchern mehr.

187 „Sag Jahn zu Reisen“, ließ uns der Wienerwaldmensch einst zurufen, der heute bei Banken bitten geht. „Frischwärts“ sollte uns Coca-Cola stimmen, das wir nach Weisung der Werbung besser Coke zu nennen hätten. Nun locken „Butter Natur“ und Orangen, die „jaffantastisch“ sind. Daß die Werbeleute, die sich selber Kreative nennen, bei ihrem mühseligen Geschäft auch zu verzweifelten Mißbildungen greifen, mag hingenommen werden, weil Dauerschäden der Sprache kaum zu besorgen sind. Aber neuerdings tun Texter so, als sei das Deutsche gänzlich ohne Regel der Zeichensetzung, der Syntax, der sprachlichen Logik. Kommata werden weggelassen, wo sie unentbehrlich sind, der Punkt wird emphatisch ins Bild gebracht, wo nichts ihn rechtfertigt. Schluß damit. Gesindel. Boykott.

21. Mai 1982

188 Die Tinte des Gelehrten ist heiliger als das Blut des Märtyrers, sagen die Araber.

189 Die Skandale häufen sich. Kaum, daß noch ein Tag vergeht, an dem nicht ein Fall legal abgewickelter oder auch schlicht betrügerischer Korruptheit offenbar würde. Im Publikum breitet sich Zynismus aus: Klar, daß jemand, vor dem die Geldsäcke stehen, auch hineingreift. Daß Politiker, Gewerkschaftler und die Verwalter großer sozialer Fonds der Versuchung leichter zu erliegen scheinen als andere, die auch Macht und ökonomische Verfügungsgewalt haben, mag einen Grund in der unterschiedlichen Mentalität finden, die sich bei jenen entwickelt, die nur im Geldverteilen, nicht im Geldverdienen ihren Beruf haben.

Auf der Autobahn lese ich, nicht zum erstenmal, auf der Rückseite eines Anhängers „Achtung Turnierpferde!" Wie soll ich mich verhalten? Gewiß darf ich nicht hupen, damit der edle Vierbeiner nicht nervös werde, darf auch nur sanft und weitstreckig überholen, damit der Pferdefahrer nicht zum Einleiten eines Bremsvorgangs abrupt genötigt werde etc. etc. Hinter dem Hinweis steht jedenfalls die Forderung, der Verkehrsteilnehmer möge sich den Gäulen zuliebe rücksichtsvoller verhalten, als es ihm gegenüber dem Mitmenschen unterstellt wird. 190

Daß unsere Zeit schnellebiger, rastloser, erfüllter sei als früher, ist doch ein Irrglaube. Wie wäre es sonst zu erklären, daß sie künstlich aufgefüllt, vertrieben, gewissermaßen gepolstert wird? Ein Beispiel sind die Nachrichtensendungen des Fernsehens. Dreißig Minuten oder mehr harrt der Zuschauer vor dem Apparat, um auf allerumständlichste Weise Tagesereignisse zu erfahren – mit rekapitulierenden Kommentaren, Berichten von Korrespondenten, die weniger wissen als die Zentralredaktion, den beliebten optischen Beigaben, die meist von ausländischen Gesellschaften angekauft werden, deren Leute an Ort und Stelle drehen, und den vielen hilfreichen Darlegungen des Präsentators, der erfolgreich mit seinem Text ringt – um am Ende so viel zu wissen, wie wenn er fünf Minuten Radio gehört oder Zeitung gelesen hätte. – In der angeblich schnellebigen Zeit muß jede Weile zur möglichst langen gemacht werden. Eine Sitzung, die nicht Stunden dauert und gleich beim erstenmal zu einer Entschließung führt, kann nicht als seriös, bestimmt nicht als sozialadäquat gelten. 191

Eine amerikanische Umfrage, die wegen ihrer methodischen Aufschlüsse als klassisch gilt. Auf die Frage „Glauben Sie, daß die USA öffentliche Reden gegen die Demokratie verbieten sollten?" antworteten 54 Prozent zustimmend; der Formulierung „Glauben Sie, daß die Vereinigten Staaten öffentliche Reden gegen die 192

Demokratie nicht erlauben sollten?" begegneten 75 Prozent mit Ablehnung. Über den Unterschied von Verbieten und Nichterlauben mögen feinsinnige Betrachtungen angestellt werden, es wird auch zu hören sein, daß deutsche empirische Sozialforschung in überlegener Manier alle Subtilitäten der Fragestellung zu berücksichtigen wisse – merkwürdig bleibt es doch, daß die modernen Staaten ihr politisches Handeln von den Künsten der Demoskopen beeinflussen lassen. – Das berühmte Sonntagsquiz „Was würden Sie wählen, wenn ..." wird allenthalben ernstgenommen, das Ergebnis ermutigt die einen und deprimiert die anderen und wird wohl die jeweils aktuelle Aufteilung der Sympathien auf die Parteien korrekt wiedergeben; da spielt es dann keine Rolle mehr, daß die Frage so sinnlos wie die Antwort ist: weil eben keine Wahl stattfindet, kein Wahlkampf stattgefunden hat und niemand weiß, wer für die Parteien in den Wahlkampf ziehen wird.

193 Gespräch mit K. H. Filbinger. Der ehemalige, in Ungnade gestürzte Ministerpräsident zeigt sich wundersam erholt, von gravitätischer Höflichkeit und unbeirrtem Rechtsbewußtsein. Mit dem Ende der politischen Laufbahn hat er sich abgefunden, mit der verletzten Ehre nicht. Er stützt sich auf Gutachten, auf Zeugnisse von Zeitgenossen, die ihm hilfreich hätten sein können, als ihm die Öffentlichkeit den Prozeß machte und seine Partei ihn fallenließ. Ein Mann der alten Schule, der nicht wahrhaben kann, daß die öffentliche Meinung Urteile fällt, die, anders als die der Gerichte, irreversibel sind, und daß sie die Wiederaufnahme eines Verfahrens nicht wünscht. Sie sieht sich als letzte Instanz vielleicht eben darum, weil ihre Urteile in Wahrheit und Geschichte keinen verläßlichen Bestand haben und oft revidiert, nicht selten kassiert werden.

194 Wie würde wohl das Urteil über Israels Außenpolitik lauten, wenn die Kritiker nicht in Bonn, London oder Washington säßen,

sondern in Jerusalem? Es ist leicht, auf Siege zu verzichten, die man selber nicht errungen hat, den Todfeind vor der Tür eines Hauses zu installieren, in dem man nicht selber wohnt, und da einen Frieden auszurufen, wo er sich nicht einstellen will.

4. JUNI 1982

„Morgen beginnt hier der Sozialistenkongreß... Mit Schillerkragen! Mit Aktentaschen! Mit Regenschirmen! Mit dicken Frauen auf Plattfüßen! Sie gehn ohne Hüte! Sie schwitzen. Sie stinken. Sie trinken Bier. Sie reden lauter als die vielen Orientalen... Alle Sozialdemokraten sehen deutsch aus. Sogar die litauischen. Denn in Deutschland ist der Typus zu Hause: redlich, fleißig, biertrinkend, die Ordnung der Welt verbessernd. Ein Demokrat und sozial. ‚Gerecht!' Hoffnung auf Evolution. Alles deutsch. Der Sehnsucht der deutschen Frau, auf Schuhen ohne Absätze durch ein Leben voller Tätigkeit zu marschieren, kommt der Sozialismus entgegen... Fortwährend dampfend vor Tätigkeit, Geschwätz, Fortsetzung der Konferenzen am Abend im Café durch Gruppenbildung und lange Tische, Schrecken der Kellner..." So berichtet Joseph Roth 1925 aus Marseille an Bernard von Brentano und Benno Reifenberg. 195

Auf einem Cartoon im New Yorker sieht man einen Mann besten Alters zum Nachbarn sagen: Ich hatte eine glückliche Jugend, bin als Erwachsener glücklich, sehe ein glückliches Alter vor mir, and then I'm going straight to Heaven. Keine tiefe Lebensauffassung gewiß; aber wie wären wir doch besser dran, wenn sich mehr Menschen zum Glück entschlossen hätten. Die grämlichen Volksfürsorger, die die Unzufriedenheit verwaltend bekämpfen, erzeugen immer neue und machen Mißbehagen zur sozialen Pflicht. 196

197 Zum Geburtstag wird mir ein famoses Geschenk gemacht. Tischbeins berühmtes Bild aus der Campagna, getreulich kopiert und vermehrt um die Abbildung des Jubilars und einen Ausblick, der im Stile Tischbeins ins Siebengebirge und bis zu den Domspitzen schweift. Unterschiedlich die Reaktion der Künstlerfreunde: Joseph Beuys, unbefangen fröhlich vor dem meisterlichen Scherz, dem unbekannten Kollegen Stapper Anerkennung nicht versagend, Karl Gerstner auf die feine reichsstädtisch-baslerische Weise amüsiert. Klaus Fußmann, selber ein Meister des transzendentalen Portraits, mit freundschaftlich-undurchsichtiger Duldung. – Das ganze wohlgerundete Fest mit den vielen Weggenossen ein Exempel dafür, daß Journalisten, was ihr Publikum nur selten wahrnehmen kann, meist angenehme Leute sind, vom Neid wenig behelligt, nicht honoratiorenhaft pompös, ironisch eingefärbter Herzlichkeit fähig und mit jenem Schuß Gefallsucht ausgestattet, die als soziales Schmieröl der Gesellschaft unentbehrlich ist und der deutschen oft genug abgeht.

198 Bewundernswerte Langmut und liebenswürdige Effizienz der Flugbegleiterinnen, wie die Lufthansa ihre Stewardessen zu nennen pflegt, beim Rückflug von mittelländischen Ufern. Die Maschine ist voll belegt von Urlaubern mit Kindern, doch vor allem von Rentnern, die aus dem Winterquartier in die Heimat kommen. Unbeschreibbarer Andrang vor den Toiletten, Schwächeanfälle, medizinische Notfälle mehren sich, es wird nach Ärzten verlangt, die Stewardessen geben mehr Medizin als Essen und Trinken aus. Nach glücklicher Landung kommen Zweifel an der Weisheit des Aufrufs, das Alter dürfe nicht abseits stehen. Was da menschenfreundlich tönt, will dem Alter sein vornehmstes Vorrecht nehmen. Wer möchte schon bis zum Grab betreut, d. h. bevormundet und zu Aktivitäten verleitet werden, die schon in den mittleren Jahren unbekömmlich sind? – Vor dem Abflug war abendlicher Bar-Unterhaltung nicht zu entrinnen, bei der sich unermeßlicher Haß mancher Alten gegen die Jugend offenbart,

Lebens- und Sexualneid, der sich als Moral verkleidet. Ausführungen von so kalkiger Schärfe könnten auch jemanden, der als konservativ etikettiert wird, noch zum Verständnis für Jugendliche drängen, die er in Abwesenheit der Alten abscheulich findet.

Deutsche Revolution. Dr. Kurt Kleefeld, verschwägert mit Gustav Stresemann, Fürstlich hohenlohe-oehringischer Kammerpräsident und Geheimrat, erhielt auf Antrag des Fürsten Christian Kraft zu Hohenlohe-Oehringen „in Anerkennung der diesem geleisteten treuen Dienste" aus Lippe-Detmold das Adelsprädikat; am 12. November 1918. Ende Oktober hatte die Revolution begonnen, am 7. November wurde Bayern Republik, am 8. war der Herzog von Braunschweig zurückgetreten, am 9. hatten der Kaiser und in Sachsen-Weimar der Großherzog abgedankt, Württemberg war Republik geworden. Sachsen, Hessen und Braunschweig folgten tags darauf. Aber noch danach, mitten im revolutionär-republikanischen Deutschland, wurde, unangefochten rechtsgültig, ein Adelsherr kreiert. 199

In einem schönen Aufsatz über den Sinai und die jüdische Berufung schreibt der Rabbi Josy Eisenberg, daß die Menschheit sich auf dem Berg vereinigen müsse, von dem das Gesetz ausging, und stellt zum Schluß fest, daß wir biologisch aus dem Wasser gekommen seien, aber spirituell aus der Wüste. Vergessen hat er die vielen Völker, die aus den Wäldern hervorbrachen, darunter die Germanen. 200

18. JUNI 1982

Die Salven, die im nördlichen Europa noch gerne abgefeuert werden, sind die Lachsalven. Gemeinschaftsgebrüll bricht in der Männerrunde aus, die sich nach sauren Wochen zum frohen Fest versammelt. Einer findet sich immer, der das witzige Stichwort lie- 201 fert, der Einsatz der Truppe klappt präzise. Es treten auch Frauengruppen auf, mittleren Alters und Standes meist, die den Männern nicht nachstehen. Es herrscht der Terror des Kameradenhumors: Mitmachen, Mitlachen heißt die Parole.

202 Die Ärzte, verfügte Kaiser Konstantin, ... die Sprachforscher und andere öffentliche Bekenner der Wissenschaften und Lehrer sollen zusammen mit ihren Frauen und Kindern und dem Vermögen, das sie in ihren Gemeinden besitzen, von jeder Abgabenerlegung und von sämtlichen privaten und öffentlichen Lasten frei sein ... (Imp. Constantinus A. ad Volusianum). Der Sozialneid, der sich vornehmlich gegen die freien wissenschaftlichen und künstlerischen Berufe richtet, scheint den sozialen Demokraten eigentümlich. Keine der politischen Parteien, die in ihren Programmen Respekt vor Geist und Kultur ausweisen, hat es gewagt, für den Bestand des Einkommensteuerprivilegs einzutreten, das bis Ende 1981 den wissenschaftlichen und künstlerischen Tätigkeiten zugewendet war.

203 Vor vielen, vielen Jahren hörte ich in der Philipps-Universität Gottfried Benn über Probleme der Lyrik sprechen. Hörte ihn eigentlich nicht, weil der Dichter so leise redete, daß er nur in den ersten Reihen des Auditorium Maximum zu verstehen war; hatte aber das Glück, von ihm ins Gespräch gezogen zu werden: „Junger Mann, wo geht's hier zur Quästur?" fragte er, und ich konnte ihm Bescheid geben. – In dem Vortrag entwickelte Benn ein paar Kriterien oder Indikatoren für die Beurteilung lyrischer Qualität – das „Andichten", das „Wie", also die Krücke des Vergleichs, das Vorkommen von Farbbezeichnungen, Purpurn und Opalen, der seraphische Ton, alles Anzeichen, die einen Verdacht der Mittelmäßigkeit begründen. Hans Bender hat Jahre später das Wörtlein „empor" im gleichen Sinne angezogen. Benn meinte nicht, daß seine Indizien für alle Zeiten und für alle Autoren gültig seien: für

seine Zeit und unsere Autoren hat er recht gehabt. – Über Probleme der Prosa ließe sich auch ein Vortrag halten, das Thema ist eher schwieriger. Man könnte mit leicht Wahrnehmbarem beginnen – den Satzzeichen, deren häufige Verwendung den ungelenken Umgang mit der Sprache, die mangelhafte Kenntnis ihrer Möglichkeiten anzeigt. Ausrufungszeichen, Fragezeichen (außer bei rhetorischen Fragen), Anführungszeichen, die nicht ein Zitat, sondern eine Distanzierung bezeichnen sollen: auch die Unterstreichung, die Fettung oder Kursive im Druck gehören dazu. Tieferdringende Erörterungen sind heikel, weil sie das Pedantische im Charakter aufregen und hierzulande jeder weiß, anders als der Bourgeois gentilhomme, daß er selber Prosa redet und schreibt. Benn hätte es sich einfacher machen können, mit der These, daß Sprachformen, die schlagerfähig geworden sind, kaum noch lyrikfähig sein können: für die Prosa könnte man sagen, daß die Verlautbarungen der machthabenden und meinungsbildenden öffentlichen Instanzen alles enthalten, das in deutscher Prosa nicht vorkommen soll.

204

Informationen, die kein Reiseprospekt enthält. In Ferienorten abzuscheiden, wo die Sonne scheint und die Erde leicht ist, ist für die Hinterbliebenen schmerzlich wie sonst auch, aber umständlich und teuer wird es obendrein – es sei denn, der liebe Verstorbene wäre Charterflug-Passagier gewesen. Die Pauschaltouristen werden von den Charter-Fluggesellschaften in jedem Fall, auch dem letzten, gratis in die Heimat zurückgebracht. Beim Linienflug kostet die Überführung einer Leiche zwischen 40 und 90 Prozent mehr als die normale Passage: von Palma nach Frankfurt statt 633 Mark 880 Mark, von Barcelona statt 432 Mark 818, von Malaga statt 628 1041 Mark.

205

Er war zeitlebens ein kommender junger Mann, nun ist er ein kommender alter Mann – ein hoffnungsvoller leichtfüßiger Greis, der auf lauter schöne Anfänge zurückblicken kann. Doch lieber sieht er in die Zukunft, mit den Jungen, denen er Lebensangst und Lebenserfahrung mitteilt, die er zeit seines Lebens nicht gehabt hat.

206 Beim Besuch eines großen Schriftstellers fällt mir auf, daß der alte Herr intellektuell präsent ist wie immer, rasch und witzig, nicht ohne Bosheit formuliert, mühelos aus dem Gedächtnis entlegene antike Autoren zitiert, aber trotzdem sehr verändert, im gewöhnlichen Verstand alt, erscheint. Das liegt an einer kleinen Äußerlichkeit, die eben keine ist. Er trägt keine Krawatte zu dem Zugeknöpften, das auf deutsch Oberhemd heißt, und wirkt damit sozial deklassiert und vom Leben, an dem er in Wahrheit teilnimmt wie viel Jüngere nicht, abgeschieden wie ein Rentner, der mit Stock und seinesgleichen auf der Parkbank sitzt.

2. Juli 1982

207 Ich genieße hier Narrenfreiheit, sagt jemand und sagt nicht, daß es hier die einzige Art von Freiheit ist.

208 In der Oper. Die Meisterschaft, mit der ein hohes C oder noch Höheres oder eine Koloraturarie bewältigt wird, ist weit mehr eine sportliche als eine künstlerische Leistung. Ihr entspricht der Applaus des Publikums, rauschend, hemmungslos, vermischt mit Jubelschreien, wie sie bei Weltrekorden zu hören sind.

209 An Trebitsch, dem von Shaw autorisierten Übersetzer seiner Werke, hat Karl Kraus einst gerühmt, daß ihm die Übertragung eines Stücks aus dem Englischen in eine ihm gleichfalls unbekannte Sprache gelungen sei. Die Erinnerung kommt beim

Durchblättern eines neuen Bandes der gesammelten Werke von Jorge Luis Borges, „Buch der Träume", mit denen der Hanser Verlag seinen größten lebenden Autor unnachsichtig pflegt. Der Übersetzer, C. M. C., stützt sich auf „Borges' Wortlaute", die der Dichter in der Tat unnachahmlich zu schlagen versteht. Freundlich verweist C. M. C. darauf, daß das Inhaltsverzeichnis die Quellenangaben der Traumstücke enthalte, die im Buch versammelt sind. Der Leser erfährt, daß „Das Lächeln Allahs" aus „dem Mittleren Osten überliefert" sei; da wird er's rasch finden. Ein Stück aus der Äneis habe, man mag es kaum glauben, R. A. Schröder aus dem Griechischen übersetzt. Unklar bleibt, ob Borges Lewis Carroll gekürzt hat oder die deutsche Übersetzung von Ch. Enzensberger. Doch klar ist, daß wir den Freund Diderots d'Alambert zu schreiben haben: die Schreibweise wird mit der Konsequenz durchgehalten, die an der ganzen Ausgabe zu rühmen bleibt.

210

„Augenwischerei!" rufen Politiker, wenn sie von ihrem Gegner behaupten wollen, daß er sich einer Sache nicht so annehme, wie sie selber es tun, und daß bloß zum Schein etwas geschehe. Eine törichte Metapher. Es wischt sich ja nicht nur der das Auge, der keine Tränen vergossen hat und Trauer vortäuschen will (in einem Zeitalter, in dem öffentlich nur mit Hoffnung auf Belohnung geweint wird), sondern vornehmlich derjenige, dem ein Korn darinnen sitzt: dann ist es notwendig und nützlich. Aber es sind nicht nur Politiker, die nie auf den Gedanken verfallen, über eine Wendung nachzudenken, bevor sie sie gebrauchen, auch gelehrten Köpfen unterläuft es häufiger. Vor Jahren schon behauptete Schelsky, daß die skeptische Jugend zwischen auseinanderstrebenden Horizonten zerrieben werde; der amerikanische Philosoph Nozick postuliert ein angebliches Rechtsprinzip, nach dem niemand „gegen seinen Willen" gezwungen werden dürfe – volenti non fit iniuria, sagten die Alten, bei denen Dummheit noch kein Prestige hatte.

211 Das Erasmus-Haus in Basel versendet den Katalog seiner Juni-Auktion. Darin eine sehr beachtliche Lavater-Sammlung, auch mit Einblicken ins Jenseits. Aus Lavaters Protokoll über den Spiritus familiaris Gablidone ist zu entnehmen, daß dem „Geist des letztverstorbenen Kaisers Franz ... die Aufsicht über alle Schnekkenhäuslein von Nord bis Süd übergeben" worden sei. Solcher Arcana coelestia sind Gläubige vieler Epochen teilhaftig geworden; sie möchten wohl, verständig kompiliert, einen ganzen Baedeker der jenseitigen Welt ergeben. – Merkwürdigerweise im gleichen Buch eine Invektive gegen Lavater, nach dem Choral zu singen „Wie schön leucht' uns der Morgenstern": „Wie schön leucht' uns von Zürich her / der Wunderthäter Lavater / Mit seines Geistes Gaben. / Sein neues Evangelium / Hat uns bezaubert um und um / Thut blöde Seelen laben. / Wunder, Plunder, Magnetismus, Prophetismus / Zauberkuren, zeigen seiner Finger Spuren." Im Angebot war noch eine zweite, ernsthafte und ernstgemeinte Invektive, die Alfred Kerrs über den Nazi-Diktator: „Hitler: das ist der Mob, der Nietzsche gelesen hat. Das ist Mussolenin im Ausverkauf. Das ist der Ochlokrat, der den ‚Individualisten' äfft..." Das ist vor allem wirkungslos. Seinem Mörder entflieht man oder man geht ihm an die Gurgel; im Schimpfen brüstet sich die Ohnmacht. Kerrs Prosa hat sich nicht gut gehalten, den Buchtitel „Die Allgier trieb nach Algier" würde heute kein Lektor passieren lassen. Der große Kritiker war mit Friederike Kempner doch verwandter, als er wahrhaben wollte.

212 Ob im Sommer, ob im Winter – die Bundesrepublik kleidet ihre Polizisten mit ausgewählter Häßlichkeit. Vor einigen Jahren noch hatten wenigstens die Bayern und die Hamburger Uniformen, die an die anderer zivilisierter Nationen heranreichten, doch fielen sie den Vereinheitlichungstendenzen zum Opfer, die den deutschen Föderalismus auszeichnen, der bis zur Selbstabschaffung kooperativ sein will. Ein schlecht gekleideter ist leicht ein schlecht gelaunter Polizist. Wie kann eine Polizei Eindruck machen, die sich geniert?

Die Linken legen heutzutage größten Wert darauf, daß es nicht nur konservativen, rechten Widerstand gegen Hitler gegeben habe. Mit Recht. Es hat linken Widerstand gegen Hitler gegeben, aber vornehmlich als Abwehr der Verfolgung, im Interesse einer Partei und unter dem Gesichtspunkt, daß die falsche Diktatur sich etablieren konnte, die von der Geschichtsphilosophie nicht vorgesehen war. Der moralisch begründete Widerstand gegen Hitler war in der Tat konservativen, aristokratischen Ursprungs; ein Aufstand für Freiheit und Anstand, das Recht des Privaten gegen die Volksgemeinschaft und ihre Brüderlichkeit.[4] 213

Die berühmten hessischen Rahmenrichtlinien für die Schulen gehen auf das Gedankengut von Hibs zurück (Akronym eines hessischen Instituts für eben solches Gedankengut) und haben vielfältige Wirkung gehabt, ohne je als Gesetz, Verordnung oder Erlaß rechtsverbindlich geworden zu sein. Es sind Entwürfe, die zum Zweck ihrer Erprobung angewendet wurden. Die normative Kraft des Faktischen, von der die Juristen seit langem reden, hat eine neue Dimension erlangt. Der Rechtsstaat modernster Handhabung sieht fürs erste vom Recht ab, normiert das Gewollte zunächst faktisch, um es hinterher mit Rechtskraft auszustatten. Machtausübung per Entwurf hat zudem den Vorteil, daß eine Regierung ihr Amt wahrnehmen kann, ohne sich um parlamentarische Mehrheit zu kümmern – mögen die eigenen Gefolgsleute im Parlament sich auch über keine Vorlage mehr verständigen können, solange der Opposition auch nur eine Stimme fehlt zum Sturz, wird weitergemacht. Selbst mit dem Haushalt mag's eine Weile gehen; bleibt er auch Entwurf und geht nicht ins Gesetzblatt ein, so werden doch Steuern weiter auf Grund von Gesetzen eingezogen, Gelder auf Grund von Gesetzen ausgegeben und die Minister auf Grund von Gesetzen bezahlt. Was hilft dagegen, für den Fall, den kaum eine Verfassung kennt? Irgendwann die dritte 214

Gewalt, irgendwann die Erschöpfung der Handlungsbevollmächtigten, irgendwann eine Wahl. – Das Grundgesetz meistert die Krisen der Weimarer Republik vortrefflich, die der Bundesrepublik aber nicht.

215 Günther Diehl erzählt, daß bei einem Staatsbesuch von Mendès-France zur Zeit Adenauers dem französischen Ministerpräsidenten die übliche umfangreiche deutsche Begleitung beigegeben war, darunter ein Herr im Lodenmantel, dessen Name und Funktion ihm unbekannt waren. Er förderte zutage, daß es sich um einen Molkereidirektor handelte, in die Delegation aufgenommen, damit er die Qualität der Milch garantiere, die als sein angebliches Lieblingsgetränk Mendès-France ständig zur Verfügung stand. Sein Lieblingsgetränk war sie nun freilich nicht, er hatte nur häufig mit dem Milchglas posiert, um den Absatz der weißlichen Flüssigkeit zu fördern und sich bei den Bauern einzuschmeicheln. Der Volkskanzler Ludwig Erhard hatte einmal ausstreuen lassen, daß er Liebhaber des Pichelsteiner Topfes sei und er, der sich einmal als den Querschnitt des deutschen Volkes bezeichnet hatte, diesen Querschnitt der deutschen Küche aller anderen Speise vorziehe. Daran hat er jahrelang leiden müssen. Denn da er noch ein Politiker war, den die Deutschen liebten, setzten sie auf seinen Reisen ihren Stolz darein, ihm mit dem kräftigsten Pichelsteiner gefällig zu sein; er mußte aufessen, was er sich eingebrockt hatte. Wohl dem, der kein Image braucht.

216 Im Fernsehen erregt sich einer mit dem Wort „Scheißspiel" über ein Fußballmatch, die geistlosen Unflätereien Wehners werden als Ausdruck eines kraftvollen Kauzes respektiert, wenn nicht sogar beklatscht, die jungen Leute drücken sich in der Schule aus, wie ihnen nimmer der Schnabel gewachsen ist, die Rohlinge der Unterhaltungsszene werden stilbildend, satirische Blätter erfreuen ihr Publikum mit hemmungsloser Vulgarität. Das ist in vielen

Ländern so, in den USA, England und Frankreich auch. Doch gibt es dort eine resistente bürgerliche Zivilisation. Bei uns wehrt sich niemand, außer Spießern oder solchen, die es riskieren, dafür gehalten zu werden. Es kommt die Unempfindlichkeit gegen Sprache hinzu. Wo könnte jemand zum Kellner sagen „Ich kriege ein Bier", ohne für unerzogen zu gelten?

217 Gibt es Geisteskrankheiten? Der Laie mutmaßt irreführende Wortbildung. Die gemeinten Abweichungen und Hinfälligkeiten mögen körperlich-leiblich sein wie das Rheuma oder der Diabetes, offenbaren sich in Symptomen, die dem Geistigen zugeschrieben werden. Vielleicht nur auffällig, weil bei uns nicht wie in andern Sprachen die Unterscheidung von mens und spiritus herangezogen wird.

218 Die eigene Vortrefflichkeit nicht wahrnehmen zu können, zeigt einen Mangel an Urteilsvermögen.

30. Juli 1982

219 Der Hersteller des Toastbrots wirbt mit dem Aufdruck „5 Kilo Butter auf 100 Kilo Mehl", zu dick geschnitten ist es auch. Holländisch. Am Vorabend ein Glas Wein zuviel, und der Mensch wird spirituell, empfindsam. Der Geruch eines frisch geöffneten Frühstückseis erscheint ihm unausstehlich, die Abneigung kann monatelang anhalten.

220 Gespräch in Paris mit der Schriftstellerin Pierette Fleutiaux, deren Buch „Histoire du tableau" eben auf deutsch erschienen ist. Nach einem Besuch in Frankfurt, wo sie mit sogenannten jungen Menschen zusammen war, ihr zwiespältiger Eindruck. Erst ein Vergnügen über deren leises, langsames Sprechen, die rücksichtsvol-

len Manieren; im nachhinein Erschrecken, ja Furcht vor der Weichheit und Konturenlosigkeit, unbestimmbar, unheimlich, bedrohlich. – Es sind Neonazarener; sanfte Gesten, demütige Blicke, jeden Anlaß zur Entschuldigung begierig wahrnehmend, mit Verständnis für alles Menschliche, wenngleich es ihnen fremd ist. Es erscheint die Generation, die sich so sehr im Recht weiß, wenn auch sonst nicht viel, und so sicher auf der Seite des Guten steht, daß sie jeden Gegner ohne Hemmung unter den Sandalen zertreten und jeden Lauen aus ihrem Mund ausspeien könnte. Aber sie braucht es nicht. Das Establishment seufzt ihr mit geöffneten Armen entgegen.

221 „Anlieger" heißen so, weil sie ein Anliegen haben. Es ist die Abgeschlossenheit gegen Ausländer oder fremde Kinder oder Nutzfahrzeuge oder Straßenhändler, sie gewährt ihnen den Freiraum, den sie für ihre Hunde, ihren Schlaf oder ihre Automobile benötigen. Es ist ihr Stolz, daß ihre Straße „Nur für Anlieger" reserviert ist. Das Wesen des Anliegers ist es, in seinem Anwesen nicht von Wesen gestört werden zu dürfen, die nicht anliegen, sein Anliegen nicht teilen.

222 „Das sozialistische Element im Nationalsozialismus, das Denken seiner Gefolgsleute, das subjektive Revolutionäre an der Basis, muß von uns erkannt werden. Es stellt eine Voraussetzung der richtigen Arbeit dar. Ich bin gar nicht der Meinung, daß man sagen kann, diese Elemente im Nationalsozialismus seien ‚nur zum Betrug der Arbeiter erfunden'. Es ist vielmehr so, daß der Nationalsozialismus mit seiner Ideologie ein Sammelsurium darstellt und daß er es verstanden hat, sich in breiten Massen lebendige sozialistische Wünsche, revolutionäres Wollen nutzbar zu machen." Das ist nicht von Edmund Stoiber, sondern von Willy Brandt. Er schrieb es in der Emigration zum Thema „Sozialistische Front der jungen Generation", in der er heute wieder seinen Mann steht.

Salomonisches Urteil. Der König Salomo richtete nicht salomonisch, wenn man deutschem Sprachgebrauch folgt. Da ist das salomonische Urteil nicht eines, das durch den Spürsinn und die Entscheidungskraft des Richters zustande kommt und das Recht mit Entschiedenheit ausspricht, sondern eines, das billig ist, alle einigermaßen zufriedenstellt; bloß nicht formaljuristisch(!); der Richter als Schlichter, als Schiedsmann. Thornton Wilder läßt Caesar sagen: „Auch möchte ich nicht – wie ein dörfischer Friedensstifter die Zwistigkeiten zweier Bauern ausgleicht – einem jeden ein verkürztes Maß von Recht zuerkennen." In der Zeitschrift des Richterbundes stellt ein Richter löbliche Überlegungen an, wie mit dem rechtssuchenden Publikum vom Gericht besser umzugehen sei. Darin spricht sich die Sehnsucht aus, der Richter, wenn er denn schon richten muß, möge durch mancherlei Handreichung selbst die unterliegende Partei zur Einsicht führen. Fein wäre das, gäbe auch dem Richter ein gutes Gefühl, der Konflikt wäre wenigstens im nachhinein als ein irrtümlicher dargetan, die Entscheidung von allen Beteiligten ratifiziert. Wenn es gelänge, wär's für den Richter erhebend und den Sieger auch, für den Unterlegenen aber eher demütigend, inhuman – unter der moralischen Pression des Gerichtshofs verzichtet er auf das eine Recht, mit dem er sonst aus dem Saale geht, nämlich sich zu empören gegen einen falschen Spruch und darauf zu schimpfen aus Herzensgrund. 223

Neben mir parkt einer, der seine vier Türen mit schweren Gumminoppen gegen Kratzer beim Öffnen, Anschlagen gegen ein Mauerwerk oder gegen andere Autos geschützt hat. Er verunstaltet sein Auto, damit es nicht eines Tages verunstaltet werde. 224

Wer macht heute die amerikanische Außenpolitik? In Washington antwortet Zbigniew Brzezinski, der sie gestern machte: „A committee of four amiable Californians united by their common ignorance." 225

226 Ein neuer Bestseller aus Amerika: Jonathan Schell „The Fate of the Earth". Er beschreibt ausführlich, mit vielen Details und Wiederholungen, wie schrecklich ein nuklearer Weltkrieg wäre, und ruft zu dessen Verhinderung auf. Die gleiche Sorte Buch wie vor einigen Jahren „The Greening of America". Geschrieben von gutwilligen, nicht eben scharfsinnigen Autoren, die sich der immerwährenden Sehnsüchte und der aktuellen Lebensängste der Menschen annehmen und sie geschwind kommerziell ausbeuten; nach einer Saison sind sie vergessen. Aber sie verdienen Interesse als Beispiel einer Art von Schrifttum, die die opulenten westlichen Gesellschaften noch lange begleiten werden – säkularisierte Erbauungsliteratur für die Kultgemeinden des Friedens und der Natur, das Heimweh nach dem Ende der Geschichte und den Abscheu vor der Politik ausdrückend; ein innerweltlicher Pietismus, der den Garten Eden in Manhattan und in Pöseldorf wieder anlegen will.

227 Die Bundesrepublik hat seit ihrem Bestehen elf Staatsakte veranstaltet. Außer bei der Feier zum 25. Jahrestag des Grundgesetzes handelte es sich nur um Trauerstaatsakte. In Amerika hat es in der gleichen Zeit sechs Staatsbegräbnisse gegeben – für Kennedy, Hoover, Eisenhower, Truman, Johnson und den Kriegshelden McArthur. Der alles überragende Staatsakt der Bundesrepublik hatte zum Tode Adenauers stattgefunden. Für die deutsche Beteiligung an den amerikanischen Zweihundertjahr-Feiern haben wir über zehn Millionen Mark ausgegeben. Alle Regierungschefs des Bundes und der Länder haben aus diesem Anlaß in den USA ihre Aufwartung gemacht. Für die eigene 25-Jahr-Feier bewilligte der Bundestag nach gründlicher Erörterung im Haushaltsausschuß einhunderttausend Mark, aus denen dank überplanmäßiger Ausgabe hundertdreiundfünfzigtausend Mark wurden. Beim Staatsakt am 24. Mai 1974, der zentralen Jubiläumsverfassungsfeier, waren drei der elf Regierungschefs der Länder dabei. – Viel mehr

braucht man nicht zu wissen, um zu wissen, wie ernst sich unser Staat nimmt, wie ernst er von seinen Notabeln genommen wird, die gern darüber jammern, daß er vom Volk nicht ernst genommen werde.

228 Die vegetarische Bewegung, deren Entwicklung Fisch- und Fleischfreunde mit freundlicher Duldung verfolgen, hat endlich zur wahren Konsequenz gefunden. Im Fruitarian Network, Sitz Washington, D. C. (Postfach 4333), haben sich sechstausend Vegetarier zusammengetan, die der Überzeugung anhängen, daß es unmoralisch sei, lebende Pflanzen zur Speise zu mißbrauchen und sie zu dem niedrigen Zweck zu schlachten. In der Tat ist nicht einzusehen, warum Tiere geschont, aber Pflanzen, die doch auch Lebewesen sind und es oft genug schwerer haben im Leben, ausgerissen, abgeschnitten, mit einem Wort: getötet werden dürfen, um im Gemüsetopf oder der Salatschüssel zu enden. Die fruchtessende Gesellschaft, wie man das Network mit Anspielung auf die deutsche Literaturgeschichte schicklich eindeutschen könnte, besteht auf einer Diät, die sich auf Pflanzliches beschränkt, das vom Baum, dem Rebstock oder dem Strauche abfällt als Gabe der Natur, bei der die spendende Pflanze am Leben bleibt; also Äpfel, Bohnen, Beeren, Nüsse, Mais, Tomaten etc. Es kommt eine Menge zusammen, das den Gaumen kitzelt und der Gesundheit dient. Die Gesellschaft kämpft, gleichsam an flankierenden Fronten, für pflanzenfreundliche Jagd und Wasserpolitik und verurteilt streng, um den Baumwuchs zu fördern und Energie zu sparen, die üble Übung des Rasenmähens. Hier könnte sich auch mancher anschließen, der noch nicht reif ist für den Hauptzweck der Bewegung.

229 Die „Vier Jahreszeiten" (eine Nobelherberge, wie manche Journalisten Hotels nennen, in denen sie zur eigenen Verblüffung wohnen dürfen) wollen weltläufig sein und legen sich, vorgeblich zum Besten ausländischer Gäste, den Beinamen „The Four Seasons"

zu. Das wird denen viel nützen, wenn sie auf der Straße nach der Adresse fragen. Aber vielleicht ist das Englische gar nicht den Englischsprechenden zugedacht, sondern Imponiersprache für die Einheimischen. Die Bundesbahn scheint vom albernen Brauch abgelassen zu haben, den Schaffner oder gar Zugführer durch den Lautsprecher rufen zu lassen „in a few minutes we arrive at Gütersloh Central Station", aber die Lufthansa redet ihre Passagiere auf innerdeutschen Strecken unverdrossen auch auf englisch an, und die Bundespost numeriert gar längere Telegramme mit der Aufschrift „page one, page two ..." – Am Rand vieler Städte findet sich ein Behördenschild „P + R" (Park and Ride) als Einladung für Autofahrer, den Wagen schon an der Vorortbahn stehenzulassen und sich dem innerstädtischen Nahverkehr anzuvertrauen. Wer dieses Englisch versteht, ist selber schuld.

27. August 1982

230 Syberbergs Parsifal-Film in Paris. Voller Saal, die deutschen Monstrositäten werden in Frankreich genossen. „Ich persönlich finde ja jede Kunstäußerung, die 60 Minuten überschreitet, infam", schrieb Benn seinem Freund Oelze. Sechzig Minuten, das ist der erste Akt, das ist genug.

231 Im Deutschen gibt es kein Äquivalent für das saloppe amerikanische Wort „Dogooder"; Wohltäter trifft es nicht. Gemeint ist jene Art Zeitgenosse, die auf den billigsten Ruhm, das höchste Ansehen aus ist, indem sie ständig glorreiche Sentiments verlautbart, die Beschaffenheit des irdischen Tals bejammert und die Bösartigkeit der anderen dafür verantwortlich macht. Sie läßt's auch nicht beim Klagen bewenden, sondern handelt, verfaßt eine Resolution, bildet ein Komitee und greift auch zu, sammelt Geld und verteilt es wieder, tut mancherlei Gutes, zum eigenen Besten. Sie löst kein Problem, aber packt alle an.[5]

Aus dem kommerziellen Leben weiß man, daß viele Leute pleite wären, wenn sie ehrlich bilanzierten. In der moralischen Welt kommt viel Unglück daher, daß Menschen es im Privatleben glauben tun zu müssen. Die Tatsache, daß Welt und Menschheit noch bestehen, kann auch darauf zurückgeführt werden, daß eben nicht gewissenhaft saldiert, sondern dies sorgsam vermieden wird. Das Leben geht weiter, weil all die ungedeckten Schecks und Kellerwechsel weitergegeben und prolongiert, aber nie präsentiert werden. 232

Das Sportforschungsinstitut der Universität Köln hat nun endlich die Vermutung bestätigt, daß Jogging Langzeitschäden verursacht. Man werde in kommenden Jahren die Wartezimmer der Ärzte angefüllt sehen mit Joggern, die über einen ausgezeichneten Kreislauf verfügen, aber kaum noch funktionierende Gelenke haben. Offenbar hat der moderne alte Mensch die Wahl, sich mit ausgezeichnetem Kreislauf im Rollstuhl zu bewegen oder beschwerdenbehaftet frei umherzulaufen. Zur Lebensverlängerung ist die Übung ohnedies kaum dienlich, jedenfalls haben die sonst so publizitätstüchtigen Lebensversicherungsanstalten dergleichen bisher nicht mitgeteilt; zusätzlich zu der allgemeinen, durch die Chemo-Medizin bewirkten Heraufsetzung des Lebensalters scheinen die Anstrengungen der einzelnen leider nicht existenzstreckend zu sein. – Unergiebig die Überlegung, welche Männer des Geistes noch im Reifealter irgendeiner sportlichen Übung nachgegangen seien, welche Philosophen, Dichter, Maler, Naturwissenschaftler etc. sich als Bergsteiger, Schwimmer, Ballspieler hervortaten. Unter ihnen gab es auch zu jenen Zeiten, als die Population noch keine hohe Lebenserwartung hatte, ganz außerordentlich viele mit einer hohen Lebensdauer – ein Zusammenhang von geistiger Tätigkeit mit Lebenserwartung ist vielleicht noch nicht hinreichend untersucht worden. Nebenbei fällt auf, daß offenbar kein Mann von Geist je als Jägersmann sich ausgezeichnet hat, was ja verwunderlich ist, da das edle Waidwerk 233 doch den feinen Spürsinn, die Durchhaltekraft und Geduld, Hege und Pflege des Kreatürlichen verlangt – alles Qualitäten, die dem Typus des Geistigen anstehen; das Halali, der obligate Schnaps und die herzhafte waidmännische Geselligkeit sollten ihn nicht abgeschreckt haben.

234 Obwohl er Atheist war, mußte er dran glauben.

235 Lebensweisheit des Massentourismus: im Sommer in die Hitze, im Winter in die Kälte reisen.

236 Es gibt Leute, die dienstlich, auf Reisen oder im Restaurant, einen höheren Lebensstandard haben als ihren privaten und andere, bei denen der Lebensstandard privat ebenso erfreulich ist oder noch höher. Der Unterschied der Klassen ist leicht an den Ehefrauen abzulesen, sobald sie einmal wahrzunehmen sind. Die erste, durch Berufsleben privilegierte Klasse, wächst, wegen der Steuerpolitik. Die großen Hotels, die Erstklaßabteile der Flugzeuge sind voll mit Leuten, die auf eigene Kosten so komfortabel nicht leben würden, erst recht nicht, wenn sie unterwegs mit Familie sind. Schon kommen entmenschte Charaktere vor, die eine Dienstreise mit Gattin unternehmen und diese hinten einsteigen lassen, während sie selber den gewohnten Platz einnehmen. Im Urlaub wird dann oft das alternative Reisen bevorzugt, der Erlebnis- oder Abenteuerurlaub, in dem man lieber auf ferne Gegenden und Campingwagen ausweicht, als sich im Elend der Mittelklasse des Gastgewerbes einzurichten. – Die Gewohnheit, auf Betriebs- oder Staatskosten besser zu leben als aus dem eigenen Portemonnaie, erzeugt gemach einen geheimen Sozialdemokratismus der Besserverdienenden, die auch ganz gern in der AOK verbleiben, statt eine teure Krankenversicherung abzuschließen – die minimalen Unterschiede, die für Patienten noch gemacht werden, sind ja im Bedarfsfall leicht durch Zulagen oder gesellschaftliche Beziehungen auszugleichen.

Besserverdienende heißen in Bonn diejenigen, die man noch schröpfen kann, ohne daß sie sogleich der Fürsorge zur Last fallen. 237

André Kostolany bemerkt in seinem neuen Buch, daß die Deutschen ihr Geld verdienen, die Engländer es ernten, die Franzosen es gewinnen und die Amerikaner es machen. Solange man nicht pedantisch darüber wird und allzu Bedeutungsvolles erschließen will, sind solche Vergleichungen der Sprache hübsche Eingänge in die Völkerpsychologie. Will es etwas sagen, daß bei uns die Sonne weiblich, der Mond männlich ist und bei fast sonst niemand? Der Tod, aber la mort, der Friede, aber la paix. Gott kommt, seit die Göttinnen abgetreten sind, grammatikalisch nur als Mann vor – was amerikanische Feministinnen nicht ruhen läßt, die ihm das Pronomen she beilegen wollen; sie haben auch mehr Grund als die deutschen, mit der Sprache zu zürnen, weil sie (die meisten Sprachen sind patriarchalischer als unsere) für den Menschen kein eigenes Wort haben, sondern das für den Mann gebrauchen müssen, wenn sie nicht aufs weibliche „person" ausweichen und unterdrücken, daß das eigentlich die Rolle bezeichnet, die jemand spielt. „Person" kann im Englischen auch für den intimsten Körperteil stehen. In sexualibus sind Sprach- und Denkunterschiede so heikel wie bemerkenswert; und mühsam auszumachen, wenn man nicht, wie einst Adorno, sich der Gabe erfreut, diese Vokabeln sofort zu verstehen, ob man sie auch nie gelernt, gelesen, gehört hat. 238

Mademoiselle Grison, der angenehme Typ der pädagogisch engagierten Lehrerin, zeigt den Besuchern in dem kleinen Museum der veterinärmedizinischen Hochschule in Maison-Alfort (ein paar Kilometer östlich von Paris, aber schon ganz ländlich stille, alleenbestückte Provinz) ihre Schätze, die vor der Öffentlichkeit verbor- 239 gen werden. Viele Kuriosa, achtbeinige oder doppelköpfige Kälber; menschliche Fetus in Spiritus, davon einer affenartig behaart, der andere völlig vergreist; eine große Schlange, die an Arthritis zugrunde ging; ein Wollstrumpf, der zwei Jahre lang im Magen einer Kuh verbrachte, bis er, wie eine moderne Kleinplastik aussehend, wieder das Licht der Welt erblickt hat. Aber denkwürdig ist das Museum wegen des „anderen Fragonard". Nicht genau auszumachen, ob es der Bruder, Neffe oder Vetter des großen Malers war – eine Legende nimmt Identität an –, jedenfalls ein bedeutender Anatom. Er hat die Technik des Enthäutens großer Körper und des Konservierens der freigelegten Muskeln und Nervenstränge entwickelt: grausenhafte, doch nicht abstoßende Anblicke. Ein Pferd steht da, wie im Leben, nur ohne seine gewöhnliche Oberfläche, und läßt tiefe Einblicke zu. Darauf sitzt eine mit derselben Perfektion enthäutete junge Frau, blickt den Besucher aus übergroßen künstlichen Augen verwundert an. Es soll die früh verschiedene Verlobte Fragonards sein, nach anderer Überlieferung die Tochter eines Spezereihändlers aus der Nähe, die eines Tages geheimnisvoll verschwunden war.

240 In dieser Saison haben in nicht wenigen Schweizer Hotels die Ostschweizer, wie Deutsch-Schweizer sich heute gern nennen, ein lebhaftes Übergewicht. Da mag der Gast sich nicht als Gast vorkommen, sondern wie ein Störenfried bei einer ländlichen Familienfeier. Er kann auch das Alemannische nicht überhören, weil es, wie viele andere Dialekte auch, offenbar nicht in gemäßigter Tonlage gesprochen werden darf. Gut, daß das Personal kein Schweizerdeutsch versteht und sich der europäischen Verkehrssprachen bedient.[6]

241 Empfang in der Redoute zu Ehren eines Wirtschaftsführers. Anwesend ein paar Minister, eine Menge Unternehmer, Gewerkschaftler und andere Notabeln. In der ersten Reihe, riesengroß und

unübersehbar der Oppositionsführer. In der Begrüßung wird er an letzter Stelle genannt, nicht ausdrücklich, sondern summarisch, als eines der Mitglieder des Bundestages. Eine protokollarische Rangfolge, die schon unter Bismarck obsolet gewesen wäre.

Piktogramme sind so zahlreich und unverständlich geworden, daß es sich wieder lohnt, das Alphabet oder gar Sprachen zu lernen. 242

Außer Fred Astaire hat noch jeder Mann beim Gesellschaftstanz lächerlich ausgesehen – es sei denn, es werde im Frack Walzer getanzt. Auf dem Parkett wirken die Unbeholfenen noch besser als die flotten Figurentänzer, die ihre Schritte im Erwachsenentanzkurs erlernt haben. – Nein, die Schwarzen wirken beim Tanz nicht lächerlich, weil sie sich natürlich, locker bewegen, aus der Musik Bewegung machen, wie es kein Weißer kann. Die klugen Asiaten tanzen gar nicht, sondern sehen, wie die Römer, nur den Frauen zu. 243

24. September 1982

„Angenehme Nachtruhe", sagt die freundliche Wirtin. Eine unangenehme Nachtruhe hat wohl noch niemand gehabt. 244

Lassen Sie sich nicht stören! sagt der Störer im Augenblick der Störung. Ich will ja nicht indiskret sein, sagt einer, der sich anschickt, es zu werden. Es geht mich ja nichts an, räumt derjenige ein, der trotzdem guten Rat beisteuern will. Bequeme Wendungen, die oft Unverschämtheit bemänteln, aber auch dem schüchternen oder rücksichtsvollen Menschenfreund dienlich sind. 245

246 Vor vielen Jahren, zur Zeit des Präsidenten Johnson, erzählt Robert Hunter, wurde er spätabends von seinem Nachrichtendienst angerufen, der ihm mitteilte, daß eine sehr unangenehme Meldung auf den Titelseiten des nächsten Tages zu lesen sein werde: Walter Jenkins, der erste vom Stab des Weißen Hauses, war wegen homosexueller Beziehungen verhaftet worden. Aber: zum gleichen Zeitpunkt wurde Chruschtschow gestürzt, die Chinesen zündeten die erste Atombombe, die Labour Party löste die Konservativen an der Macht ab. Und so geschah es, daß der arme Jenkins auf Seite 16 der Zeitung oder noch weiter hinten landete. Ein Beispiel guter Pressearbeit, meinte Hunter. Die Realität ist der bei weitem wirkungsvollste Pressechef.

247 „Diese widerspruchsvolle Aufgabe des Mannes erklärt die Widersprüche seiner Regierung, das unklare Hinundhertappen, das bald diese, bald jene Klasse bald zu gewinnen, bald zu demütigen sucht und alle gleichmäßig gegen sich aufbringt, dessen praktische Unsicherheit einen hochkomischen Kontrast bildet zu dem gebieterischen, kategorischen Stil der Regierungsakte... er möchte ganz Frankreich stehlen, um es an Frankreich zu verschenken... In die Ministerien, an der Spitze der Verwaltung und der Armee drängt sich ein Haufe von Kerlen, von deren bestem zu sagen ist, daß man nicht weiß, von wannen er kommt, eine geräuschvolle, anrüchige, plünderungslustige Bohème, die mit derselben grotesken Würde in galonierte Röcke kriecht wie Soulouqes Großwürdenträger... Von den widersprechenden Forderungen seiner Situation gejagt, zugleich wie ein Taschenspieler in der Notwendigkeit, durch beständige Überraschung die Augen des Publikums auf sich ... gerichtet zu halten, also jeden Tag einen Staatsstreich en miniature zu verrichten, erzeugt er die Anarchie selbst im Namen der Ordnung, während er zugleich der ganzen Staatsmaschine den Heiligenschein abstreift... sie zugleich ekelhaft und lächerlich macht." So Karl Marx über die Politik Mitterrands.

Herr von Donitz, Beachcomber Charly, der auf Dunk Island ein Segelboot betreibt. Beim seltenen Gast aus Deutschland probiert er deutsche Wendungen, deutsche Wörter aus, die er von einer deutschen Großmutter gelernt zu haben behauptet. Redet unterschiedslos mit „Herr Oberst" oder mit „Herr Oberfeldwebel" an und schwärmt vom Admiral Dönitz, dazu er den zerschlissenen Südwester vorn in die Höhe klappt, sein Ruder wie einen U-Boot-Ausguck anfaßt, die aus Kinofilmen geläufigen Kommandos schreit und täuschend Sirenenton und andere einschlägige Geräusche nachahmt. Hier, in der einsamen Inselwelt des südlichen Pazifik, wo Politik keine Rolle spielt und keine Erinnerung an die Greuel der Geschichte stattfindet, ist der letzte Krieg der Deutschen schon zur Legende des letzten großen Abenteuers geworden. Daß das Dritte Reich als Public-Relations-Unternehmen ein großer Erfolg war, wußte man längst. Was wir in Europa nicht wahrnehmen, ist die Wirkung der amerikanischen Serien von „Hogan's Heroes" oder „Stalag 17" in Gegenden, wo die Gefühlswelt der Piraten und Bukaniere lebendiger ist als die des Instituts für Zeitgeschichte und die Glorie jenes merkwürdigen Volkes erhöht, das sich zweimal von der Welt besiegen ließ. 248

Aus Anlaß des Katholikentags wird die gastgebende Diözese „Herzbistum" genannt. Sie hat einen hochgestellten Geistlichen als „Priester zum Anfassen" abgestellt; Priester zum Anpassen wäre ehrlicher und nicht so klebrig gewesen. 249

Es gibt die platonische Liebe, aber es gibt auch die platonische Eifersucht. Diese kommt häufiger vor. 250

Ist Kohl nicht zu einfältig? fragen Gebildete aller Stände, die den Regierungswechsel wünschen, aber nicht den Oppositionsführer als Kanzler. Die Frage ist so verständlich wie politisch sinnlos. 251

Anthony Eden war weltläufig und ausdrucksfähig, hatte sich sein Leben lang aufs höchste Amt vorbereitet, Truman war international ganz unerfahren, galt als Hinterwäldler, ungebildet und subtilen Denkens nicht fähig. Der eine scheiterte so rasch, wie der andere sich bewährte. Es gibt keinen Test für die Eignung zur politischen Führung; auch sind Charakterstärke und Willenskraft im Fernsehen nicht vorzeigbar.

8. Oktober 1982

252 Nachtrag zum anderen Fragonard. Die Überlieferung, der Künstler-Anatom von Alfort habe seine früh verblichene Braut auf dem Pferd sitzend für die Nachwelt konserviert, stellt sich als romantisch makabre Legende heraus; die Figur ist als Mann zu erkennen, „wenn man sich auf die Zehenspitzen stellt", was mir beim Betrachten allerdings nicht geholfen hätte. Eine andere Tradition hat das enthäutete Figurenensemble einen apokalyptischen Reiter genannt, nicht unbegreiflich, sobald man einiges über den Charakter Fragonards und seiner Zeit wahrnimmt. Wenige Kilometer von Alfort entfernt ist das Irrenhaus von Charenton, in dem de Sade fieberhaft Seite über Seite mit seinen Phantasien bedeckte. Fragonard sezierte, konservierte mehrere Leichen pro Woche und schlug 1792 der Gesetzgebenden Versammlung vor, innerhalb von fünf Jahren zehntausend Präparationen anzufertigen, besessen von dem Ehrgeiz, schon zu Beginn des Zeitalters der Vernunft für jede denkbare physiologische Funktion die perfekten Demonstrationsobjekte herzustellen. Sie sollten in einem nationalen anatomischen Kabinett versammelt und in der säkularisierten Kirche Mariä Himmelfahrt in der Rue St. Honoré ausgestellt werden, die dadurch auch, der Grundstücksspekulation entzogen, künftigen Geschlechtern beweisen werde, daß die Freiheit schon in ihrer Kindheit die Künste zu ehren verstand. Das Material für die Sezierungen, angesichts des Aberglaubens in der Bevölkerung und der Sammelwut reicher Privatleute, die anatomische Kabinette unter-

hielten, so selten geworden, daß man sich schon zu Diderots Zeiten in der Enzyklopädie darüber beschwerte, sollten die Behörden heimlich aus den Spitälern herbeischaffen.

Bericht der jüdischen Delegation aus Alexandria an den römischen Kaiser. Zu der neuen Religion aus dem Orient bemerkt sie: Es ist uns wahrscheinlicher, daß ein Gott Mensch, als daß ein Mensch Gott werde. 253

In Frankfurt gibt es eine besondere Kleinkriminalität, Diebstahl und Raub, für die Banden fixer Zigeunerkinder verantwortlich sind. Die Polizei, so verrät ein Gewährsmann, wage es nicht, die Bevölkerung vor ihnen sachgemäß zu warnen, weil sie den Vorwurf der Ausländerfeindlichkeit, des Rassismus, der Minderheitenverfolgung fürchte. Noch unter jedem Regime gehörte der Maulkorb zur korrekten deutschen Straßenkleidung. 254

Der echte Begriff des Liberalen ist, wie Geschichte und Martin Kriele lehren, die antizipierte Kollaboration. 255

Viele gute Menschen nehmen Ironie nicht wahr und anschließend Anstoß, wenn sie aufgeklärt werden. Von den Schreibenden ist deshalb oft beklagt worden, daß die Typographie kein Ironiezeichen kennt. Ich habe es jetzt erfunden – die aufrecht stehende Kursive. Wo sie nicht auftritt, ist alles ernst und wörtlich gemeint. – Schwierigkeiten mit dem Aphorismus im Deutschen: Weil er kurz ist, wird er für apodiktisch gehalten und als absolute, Widerspruch ausschließende Prosa übelgenommen. Es darf ja auch nichts leichthin gesagt oder geschrieben sein. Dem Volk der Denker und Schulmeister genügt es nicht, daß etwas langweilig ist, es muß noch lang obendrein sein. Wenn einer bei Tafel redet und unter- 256 haltsam ist und in fünf Minuten am Ende, freut sich ein jeder; aber zugleich nagt an ihm das Empfinden, um ein Ungemach betrogen worden zu sein. Der Lakonismus der Evangelien wird von Deutschen ertragen, weil das meiste viermal erzählt wird.

257 In der Paulskirche. Die Festakte der bürgerlichen Gesellschaft sind weder festlich noch feierlich – Zeremonie gewordene Verlegenheit. An der Stirnwand Blumenschmuck, darunter ein kleines Streichorchester – hinter dem Bürgermeister mit der Amtskette und dem uralten, aber nicht greisen, großen Ernst Jünger die adrette Versammlung der Freunde, Honoratioren und Notabeln, die nicht wissen, ob sie aufstehen sollen, wenn der Ehrengast den Raum betritt, vielleicht gilt Sitzenbleiben als republikanisch (wie in unserem Vaterland auch bei Trinksprüchen, wenn nicht einer beherzt um die Erhebung bittet). Am Schluß wird noch einmal, ganz beziehungslos, Musik gemacht, wohl, weil man anders zu keinem schicklichen Ende kommen kann. Am Ausgang wenigstens ein Trüppchen Protestierender, die noch dem Harmlosesten „Nazischwein" und „Bluthund" zurufen. – Seit die alten akademischen Riten verpönt wurden, sind nur die kirchlichen und die militärischen geblieben. Die zivile Gesellschaft sollte ihre festlichen Anlässe auf Diners und Empfänge beschränken.

258 „Alle Menschen sind gleich." Vielleicht der einzige menschheitsbewegende Satz, der von keinem Menschen je für wahr gehalten wurde.

20. Oktober 1982

259 Der wahre Krimi. „Die Polizei stand vor einem Rätsel. Da steht sie immer noch."

„Die Stimme, mit der ich denke, ist doch die Stimme, mit der ich rede?" fragt der Sohn, als natürlich voraussetzend, daß es so sei, wenn andere die gleiche Erfahrung haben. Ich denke, auch stimmlos denken zu können, aber sobald ich's versuche, gelingt es nicht. Es geht nur mit der eigenen Kopfstimme, die die gleiche Schwierigkeit hat, „Griechische Geschichte" richtig auszusprechen, wie wenn ich's laut sagen müßte. 260

Rückstau, Rückantwort, Rückerstattung, Rückerinnerung – eine neue Welle zur Bereicherung der Muttersprache kündigt sich an. 261

Winston Churchill, der auch die Wendung vom Eisernen Vorhang nicht erfunden hat, galt eine Zeitlang als Urheber des Begriffs „Kalter Krieg", bis sich herumsprach, daß Walter Lippmann schon viel früher ihn in Umlauf gesetzt hatte. Auch er hatte ihn nicht geschaffen, sondern mutmaßlich unbewußt aus Reden Bernard Baruchs übernommen, den ihm wiederum sein Redenschreiber H. B. Snope 1946 aufgeschrieben hatte – Lippmann pflegte gegenüber Snopes Prioritätsansprüchen anzuführen, daß la guerre froide im Französischen schon vor dem Zweiten Weltkrieg vorgekommen sei, ohne freilich literarische Belege auszuweisen. Nun hat Dr. Joseph Siracusa von der Universität von Queensland in St. Lucia mitgeteilt, daß der führende Revisionist der deutschen Sozialdemokratie, Eduard Bernstein, schon 1893 in der Neuen Zeit vom Kalten Krieg gesprochen habe, rückübersetzt: „Diese fortgesetzte Rüstung, welche die anderen zwingt, mit Deutschland mitzuhalten, ist selbst eine Art von Kriegsführung. Ich weiß nicht, ob dieser Ausdruck schon früher gebraucht worden ist, aber man könnte sagen, es sei ein Kalter Krieg. Es gibt keine Schießerei, aber es gibt Opfer." Vielleicht ist auch Bernstein nicht der Erfinder des „Kalten Krieges" gewesen; die Sache hat es seit den konfessionellen Kämpfen gegeben, verstärkt seit der großen Revolution, und mag sich ihr Wort schon früher gesucht haben. 262

263 Die wahre Untergrundliteratur ist nicht das, was sich so nennt und doch bloß das in der allgemeinsten Öffentlichkeit Feilgebotene im Fäkaldeutsch und auf schlechtem Papier noch einmal darbietet, sondern jene hochgebildete Kleinproduktion alexandrinisch-verschnörkelten Humors, durch die akademische Konventikel sich vom Zeitgeist absetzen. Vor Jahren schon machte die Festschrift „Dichotomie und Duplizität" zu Ehren des großen Psychologen Ernst August Dölle unter Kennern Aufsehen, ebenso die Ballade vom reinen Sein von Erich Strauß; Ernst von Pidde gelang geradezu ein Durchbruch mit der Untersuchung über den Ring der Nibelungen im Licht des deutschen Strafrechts. Nun liegt schon die zweite Litzelstetter Libelle vor (aus der Abteilung Handbüchlein und Enchiridia), von H. D. Mummendey – „De Vampyris – auf dem Wege zu einer sozialen Psychophysiologie des akuten Vampirismus"; die erste, von Zehner/Merian/Müller enthielt entscheidungslogische Einübungen in die höhere Amoralität – „De Statu Corruptionis". Sehr nützlich für die Binnenkommunikation der abgeschafften und der abgeschlafften Eliten; für Gesamtschulen unbrauchbar.

264 Ordnung muß sein. Im Jahre 42 probte Furius Camillus Scribonianus, Statthalter von Dalmatien, den Aufstand. Die kaisertreuen Truppen schlugen die rebellierenden Offiziere tot. Dafür wurden die Legionen belobigt, doch gebot nachher die Disziplin, die gemeinen Soldaten, die ihre Offiziere ermordet hatten, mit dem Tode zu bestrafen.

265 Jeder Kunde glaubt, ohne es auszusprechen, daß es ehrliche Handwerker gibt und zu der kleinen Betrügerei neigende. Die alten Berufe gegen die neuen: Schreiner, Buchbinder sind solide Leute; man ist überrascht, wenn man einem Schurken begegnet. Anders hingegen im Kfz-Handwerk, bei Fernsehreparaturen und ähnlichen aufs Technische gerichteten Branchen; hier fühlt man sich übers Ohr gehauen, und wenn es nicht wahr ist.

Frust ist das neue deutsche Wort für Selbstmitleid. 266

Der Genfer Kosmograph Henri Stierlin hat die plausible Erklärung für die Bodenzeichnungen im peruanischen Hochland gefunden – nicht Landebahnen für die Wesen vom anderen Stern, nach dem Obskurantisten v. Däniken, noch Abbildungen des Weges der Sterne, sondern vom Geröll geräumte Bahnen für die Auslage am Stück gewebter Wollfäden, die nach dem frommen Sinn der Ureinwohner zu 15 Meter breiten Kulttüchern verknüpft wurden; auch das Seilerhandwerk bei uns hat 100 Meter lange Bahnen gebraucht, um Seile von 70 Metern herzustellen. – Die Indianer beteten die Außerirdischen an, zu ihnen gekommen sind sie nicht. 267

5. November 1982

Wenn einer heute von sich selber sagt, er sei ein „political animal“, bestärkt er den Verdacht, daß er ein Scheusal ist. 268

An Frauen, die sich in der Öffentlichkeit schminken, hat man sich gewöhnt; aber nicht an Männer, die sich öffentlich kämmen. In meiner Jugend wurden die Altersgenossen, die einen Kamm aus der Gesäßtasche zogen, um sich das Haar zu richten, „Stenze“ genannt. Alte Stenze gibt es immer noch. 269

Von Detroit bis Fort Myers trifft der europäische Reisende auf die felsenfeste Überzeugung der Amerikaner, sie hätten den höchsten Lebensstandard der Welt, und ihre geheime Überzeugung, daß jeder, der an den amerikanischen Vorzügen nicht teilhabe, doch von der Sehnsucht zerfressen werde, auch Amerikaner zu sein. In diesen Meinungen darf man sie nicht stören. Bei dem Besucher weicht die Wahrheitsliebe der menschenfreundlichen Klugheit, die 270 ihm rät, alle Gastgeber ohne Einschränkung zu komplimentieren und ihre Besitztümer zu bewundern, während er in dem immer gleichen Krabbensalat stochert und den überall gleich guten Chablis trinkt, der nur wenig teurer ist als der französische. Der Nationalstolz dieses Volkes ist gottlob nicht zu erschüttern, und töricht jeder, der es versucht. Es genügt schon, ist Überraschung genug, wenn jemand einen eigenen anzudeuten wagt.

271 Neben mir steigt ein Vollbärtiger ins Hallenschwimmbad, den Glatzkopf korrekt mit der Badekappe bedeckt. Er folgt einer von vielen sinnlosen Regeln; in anderen Hallenbädern sind Badekappen verboten, weil sie schlimmere Schmutz- und Bakterienträger seien als das menschliche Haar. Überhaupt auffällig, daß gerade Stätten, die der Vergnügung oder Erholung gewidmet sind, mit rigorosen Verhaltensvorschriften ausgestattet werden. Nicht nur in Badeanstalten wird das Verhalten der Gäste aufs genaueste reglementiert, ja es wird mit Sanktionen für den Fall der „Zuwiderhandlung" gedroht. Der Bade- und Hausmeister als Typ des untersten Funktionärs, dessen Autorität kein Regime, keine Revolution jemals erschüttert.

272 Die physische Liebe ist dem puritanischen Empfinden nur erträglich, wenn sie als Sauerei behandelt wird; Prüderie verwandelt sich von einem Augenblick zum anderen in ekelhafte, aggressive Verworfenheit. – In den USA, wo die Sauna nur nach Geschlechtern getrennt und in Badekleidung aufgesucht wird, ist das Magazin Hustler am Kiosk sehr erfolgreich.

273 El Greco endlich wieder in Toledo. Nach langer Fahrt durch trostlose Herbst- und Industrielandschaft ist das Museum erreicht, das schon von weitem seine große El Greco-Ausstellung annonciert, die bis zum 21. November dauert. Leider ist montags geschlossen,

doch wird dem von weither Gereisten von der liebenswürdigen Kustodin Sandy Crametz der vorzügliche Katalog ausgehändigt, der nur den Verdruß verstärkt, die aus vielen Sammlungen zusammengebrachte Kollektion nicht sehen zu können. Zuvor hatte ein hilfsbereiter junger Mann auf die Frage nach dem Dauerbesitz des Museums die klassische Antwort gegeben: „I don't know, I only work here." Sein Toledo liegt in Ohio, und El Greco ist da, weil dessen Stadt denselben Namen trägt. Für eine sinnvolle Unternehmung ist auch ein sinnloser Vorwand gut.

274 Nachtgedanken. Hitler war erst der Anfang. Alle Supermächte haben heute eine weltumfassende Endlösung in ihrem Programm. Zum Unterschied von Hitler können sie sie auch zur Tat bringen.

275 Eine junge Frau, Heine zitierend: Denk ich an Deutschland in der Nacht, so bin ich gleich in Schlaf gebracht.

276 Daß die Familie Albrecht deutsches Volksliedgut, darunter „Auf, du junger Weihnachtsmann ...", auf Schallplatte gesungen habe, entrüstet einen Jungwähler, der von Freud noch nichts ahnt.

277 Was die Leute für Jet-lag halten, ist meist bloß ein Kater.

278 Dauerhafter und mißlicher Zug in der deutschen Politik: die alten Männer, die nicht aufhören können und ihre Verbitterung, sie als Erfahrung ausgebend, in die Politik injizieren – Bismarck, Adenauer, Brandt, Schmidt und Strauß. Genützt haben sie weder sich selbst noch den Nachfolgern, noch dem Vaterland. Vorteil der Präsidialverfassung: die Leute verschwinden wirklich.

279 November. Das italienische Wort tristezza bedeutet sowohl Traurigkeit wie Bösartigkeit. Vielleicht ist nicht der Mensch von Natur aus zugleich mürrisch und übelgesinnt, aber viele Menschen sind es wohl. Zur Wohlgelauntheit gehört Anstrengung, die nur derjenige aufbringt, der seinen Mitmenschen wohlwill. Wer sich gern gehenläßt, statt mit Energie gegen die moralische Schwerkraft anzugehen, wird traurig und böse. Es ist ratsam, nicht allzu nachsichtig zu sein gegenüber den Leuten, denen es immer schlechtgeht, die schlecht aufgelegt, die schlecht sind. Die Verdrießlichen hat der Teufel lieb.[7]

280 Daß der Nobelpreis für Literatur ein hohes Prestige hat, erscheint kurios genug, sieht man sich die Liste bisheriger Preisträger an und denkt an jene, die ihn nicht empfingen. Dem Absurden sich nähernd ist aber die Aufzählung der Würdensleute, die in unserem friedenlosen Jahrhundert für ihr Verdienst um den Frieden von der Nobelstiftung geehrt wurden: humanitäre Organisationen und Komitees, publizistische Friedensrufer, auch wirkliche Wohltäter und nur wenige um Frieden verdiente Politiker. Brandt erhielt ihn, Adenauer und Schumann aber nicht, hingegen Kissinger, Le Duc Tho, auch Begin. Hat gar niemand 1938 an Hitler, Mussolini, Chamberlain und Daladier gedacht? Am eindrucksvollsten in seiner langen Geschichte ist die Verleihung des Preises an Ossietzky und Sacharow, die ihn beide nicht entgegennehmen durften; bei beiden ging es um Freiheit, dann erst um Frieden. – Ein Preis für das sittlich Gute, das zugleich politisch richtig bleiben soll, kann von keiner irdischen Instanz und schon gar nicht zu Lebzeiten der zu Preisenden verliehen werden.[8]

281 Es gibt deutsche Wörter, die in anderen Sprachen als Fremdwörter so erfolgreich und geläufig wurden, daß sie fürs Deutsche beinahe

unbrauchbar geworden sind. Das Wort „Ersatz“ zum Beispiel hat im Englischen eine solche Aura von Ober- und Untertönen angenommen, daß es in die deutsche Übersetzung, die genau sein soll, nicht mehr rückübernommen werden kann; ein neues Wort oder eine Umschreibung ist vonnöten. Ähnliches gilt für „Angst“, das ins Englische von der Psychoanalyse her eingedrungen ist. – Bruno Bettelheim empfindet die Übersetzung Freudscher Begriffe wie „ich“, „es“ und die dazugehörigen Oberinstanzen, die die Freud-Übersetzer im Rückgriff auf die alten Sprachen bewirkt hatten (Super-Ego) mit Recht als ungenügend, die deutschen Wörter bedeuten für den, der Deutsch kann, anderes und mehr. Sollten auch sie ins Englische eingehen, so wäre es für diese Sprache ein Gewinn, für unsere vielleicht ein Verlust. Für das Englische ist es nicht von Vorteil gewesen, daß so viele seiner Vokabeln in anderen Sprachen mitverwendet werden, ja daß es überhaupt von so vielen gesprochen und geschrieben wird, die sich die Sprache dienstbar machen, ohne sie zu beherrschen.

282

In Erwartung der Neuwahlen. Ist schon einmal eine Regierung vorgekommen, die bei ihrem Antritt verkündet hat, daß sie nur fünf Monate im Amt bleiben wolle, um sich dann ein Urteil über den Willen der Wähler zu bilden? Angeblich hat das die Basis verlangt, Kellerschreie ungewählter, unbestallter Sprecher, vor denen die gewählten, verfassungsmäßigen Sprecher der Basis, die Mitglieder des Bundestages, zurückzucken; in Wahrheit sind die Wahlen nur von einem Mann und einer kleinen Gruppe gewollt und nur ihnen dienlich: Strauß und den Grünen. – Jahrelang hat das Bürgertum auf das Ende der sozialliberalen Koalition gewartet. Immer drängender zuletzt, immer deutlicher hat sich eine Volksmehrheit bei Landtagswahlen dafür ausgesprochen. Nun, da sie abgetreten ist, erschallt nirgendwo ein Jubelruf, nirgendwo zeigt sich spontane Unterstützung der Christlichen bei jenen, die unter den Sozialdemokraten angeblich gelitten hatten; eher Verzagtheit; noch die Einfältigsten gefallen sich darin, den Kanzler einfältig zu finden. – Am 6. März wird nicht über Leistungen der Regierung abgestimmt, sondern über Hoffnungen. Da ist jeder kompetent.

283 Ein Regime ohne eigene Rhetorik, also ohne eigenen Charakter, kann nicht überleben; es wird vergessen, noch während es dauert.

284 Dem Antisemitismus widerfährt mit der Benennung eine Ehrung, die ihm nicht zusteht; es sollte geradeaus „Judenhaß" heißen. Ein Antikommunist ist dem Kommunismus feind, der Antikapitalismus wendet sich gegen eine Wirtschaftsverfassung, die er verderblich findet. Beides ist insofern respektabel, als es den üblen Kommunismus und den gar nicht so üblen Kapitalismus tatsächlich gibt. Von „Semitismus", gegen den sich ein „Anti-" hätte wenden können, ist aber nie, als einem politisch-sozialen Phänomen, die Rede gewesen, nirgendwo gab oder gibt es dergleichen. Antisemitismus war immer schon ein übelmeinend erfundenes Täuschungs- und Lügenwort, dazu bestimmt, das Ressentiment zu bemänteln, das den Übelstand selbst erfindet, gegen den es mit Inbrunst zu Felde zieht.

3. DEZEMBER 1982

285 Franz Schubert hat nie eine niedrige Gesinnung oder Aggressivität ausgedrückt, nie jemandem etwas zuleide getan; dafür nimmt jetzt Alfred Hrdlicka Rache mit seiner Serie von Zeichnungen, die in Wien ausgestellt sind und in denen dem Komponisten seine sexuellen Irrungen, Wirrungen, Inkompetenzen, seine Syphilis vorgehalten werden. Eine „Maske" wird abgerissen in der Meinung, daß das, was nach der Enthäutung zum Vorschein kommt, das wahre Gesicht des Menschen sei. Zur Rechtfertigung wird dem Philister der Kalauer vorgesetzt: Kunst als Ausfluß einer offenen Wunde, die nicht heilt. Dergleichen mag Lange-Eichbaum, mag

auch ein Biograph verzeichnen, den Freund der Künste zieht es nicht an, wenn ein Künstler sich auf Kosten eines anderen, Liebenswürdigen und Wehrlosen, in Szene setzt.

286 Eine freundliche Fortuna gönnt uns einen Platz am feinsten Tisch des Presseballs. Da gibt es viel zu sehen – wie die Hochgestellten dem Höhergestellten ihre Aufwartung machen, wie Würde sich selbstverständlich gegen Anmut behauptet, wie die Gästeschar von all dem Notiz nimmt. Manch wackerer Herr unterbricht seinen Tanz oder lenkt den Spaziergang unauffällig in die Nähe, um – schwupp! – die Kleinbildkamera aus dem Smoking zu fischen. Er hat seinen Eintritt bezahlt, nun will er die Sehenswürdigkeiten fürs Album auch festhalten.

287 In Amerika hat ein neues Handbuch des guten Benehmens, „Miss Manners' Guide to excruciatingly correct behaviour", einen beträchtlichen Erfolg – verdientermaßen, denn es ist witzig geschrieben, eine Art praktischer Soziologie, und ganz frei von den albernen Zugeständnissen an die Denkweise, es sei etwas dann richtig, wenn nur eine genügend große Anzahl von Menschen es falsch macht, die Denkweise, die den Duden ruiniert hat. Etikette-Bücher von einigem Anspruch gibt es auch auf dem englischen und dem französischen Markt. Auf dem deutschen ist keines auszumachen. Bei uns muß einer alles mitbringen, von Familie sein oder aus einem Elternhaus stammen, sonst bleibt er ein Flegel (oder ein gesellschaftlicher Drückeberger). Karriere machen kann er gleichwohl; die Ellbogen-, die Sitzfleischgesellschaft bietet Chancengleichheit.

288 Ist in französischen Zeitungen eine Seite „Politique" überschrieben, so findet man darauf Innenpolitik, d. h. die Darstellung aktueller Streitigkeiten um Machtbesitz und Machterringung inner-

halb des nationalen politischen Systems. Im Englischen verhält es sich mit dem Wort „politics" ähnlich; ein Beigeschmack von Manipulation und Schiebung gehört dazu. Nur wir, scheint es, konservieren einen altmodischen Begriff des Politischen, der für die Staatenwelt gelten soll, zu dem auch das Gerede vom Primat der Außenpolitik gehört und die sorgsam behütete und tradierte Illusion, innerhalb des Staates gebe es nur Recht, Ordnung, Polizei; die eigentliche Politik fange jenseits der Grenzen an. So erhält man die mündigen Untertanen in einem vorkonstitutionellen Bewußtsein. Der Hegelsche Unfug vom Staat als der Wirklichkeit der sittlichen Idee paßt gut darein. Von dem, was bei uns Politik heißt und aus dessen Begriff die in der Sache liegende Schäbigkeit vertrieben ist, wird von den Ehrsamen mit Ernst geredet und das Wort „der Staat" mit begräbnishafter Feierlichkeit verwendet. So bleibt eine Ansicht der Wahrheit jenen überlassen, die hinter den Monumenten der alten Götter ihre schmutzigen Dämonen und deren trübe Erlösungen propagieren.

289 Der eine gibt im Angesicht einer grün strahlenden Ampel Gas, der andere bremst. Und also unterscheidet sich der Freie von dem Knecht.

290 Idiotie des Landlebens, frei nach Karl Marx. Beim Aufenthalt auf dem Lande hat der Großstädter Gelegenheit, die eigene Verzärtelung zu beklagen. Nichts ist nach seinem Geschmack richtig temperiert, die Gasträume im ländlichen Wirtshof sind viel zu warm, die Zimmer aber ungeheizt, die Heizung wird erst angeworfen, wenn der Gast schon eingezogen ist. Der Preis ist nicht viel geringer als der für die Übernachtung im großen Stadthotel, aber es fehlt dafür vieles – vom Papiertüchlein bis zum Parfüm für das Badewasser, „Naßzelle" ist hier die blanke Wahrheit; ein Zimmerservice gilt als unziemlich. Zu spät merkt er, daß es mit der Ruhe auf dem Dorf – verglichen mit den Wohngegenden der Stadt – nicht weit her ist. Die jungen Leute entfalten sich des Nachts oder

am späten Abend gänzlich ungeniert, die städtische Jugend lümmelt leiser. Am frühesten Morgen schon kräht der Hahn, rattert der Traktor, läutet die Glocke. Spektakel auch in der Herberge: Das Personal hat nicht gelernt, leise zu sprechen oder eine Tür richtig zu schließen. Wer seine Ruhe lieb hat, soll in der Stadt bleiben. Er kann sie dort kaufen, wie so vieles andere auch, nach dem er auf dem Dorf vergeblich verlangt. Die ländliche Idylle ist ein Traum von Asphaltliteraten, wahrscheinlich war sie's schon immer.

17. Dezember 1982

291 Brauchbares Wort aus der Sprache der Wiener. „A Funsen" (mit stimmhaftem S) bezeichnet die Mischung aus Blaustrumpf, Snob und Chichiteuse; eine Nervensäge mit kleinen Zähnen.

292 Wer niemals einen Rausch gehabt, der ist kein braver Mann. Mag sein. Aber einer genügt zur Lebenserfahrung und als Ausweis bravouröser Virilität; mit steigendem Alter machen die Räusche, seien sie aus der Chemie oder aus dem Enthusiasmus geboren, den braven Mann zum größeren Esel, seinen Kater immer schwärzer und grimmiger.

293 Der erfahrene Flugreisende weiß längst, daß er sich am gescheitesten bei der Heimkehr in derjenigen Schlange vor der Paßkontrolle einordnet, in der sich möglichst wenige Mitmenschen aus exotischen Ländern befinden, deren Überprüfung doch immer viel länger dauert als die der deutschen Landsleute oder anderer EG-Bürger. Seit einiger Zeit nutzt diese Weisheit nicht mehr viel, weil die 1. Klasse, deren Passagiere zunächst sich den Grenzschutzbeamten stellen können, vornehmlich von ebenjener Personengruppe in Anspruch genommen wird. – Übrigens eine hübsche Petitesse der Historie, auch immer wieder eine Schulung der

eigenen Gelassenheit, ja der Demut, zu beobachten, daß nicht nur die Völkerschaften, die sich ihr Geld selber verdienen, wie die Araber, sondern auch die, denen wir es aushändigen, sich gleich den Luxus gönnen, vor dem wir schamhaft zurückschrecken, der uns zu teuer ist.

294 Hilfswillige Menschen ziehen von Haus zu Haus, um Geld zu sammeln für die Diakonie, die Arbeiterwohlfahrt, die Caritas, das Rote Kreuz. Meist führen sie Listen mit sich, in die der Spender sich mit dem Betrag einzeichnet, den er stiftet – nicht mit dem, den er vielleicht stiften möchte, denn er hält sich im Rahmen, den die Nachbarn vorgeben. Diese Art der Geldsammlung ist indezent und töricht. Indezent, weil man offenbaren muß, Gutes zu tun, manch einer auch Nötigung verspürt. Töricht, weil manch anderer mehr geben würde, wenn er's unbemerkt tun könnte und Unterscheidungen machen zugunsten der Organisation, der er am meisten vertraut.

295 Nachricht aus einem fernen und fremden Land: Das General Accounting Office der USA hat festgestellt, daß im Steuerjahr 1981 bei 94 Millionen Steuerbescheiden 33 Millionen Irrtümer unterlaufen seien, 63 Prozent davon sollen auf das Konto der Steuerverwaltung gehen, wie man nach hochgerechneten Stichproben annimmt. Ob die Erklärung eines amerikanischen Kommentators, daß die Steuerzahler nicht nur mehr verdienten als die Steuerbeamten, sondern auch gebildeter seien, mit Formularen und Zahlen besser umgehen könnten, richtig ist, kann der Nicht-Amerikaner nicht entscheiden, ein deutscher Steuerzahler möchte eher das Gegenteil annehmen. Ihm begegnet doch meist das Finanzamt als der verläßlichste und verständigste Zweig der Bürokratie. Daß die Steuerbehörde nicht populär ist, hat sie mit den Schwiegermüttern gemeinsam, aber das negative Stereotyp gilt in beiden Fällen nicht der wirklichen Beschaffenheit, sondern dem bloßen Vorhandensein.

Es gibt Wörter, die das Gedächtnis zu speichern sich weigert. Man mag sie öfters verwendet und noch öfter wieder nachgeschlagen haben; wenn sie das nächste Mal vorkommen, kennt man wiederum die genaue Bedeutung nicht. Mir geht es mit den Wörtern Epistemologie und Semiotik so, andere sesquipedalia verba (wie ebendieses) bleiben hängen, obgleich ich sie nie benutzen kann. 296

Hitzige Debatte der Sprachfreunde über die neuerdings gewöhnliche Wendung „ich gehe davon aus". Sie ist so schwerfällig und pompös, daß sie sich den Freunden des feinen, des schlichten Ausdrucks nicht empfiehlt. Aber merkwürdig, daß statt ihrer zu sagen geraten wird „ich glaube", „ich vermute", „ich nehme an". Ebendies bedeutet sie nicht oder jedenfalls nicht immer, sondern ist ein Ersatz für „ich unterstelle", wobei der Sprechende offen läßt, ob er eine Meinung als richtig, eine Erwartung als begründet, irgend etwas als Ereignis oder Tatsache ansieht. „Unterstellen" wird ungern gebraucht, weil die Unterstellung bei Nicht-Juristen längst eher die Bedeutung einer heimtückischen Verdächtigung erlangt hat. „Das ist eine Unterstellung!" ruft der Parlamentarier empört, der sich angegriffen fühlt, nichts Gescheites zu erwidern weiß und wenigstens darauf aufmerksam machen will, daß er noch nicht überführt werden kann. 297

Rosenstock-Huessy hat die Soziologie als die Wissenschaft vom Menschen in der Mehrzahl definiert. Die Mehrzahl der Menschen hält die Soziologie für die Wissenschaft von den anderen. 298

31. Dezember 1982

Die Österreichische Volkspartei will aus ihren Wahlkämpfen, die sie regelmäßig verliert, gelernt haben: die Mehrheit, also die Frauen, wählt einen Kandidaten vorzüglich unter dem Gesichtspunkt, ob sie sich ihn als Vater, als Sohn oder als Liebhaber wünschen kann. 299

300 Daß Susan Sontag das Verhalten der amerikanischen Linken zum Kommunismus in ihrem Beitrag auf der Solidaritätskundgebung mit der „Solidarität" in der New Yorker Town Hall kritisierte, hätten ihr ihre intellektuellen Freunde vielleicht durchgehen lassen (unumwunden sowjetfreundlich ist auch in diesen Kreisen niemand mehr), doch war sie zu weit gegangen mit der Frage, welcher Zeitgenosse wohl eine treffende Einschätzung vom Kommunismus habe – derjenige, der sich zwischen 1950 und 1970 nur aus dem verachteten Reader's Digest unterrichtet oder der, der Information und Meinung nur aus der hochgeachteten „Nation" bezogen hatte: ihre Antwort war zugunsten des schlichten Reader's-Digest-Lesers ausgefallen; nicht zuletzt deswegen, weil, wie sie erst im nachhinein erklärte, der Reader's Digest eine Menge Material von Emigranten aus dem Ostblock, Erfahrungsberichte aus dem Sowjetleben publizierte; das menschenfreundliche Antlitz des Kommunismus nimmt ja nur derjenige wahr, der ihm nicht ins Gesicht blickt. Die wütende und bösartige Reaktion, die Frau Sontag erlebte, erklärte sich hinreichend aus der Wut New Yorker Intellektueller, nun, nach dem vorherigen Abdrehen so vieler ihrer Köpfe ins Lager der Neokonservativen, noch die angesehenste und gescheiteste Linke Leitfigur verloren zu haben und der Furcht, in den Status einer nicht mehr ganz ernst genommenen, altgewordenen Sekte abzusinken. Ein zweiter Grund für die schnaubende Entrüstung der Kollegenschaft ist allgemeiner Art, nicht auf New York und Susan Sontag beschränkt; sie hat ihn selber ausgemacht, den Neid – wenn jemand lange Zeit Zustimmung und Erfolg gefunden hat, kommt ein Zeitpunkt, da der Unflat angerührt wird. Bei irgendwelchem Anlaß stellt sich Einverständnis her, daß der Vielpublizierte nun als Zielscheibe dienen mag, zum Abschuß freigegeben ist; es spielt dann keine Rolle mehr, ob man an Person oder Sache Beträchtliches auszusetzen findet; der Haß hat seinen Tag, das Heilmittel der niedrigen Seelen gegen das Vortreffliche. Dagegen gibt es keinen Schutz, kein „Neidvermeidungsverhalten", nur eines – qui s'explique, s'accuse.

Was lästig ist: Erst hilft man einem, aus Schwäche, Gutmütigkeit oder Nächstenliebe, und dann bedankt der sich auch noch dafür. 301

Peter Noll war zeit seines Lebens ein ungewöhnlicher Mann, nicht nur als Strafrechtslehrer in Zürich, wo er durch unorthodoxe Auffassungen hervortrat. Als er in Erfahrung gebracht hatte, daß er an Krebs erkrankt sei, lehnte er alle Behandlung ab, zog sich aus der Gesellschaft zurück, schrieb ein Buch zu Ende und ordnete seine irdischen Angelegenheiten bis zu den Details der Abdankung, wie man auf schweizerisch sagt. Der Pfarrerssohn erbat sich für die Gedenkfeier die Kirche Zwinglis, das Großmünster, zur Würdigung seines wissenschaftlichen Werks seinen Gegner an der Universität, Professor Rehberg, und ein Freundeswort von Max Frisch. Vom Pfarrer hat er gewünscht, daß er nicht predige, sondern nur einen Lebenslauf verlese. 302

Gespräch mit dem Kirchenhistoriker Klaus Scholder. Er erzählt so ernst wie amüsant von den Plänen, die im Dezember 1933 ausgeheckt wurden: Hermann Göring, den preußischen Ministerpräsidenten, zum Summus Episcopus der evangelischen Kirche zunächst Preußens, dann des Reiches zu machen; Pläne, die Göring einleuchteten, nicht nur, weil sie ihm die Aussicht auf noch eine eindrucksvolle, eine geistliche Uniform eröffneten; Reichsbischof Müller, der dem vorgesehenen Summus Episcopus als höchster theologischer Würdenträger bei- und unterzuordnen war, hatte schon von der Trefflichkeit des Gedankens Zeugnis gegeben und Göring altpreußisch-lutherische Frömmigkeit und Rechtlichkeit bescheinigt. Auf den Gedanken, den totalen Staat auch unter Einbeziehung des geistlichen Bezirks zu realisieren, waren der Staatsrechtler Forsthoff, der NS-bekenntnistreue Bischof Oberheit und der preußische Finanzminister Johannes Popitz gekommen, der sich später von den Nazis entschieden abwandte und von ihnen nach dem 20. Juli 1944 ermordet wurde. Daß Göring es nicht 303 zum landesherrlichen Oberbischof gebracht hat, geht auf Hitlers Konto. Der hatte ja keinen Sinn für Institutionen, hat das Wort vom totalen Staat nie verwendet, wußte auch nichts von den Traditionen des deutschen Protestantismus und fand wohl den ganzen Einfall lächerlich. – Man mag gar nicht daran denken, welche Folgen die Etablierung der Göringschen Staatskirche hätte haben können. Nicht abwegig, sich vorzustellen, daß sich mindestens eine große Minderheit der Protestanten, nämlich diejenigen, denen am Evangelium gelegen war, freikirchlich organisiert und uns eine lebendige Kirchenverfassung hinterlassen hätte, wie sie Adolf von Harnack einst erträumte.

1983

14. Januar 1983

Akademischer Disput in Paris über die Identitätskrise der Deutschen. Mäßiger Erfolg beim Publikum. Viele finden es unanständig, wenn ihrem Problematisierungshunger nicht mit dem Süppchen aus der Dose nachgeholfen wird. Eine Menge Gelehrter knüpft gordische Knoten in Heimarbeit, um sie dann, sich besser als Alexander dünkend, vor der Öffentlichkeit umständlich aufzudröseln. 304

Es gibt Privathäuser mit Schwimmbad, Sauna, Fitneßraum und dgl. und Privathäuser mit gutausgestatteten, gern genutzten Bibliotheken. Beides zusammen ist überaus selten. 305

Wenn am 6. März gewählt wird und der Bundestag künftig wieder, wie es sich gehört, eine volle Legislaturperiode zusammenbleibt, werden wir statt der traditionellen Herbstwahlen Frühjahrswahlen veranstalten, zwischen Aschermittwoch und Ostern. Das wäre nicht übel. Die Hälfte des Bundesgebietes ist Karnevalsland; im ganzen Bundesgebiet ist das Wetter schlecht, wenig einladend zu Kundgebungen und Demonstrationen unter freiem Himmel. Vor Epiphanias kann kein Wahlkampf anfangen; muß auch vor der Karwoche beendet sein – so wird es kurze Wahlkämpfe geben, stark auf die Medien reduziert, die den Bürger weniger belästigen und ihn auch nicht so teuer zu stehen kommen. Welchen Parteien im Frühling das Hoffnungsglück grünt, ist noch ungenügend erforscht. Die wirtschaftlich schlechte Wintersaison mag eher Linkes begünstigen; die Karnevalisten betätigen sich eher politisch rechts, wirken freilich auch kaum über den Kreis der ohnedies Gleichgesinnten hinaus. 306

307 Er schrieb die Art verdrehter Prosa, die einem Ehrfurcht vor der Gedankentiefe des Verfassers einflößt und die man nicht lesen kann, sondern konstruieren muß wie einst lateinische Perioden in der Schule. Macht man sich die Mühe, kommt heraus, daß sie sich nicht lohnt.

308 Reborn Christians machen sich im öffentlichen Leben Amerikas penetrant bemerkbar: Sie haben nach zweitausend Jahren Kirchengeschichte Jesum und seine rechte Lehre entdeckt. – Es ist für die Biographie sehr förderlich, eine große Konversion hinter sich zu haben. Schon das Gleichnis vom verlorenen Sohn beweist, in einer theologisch unerwünschten Interpretation, daß Treulosigkeit und anschließende Heimkehr sich auszahlen. Stetige Pflichterfüllung verheißt keinen Glanz und reichen Lohn. Wer als Konservativer glaubwürdig sein will, ist doch am besten vorher Kommunist gewesen. Wenn einer Saulus war und sich bekehrt, steigt er gleich zum Apostel auf. Wer ein Lotterleben hinter sich hat, wird leichter ein Heiliger. Wer nach langem Irrtum die richtige Auffassung ergreift, kann sich gleich zum Lehrer derselben und zum Verfolger der noch im Irrtum Zurückgebliebenen aufschwingen. Angesichts der vielen verlorenen Söhne, die auf der Suche nach verheißungsreichen Adoptivvätern sind, denkt man an den Satz „I convertiti stanno freschi appresso de me“ (die Konvertiten kommen bei mir übel an), den Goethe in den Maximen und Reflexionen zitiert. Burckhardt hatte den Emigranten geraten, nicht mehr zurückzukehren; Konvertiten möchte man wohl mit mehr Grund empfehlen, sich bescheiden zu zeigen und eine Weile den Mund zu halten – natürlich vergeblich, dann hätten sie ja nicht zu konvertieren brauchen: ihr Herzens- und Sinneswandel, die endlich von ihnen approbierte und damit gültig gewordene Einsicht sind ihnen so wichtig, daß sie der Welt Kunde geben müssen.

Lichtenberg vermerkt, daß die Erfindung der Schreibkunst moralisch nachteilig gewesen sei. Eine schriftliche Bitte wird kaltblütig abgeschlagen, ein Befehl wird ungenierter als schriftliche Anweisung herausgegeben, als wenn es Aug in Aug geschehen müßte. Die Abkühlung rücksichtsvoller Empfindung, die seelische Enthemmung, durch die Distanz zwischen Menschen erleichtert und durch das allgemeine Alphabetentum und auch Erfindungen wie das Telefon unermeßlich verstärkt, hat in jüngster Zeit den Typus des Schreibtisch- und Telefonwüterichs entstehen lassen, der im persönlichen Umgang zu den liebenswürdigsten und höflichsten Menschen gehören mag, aber nun seine Aggressionen, Depressionen in Zuschriften und Anrufen bei Fremden ablädt. Darunter haben vornehmlich Leute zu leiden, die in der Öffentlichkeit wirken und, in der Öffentlichkeit erfolgreich geworden, sich endlich vor ihr schützen lassen; sie haben keine öffentliche Adresse und öffentliche Telefonnummer mehr. 309

Ein Hotelier beschließt, wofür ihm Dank gebührt, sein Restaurant auch am Sonntag zu öffnen, weil es am Ort schwierig geworden sei, am Wochenende „gepflegt in einem deutschen Restaurant zu essen". Seinen Gästen schreibt er: „Wir werden an diesem Tag eine feinbürgerliche deutsche Küche präsentieren, die auch in der preislichen Gestaltung familienfreundlich ausgelegt ist." Wohl bekomm's. 310

28. Januar 1983

Nichts seltener, als daß einer einen richtigen Nachfolger für sich selber sucht und findet. 311

Neulich jemanden getroffen, der wirklich nicht wahrhaben wollte, daß Politik ein schmutziges Geschäft ist und an die fromme Floskel glaubte, daß in ihr edle Menschen am Volkswohl 312 arbeiten. – Wer lange entscheidungsgieriger Vorgesetzter ist oder umgekehrt allzu intensiv Untergebener, wird unweigerlich zum Monstrum oder zum Krüppel. In der Welt von oben und unten, von Befehl und Gehorsam, gibt es keine Nische für ein unbeschädigtes Ich. Zu ihrem Glück leben die meisten Menschen außerhalb; in den kleinen Verhältnissen freier Berufe, den beinah weisungsfreien, aber sicheren Bezirken des öffentlichen Dienstes; es sind Arbeiter und kleine Angestellte, Handwerker, die in ihren Dienst nicht mehr hineinlegen als vonnöten ist, wenn sie nicht manchmal eigene Neigung treibt, der Wunsch, eine Sache gut zu machen, ein Können zu beweisen.

313 Das Wort „unausgegoren" wird meistens falsch verwendet, nämlich für bloß undurchdacht. Es hat einen guten Sinn, nämlich den Lichtenbergschen, dann, wenn man nicht sagen kann, „ich denke", sondern „es denkt".

314 Membranpumpe und Drosselklappen. Bei der Ankunft im einsam gelegenen Ferienhaus am Meer funktioniert der Generator nicht, von dem nicht bloß die Elektrizität, sondern auch die Wasserversorgung abhängt. Doch dann zeigt sich, was Menschenwille über Natur und Technik vermag. Den liebenswürdigen Hausherrn läßt das unverläßliche, einer bloßen Sturmflut nicht gewachsene Gerät sechs Stunden von achtundvierzig, die zur Erholung zur Verfügung stehen, keine Minute ruhen. Er nimmt die Maschine auseinander, poliert jedes inwendige Teil einzeln, setzt sie wieder zusammen; zu guter Letzt, nachdem alle sich schon auf ein Leben wie im Manöver oder unter Cowboys eingerichtet haben, tuckert sie munter. Alle jubeln, doch am meisten der technisch versierte Gastgeber. Einem Techniker ist ein ungelöstes Problem so unerträglich wie sonst nur einem systematischen Philosophen, er hat dabei den Vorteil, daß sein Problem für jedermann sichtbar eines ist und für jedermann erkennbar gelöst werden kann.

Warum sind viele Biographien so ärgerlich, gute Autobiographien aber nicht? Die ersten sind historische Romane, die andern wenigstens authentische Fälschungen. Man glaubt es ja nur wenigen, daß sie über den anderen viel wissen können, und findet lesewürdig und aufschlußreich am ehesten noch die Anekdotensammlungen oder Kurzcharakteristiken wie im Plutarch oder Sueton: stimmt es nicht, so ist es doch allemal schicklich erfunden. Auf den Vorsatzblättern von Biographien sollte wie bei Schlüsselromanen oder im Nachspann von Filmen der Satz stehen: Jede Ähnlichkeit mit lebenden oder toten Personen ist rein zufällig. 315

Vernünftige Menschen halten sich darüber auf, daß Horoskope und dergleichen Unsinn noch immer Glauben finden. Aber warum nicht? Erstens sind die Trefferquoten nicht niedriger als bei sogenannten wissenschaftlichen Prognosen, und zweitens beruhen sie auf Autoritäten, nicht auf Argumenten. Und bei den meisten schlägt Offenbarung jede Begründung tot. 316

Unüberhörbare Unterhaltung von zwei jungen Herren am Nebentisch im Bistro, wie die teuren Restaurants der feinen Gegenden heißen, so wie die Läden Boutiquen. Alternativer Schriftsteller der eine, alternativer Verleger der andere. Der eine schreibt nicht, der andere verlegt nicht, aber unsere Gesellschaft ernährt sie doch. 317

Alltagserfahrung: Dunkle Köpfe sind tief. 318

Außer bei Freunden stellt sich selbst in fröhlicher und wohlerzogener Runde immer häufiger das Gefühl der Fremdheit ein, das Bewußtsein, bloß dabei zu sein, aber nicht dazuzugehören. Ich seh mich plötzlich zwischen Künstlern, Gelehrten, Politikern, reichen Leuten, strebendem oder sich verweigerndem jungen Volk wie von außen – da macht sich einer Mühe, an der Unterhaltung teil- 319 zunehmen, aber bloß experimentell, die Zustimmung oder der Widerspruch zu Interessen und Anschauungen ist aus Gefälligkeit simuliert, nur der herzliche Abschied ist echt.

320 Alle Welt macht sich über die Neureichen lustig und ihren unsicheren Geschmack, ihre Aufdringlichkeiten. Die Neu-Geistreichen sind genauso, entgehen aber der Kritik.

11. FEBRUAR 1983

321 Wer klaut, ist selber schuld, sagt Eva sich zum Trost, wenn nach Gastereien Kunst- oder andere Gegenstände fehlen. Auch Joseph Beuys, mitten im diffusen Wahlkampf der Grünen, wird aphoristisch: Wenn man sich geschnitten hat, soll man nicht den Finger verbinden, sondern das Messer.

322 Die moderne Kommunikationsindustrie braucht so viel Material, daß mit Notwendigkeit der Quatsch eine überwältigende Mehrheit in ihren Darbietungen hat.

323 Zeichen des Alterns. Wenn jemand die Würde der Anmut vorzuziehen beginnt, sich bereitwilliger, lieber mit Notabeln aus Wirtschaft und Gesellschaft trifft und unterhält als mit einer gescheiten schönen Frau. Früher wurde beifällig zitiert, nur die Greise hätten Zeit für die Liebe, die jungen Männer ruderten auf den Galeeren ihres Ehrgeizes; heute rudern die Greise, und die jungen Männer räkeln sich.

324 Was ist die amerikanische Außenpolitik? General Serong, Kommandeur des australischen Expeditionscorps im Vietnamkrieg, gab einst die Antwort: „Es gibt keine. Wenn ein Elefant sich im Schlafe wälzt, drückt er Büsche und Gräser nieder, verscheucht kleineres Getier – so ist amerikanische Politik."

Das Wort Breitensport hat einen Beigeschmack von Wahrheit. 325

In Bonn gibt es eine Winston-Churchill-Straße. Kein Bonner, der nicht Englisch gelernt hat, kann sie nennen, ohne sich zu blamieren. Angesichts der deutschen Übung, fremdländische Namen möglichst originalgetreu auszusprechen und sie nicht, wie Franzosen und Engländer tun, heimischer Sprechgewohnheit einfach einzuverleiben, sind solche Benennungen unter die Dreistigkeiten zu rechnen, die sich der demokratische Obrigkeitsstaat herausnimmt. 326

Max Wiegand kann den gänzlich Unerfahrenen in wenigen Stunden das Schießen lehren. Man muß zuerst, wie so oft im Leben, eine Grundstellung einnehmen; Sheriff Weaver aus Kalifornien hat sie sich vor einigen Jahrzehnten ausgedacht, sie gibt dem Schützen und der Waffe sicheren Halt. Die Unterweisung ist der in der guten Tanzschule nicht unähnlich: man schreitet von der pedantischen, kontrollierten zur freischwingenden Bewegung fort, bis sich selbst die ganz rasche Notwehrreaktion, wie Ernst Jünger sagen könnte, in Désinvolture vollzieht. Mit den Waffen hat der Linkshänder seine Schwierigkeit, natürlich nicht bei den hierzulande weniger geschätzten Revolvern, wohl aber mit den Pistolen, die er nicht schnell genug entsichern kann. Doch ist es deutschem Forscher- und Entdeckergeist nun gelungen, eine Pistole zu entwickeln, die den Vorteil des reichhaltigen Magazins mit der Sicherung durch den Abziehbügel verbindet, den jede Hand handhaben kann. Überhaupt wird der Name der Urheber dieser schönen Leistung, Heckler & Koch, in Waffenkreisen mit einer Art Ehrfurcht genannt, haben sie doch auch die vortreffliche MP 5 und MP 7 und das berühmte Gewehr G 11 (zusammen mit Dynamit-Nobel) entwickelt. Eine der Maschinenpistolen, vergessen welche, darf der Lernwillige ausprobieren, in der zweckmäßig verkanteten Schräghaltung, die von der bewaffneten Macht gemieden wird, die das rechtwinklige, stracke Verhalten Polizisten und Soldaten vorschreibt. In der kleinen Versammlung ist das Verhältnis zur 327 deutschen Wertarbeit – schließlich ist die berühmte Kalaschnikoff nur eine Nachahmung unseres Sturmgewehrs 44! – so ungebrochen wie zum Recht auf Verteidigung; fern der Welt, in der Ängste, Flucht und Kapitulation in hohem Ansehen stehen.

328 Eine Sammlung von Eselsbrücken, wie es sie früher für alle das Gedächtnis anstrengenden Lernfächer gegeben hat, ergäbe ein zugleich amüsantes und lehrreiches Buch. Sinn wurde durch Unsinn in den Köpfen festgehalten, noch viele erinnern sich an jene Merksprüche und schlüpfrigen Scherze. Ein starkes Kapitel könnten die Juristen beitragen, die bei Rottmann in München, Schneider in Bonn, Kieckebusch in Marburg und den vielen anderen Repetitoren (die meist nicht viel zu repetieren vorfanden) Prüfungswissen speicherten, wegzulassen lernten, was dem Einpauker für einen Referendar entbehrlich schien; mit Stentorstimme: „Ich komme nun zum Völkerrecht – Macht geht vor Recht, ich komme nun zum Kirchenrecht ..." Wurde das Wegegeld für die Eselsbrücken nicht pünktlich entrichtet, konnten Eltern, die vordem den Filius ja mit einem monatlichen Wechsel auszustatten hatten, den Lehrer brieflich kennenlernen. „Ihr Sohn hurt und säuft, gestatte mir schwarz zu sehen, Liedtke, Assessor."

329 Lebte Pontius Pilatus heute, so könnte er Hüter der Verfassung werden. Er würde der Basis geben, was sie verlangt, und seine Hände in Unschuld waschen.

25. FEBRUAR 1983

330 Die Danksagungen in den Vorworten amerikanischer Buchautoren werden immer umfangreicher. Selbstverständlich darf die Ehefrau nicht fehlen, ohne deren Geduld und entsagungsvolle Zurückhaltung das Werk nie entstanden wäre, und auch die lang-

jährige Sekretärin nicht, die es in mühevoller Kleinarbeit fertiggestellt und die Orthographie des Verfassers verbessert hat; dem Verlag wird gedankt, dem Lektor besonders – wohl mit Recht, weil amerikanische Lektoren dem Autor auf vielfältige Weise zu helfen verstehen. Es werden Assistenten genannt, wenn es ein wissenschaftliches Buch ist, Dokumentare und viele Kollegen, die vielleicht einen Einfall, einen Quellenhinweis beitrugen. Eine Entwicklung, die der amerikanische Film vorweggenommen hat, bei dem die Nachspänne immer länger geworden sind, die nun auch Studiovorarbeiter und Garderobiere ausweisen.

331

J. L. Borges in Paris. Der alte Herr genießt die Redefreiheit, die dem großen Schriftsteller und dem Greis in zivilisierten Ländern zugestanden wird. Vous savez, sagte er ganz nebenbei im Collège de France, que je n'aime pas la démocratie. Eine Woche geht er durch Paris spazieren, empfängt Besucher, überläßt jedem, den er trifft, ein Aperçu: Die Malvinen – der Krieg zweier Kahlköpfe, die sich um einen Kamm streiten. – Max Jacob ist katholisch geworden, ich glaube, er war ein bißchen verrückt. – Was ist die Dreifaltigkeit? Dieses theologische Monstrum übertrifft an Monstrosität das Einhorn und den Drachen. In meinem Land wird jemand gefragt, ob er katholisch sei, er antwortet ja. Man fragt ihn, Sie glauben also an die Dreifaltigkeit? Nein, aber ich bin Katholik. Also glauben Sie an die Absolution? Nein, aber ich bin Katholik. Glauben Sie an die unbefleckte Empfängnis? Nein, aber ich bin Katholik. Meine Mutter war katholisch und glaubte nicht an die Hölle. Der Papst wird bewundert, dabei ist er ein Politiker wie ein anderer. Komische Religion, mit Polizei, Obrigkeit und Beamten. Man sagt mir: Sie, der Sie Angst haben, beunruhigen Sie sich nicht. Sie werden Gott begegnen. Sanft klopfen sie Ihnen auf die Schulter, aber von Gott ist alles zu befürchten. – Gedichte zu vertonen, ist eine Blasphemie; wenn es Gedichte sind, sind sie schon Musik. – Jeder kann einen Augenblick seines Lebens Shakespeare sein. – Proust? Ich liebe das Epische, man findet nichts

Episches bei Proust. Wenn ich an den Roman denke, denke ich an Conrad, er war Pole, er hätte auch Französisch schreiben können, er hat das Englische wegen des viel größeren maritimen Wortschatzes gewählt. Wells behauptete, daß Conrad schlecht Englisch gesprochen habe, immerhin hat er es besser geschrieben als Wells. Auf den Einwand, bei Conrad kämen unenglische Wendungen vor: um so schlimmer für das Englische. – Alfred Jarry? Ein Schwachkopf, warum ist er ein französischer Klassiker, neben Diderot? – Beckett? Mein Vater sagte, Bücher würden nicht zum Langweilen gemacht. – Borges erfährt, daß Finnegans Wake endlich auf Französisch erschienen ist: Siebzehn Jahr fürs Schreiben, zwanzig Jahr fürs Übersetzen, und der Leser hat eine Ewigkeit, um es nicht zu lesen.
Goethe ist in seinem letzten Jahr von Thackeray gezeichnet worden, skeptisch blickend, seine Züge scheinen abgründigen Abschied anzudeuten. Einiges davon verrät sich in den letzten Partien des Faust; eine verehrungsvolle Goethe-Forschung hat sie ins Hochbedeutsame gewendet, in sittlichen Ernst verwandelt, der ernst genommen werden muß. Borges wird das nicht passieren.

332 Das Zeitalter des Datenschutzes ist das Zeitalter der dreistesten Schnüffelei im Privatleben, die es je gegeben hat. Es gibt Zeitschriften, die sich beim Leser einschmeicheln, indem sie kraftvoll für das eine kämpfen und das andere ungeniert betreiben, oft in derselben Nummer.

333 Eine Herrenrunde, die Zigarren probieren will – darunter als belebende Erscheinung ein Strafverteidiger, den Typus des Elegants verkörpernd, wie er bei den Erfolgreichen seines Berufes (auch unter Chirurgen) vorkommt –, positive Naturen, dem Lebensgenuß zugeneigt, hohe Könnerschaft unter der Maske von Bonhomie und Zynismus. Lebensweisheiten aus der Praxis: Junge, bleib gutgläubig! – oder auch: Wer früh singt, sitzt lange. Eine andere

Sorte Verteidiger habe ich aus der Referendarzeit in Erinnerung: streng und trocken, das Gericht nicht beeindruckend mit prozessualen Finessen, brillanter Rhetorik und praktischer Psychologie im Umgang mit den Zeugen, sondern durch genaueste Kenntnis der Akten, der Rechtsprechung, der wissenschaftlichen Literatur. Wenn der alte Dahs in den berühmten Bonner Bestechungsprozessen der fünfziger Jahre, über deren Gegenstand der Zeitungsleser heute nur lächeln kann, dem Richter Quirini gegenübertrat, der vor Presse und Publikum zu paradieren liebte, dachte niemand mehr an den Satz „jura novit curia". – Die große Eitelkeit muß durch große Vorzüge gedeckt sein, gesellschaftsfähige vorweg – durch Schönheit oder Intelligenz und Witz, dann erfreut sie die Umwelt, die an der ungedeckten Eitelkeit Anstoß nimmt.

11. März 1983

334

Durch das Lebensgefühl, das sie öffentlich verlautbaren, isolieren sich die Deutschen gegenüber aller Welt. Selbst in Entwicklungsländern, wie Indien, nimmt der Reisende einen prinzipiellen Optimismus wahr, eine große gesellschaftliche Vitalität, die einhergeht mit einem Aufschwung einheimischer Technologie und der Erwartung, daß man auch in den hohen wissenschaftlichen Disziplinen die alten Nationen erreichen, überrunden werde. Demgegenüber wenig Verständnis für die deutsche Faszination durch ausschließlich „soziale" Phänomene, die das Problembewußtsein okkupiert halten. Arbeits- und Zukunftslosigkeit, Slums und Hungerödeme; Mutter Teresa und Dom Helder Camara können in deutschen Medien für Indien und Brasilien stehen, Indern und Brasilianern erscheint das grotesk. Auch die Überbevölkerung wird als drohende Gefahr eher von verantwortungsschweren Deutschen den Betroffenen injiziert, die sonst nicht dazu neigen, ihre Entwicklungen bis zur Katastrophe zu extrapolieren. In ihrer Mutlosigkeit und Angststimmung, die eine hiesige Mehrheit zwar nicht empfindet, aber zu bekunden fortwährend angehalten wird, scheint die Bundesrepublik dem Fremden schon fast dem Ostblock angehörig, wo die allerdings wirkliche Depression der Bevölkerung unwiderstehlich gegen den Druck der Meinungshaber in die Öffentlichkeit ausbricht.

335 Unterstellen wir, hinter dem Attentat auf Papst Johannes Paul II. stecke wahrhaftig der bulgarische Geheimdienst, d. h. der KGB, d. h. der heutige Chef der Sowjetunion, Andropow, dann ergibt sich eine Situation der politischen Moral, vor der andere Fragen der Ethik in blanke Belanglosigkeiten hinabsinken. Der Westen, das vorgesehene Opfer selber, muß sich um des lieben Friedens willen mit dem potentiellen Mörder arrangieren, mit ihm verhandeln, Oberhäupter müssen mit ihm persönlich verkehren, ja es muß sogar die Wahrheit unterdrückt werden, wenn irgendein Unerschrockener und Vorwitziger sie herausfindet und beweist. In vordemokratischen Zeiten, in der Antike und in der Renaissance, konnten die Völker mit dergleichen Tatbeständen leben, weil Moral zuallererst privat war, auf den einzelnen und seinen Nächsten bezogen; heute ist aber die Öffentlichkeit moralisch, und es soll alle Politik moralisch sein. Ob es möglich ist, einer Menschheit begreiflich zu machen, für die der Weltfriede das summum bonum ist, daß diesem obersten Gut zuliebe die Wahrheit, die Tapferkeit und noch so vieles andere geopfert werden muß, das die Würde des Menschen ausmacht?

336 Vor mehr als hundert Jahren hat ein Pariser Zukunftsforscher ganz richtig hochgerechnet, daß die Hauptstadt wegen der ständigen Zunahme des Straßenverkehrs zu unserer Zeit im Pferdedung erstickt sein würde. Er ahnte nicht, weil er es nicht ahnen konnte, daß die Erfindung des Automobils bevorstand. – Die Anekdote drängt die Erinnerung an die Widerlegung der Möglichkeit der Futurologie auf, die wir Karl Popper und Peter Medawar verdanken: Zukunft wird beeinflußt durch neue Erfindungen, neue Ideen; diese vorherzusagen ist logisch unmöglich. Wenn jemand

einen Satz beginnt: „ich sage voraus, daß 1990 die entscheidende Entdeckung zur Krebsbekämpfung gemacht werden wird, nämlich ...", dann bleiben ihm nur zwei Möglichkeiten; den Satz zu beenden oder unvollständig zu lassen. Wird er komplettiert, so ist nicht von einer neuen Entdeckung die Rede, denn um über sie eine Aussage zu machen, muß er sie ungefähr schon kennen, bleibt er unvollständig, hat er keine Prognose getan. Das ist so einfach, so richtig, daß es nur wenige überzeugen wird. Das Geschäft der Prognostiker kann weiterlaufen.

337

Die Appelle, man möge einen Appell zur Freilassung von Rudolf Heß aus seinem Spandauer Gefängnis unterstützen, treffen auf eine penible Empfindung. Gewiß, der Mann ist uralt, seit vielen Jahren geistesverwirrt, in anderen, normalen Fällen wäre die Entlassung längst geschehen; das Nürnberger Tribunal, das ihn einst verurteilt hatte, ist ein Flecken, kein Lichtblick in der Rechtsgeschichte, seine Sprüche sind nicht ins Völkerrecht eingegangen, Kriegsverbrecher anderer Nationen laufen unbestraft herum. Kriegsverbrechen der Alliierten hat es ja nach ihrer eigenen Logik nicht gegeben. Wenn Heß auf Grund einer Willensentschließung der Bewachungsmächte freikäme – die westlichen sind dazu bereit –, wäre es als Akt der Humanität zu begrüßen. Aber als Deutscher die Freilassung zu verlangen? Der Stellvertreter des Führers, der sich noch heute so fühlt, mag als Person kaum Verbrechen im Sinne des Strafgesetzbuches begangen haben. Aber er ist und bleibt doch eine mehr als nur symbolische Figur für die Führung einer Bewegung, die das Reich zerstört, dem deutschen und den europäischen Völkern unermeßlichen Schaden zugefügt hat, zu dessen Übeltaten auch schon zu den Zeiten, da Heß aktiv war, die Vernichtung der bürgerlichen Freiheiten, die Ausschaltung und beginnende Verfolgung der Juden, der unbeirrbaren Christen, der standfesten unter den Demokraten gehört hat. Noch heute leiden Millionen Deutsche, Millionen anderer unter den Folgelasten des Nationalsozialismus, nicht zuletzt unter kommunistischen Diktaturen, deren Vormarsch erst dank dem Führer möglich geworden ist. Daß sein Stellvertreter bis zum Ende seiner Tage hinter Mauern eingeschlossen bleibt, ist nicht abwegig, da sein Tun, sein Scheitern, seine Schuld einer anderen Sphäre angehören, nach ganz anderen Kategorien zu bemessen als für bürgerliche Missetäter gelten. Es hat damit seine Richtigkeit.

25. März 1983

338 Die armen Kerle, die ihren marxistischen Kinderglauben durch die Unterscheidung des real existierenden Sozialismus vom wahren Sozialismus, der erst noch herbeigeführt werden müsse, retten wollen, verhalten sich so wie jene Träumer, die die unsichtbare Kirche von der „Amtskirche" abheben, in der verzweifelten Hoffnung, aus dem Programm Jesu lasse sich etwas Besseres machen als die zölibatäre Bürokratie auf der einen, das Landeskirchentum auf der anderen Seite.

339 Wer sich in einer Standesorganisation immer wieder zum Spitzenfunktionär wählen läßt, bekundet damit, daß er als Angehöriger des Standes nicht ernst genommen werden muß.

340 Der niedersächsische Spitzenpolitiker Werner Remmers, der schon als Kultusminister wegen seines Humors gefürchtet war, tritt mit einer Kritik an der Entwicklungspolitik hervor, in der er, wie sonst nur die Linken, das vaterländische Interesse einer Überzeugung unterzuordnen heftig empfiehlt; das wirtschaftliche Wohlergehen des Landes, das ihn bezahlt, gilt ihm für weniger als die Ruhigstellung des eigenen Gewissens. Durch alle Wechsel der Regime und Verfassungen hinweg hat sich eines in der deutschen Politik als unverrückbar stabil erwiesen: der Glaube der Machthaber, daß ihre privaten Meinungen die Richtschnur staatlichen Handelns darstellen; ein Respekt vor dem Steuerzahler, dem sie die Gelder abpressen, käme ihnen absurd vor und kommt ihnen nicht in den Sinn.

Kölner Karneval. Der Kollege vom Express schildert, daß er einmal auf einem Wagen mitgefahren ist, und die rauschhaften Zustände, die man im Angesicht der jubelnden Menge erlebt. Ähnlich muß es den Politikern gehen, wenn sie Wahlkämpfe genießen. Bei den Schoolzöch auffällig das Übergewicht der Gesamtschulen, mehr Lehrer beteiligt als Schüler, auffällig zugleich der pädagogische Trieb der Leute; nämlich auf Sozialisation, Friedensbewegungen, Umweltschutz und ähnliche frohe Botschaften abstellend. Ziemlich langweilig. Das Szenario hätte von B. Brecht sein können. 341

In einem der Innenhöfe der Grazer Burg befindet sich eine Ansammlung von Statuetten zu Ehren großer Söhne dieser Landschaft, darunter die von Peter Rosegger, der eigentlich Petri-Kettenfeier getauft ist, und eines weithin unbekannt gebliebenen Mannes, nämlich Anton Musgers, der Priester und Lehrer und Erfinder der Zeitlupe war. Daß ein Priester die Zeitlupe erfunden hat, scheint dem, der vor dem Standbild andächtig weilt, höchst angemessen. Die erste große philosophische Beschäftigung mit der Zeit verdanken wir einem Priester, dem hl. Augustinus. Der Kalender wird seit alters von der Kirche verwaltet, und allen ist aus der Lektüre der Heiligen Schriften bekannt, was es mit der Zeit auf sich hat, daß sie nicht absolut ist, sondern dehnbar oder auch zu beschleunigen. Vor Gott sind tausend Jahre wie ein Tag, oder auch ein Tag wie tausend Jahre. Vor der Schöpfung gab es keine Zeit, sie hört mit der Ewigkeit wieder auf. Eine Raumlupe zu erfinden ist nichts, bloß eine Art Brille; aber die Zeitlupe ist eine philosophische Trouvaille wie das dreidimensionale Bild. 342

Die Juristen sind die Kamele, auf denen die Kaufleute durch die Wüste reiten. Spruch eines guten Juristen, der als Beamter Karriere machte, um endlich erfolgreicher Unternehmer zu werden. – Für das Wort Jurist läßt sich jede Bezeichnung eines anspruchsvol- 343 len Fachberufes einsetzen; das Talent des Kaufmanns oder Unternehmers besteht gerade darin, wie das des Politikers auch, Fachleute für sich arbeiten zu lassen. Experten, die so gut sind, daß sie es bleiben wollen, mögen zu Höhen aufsteigen, aber nicht ökonomischen.

344 Innerhalb von fünf Minuten zweimal beobachtet, wie Autofahrer beim Einbiegen auf eine doppelspurige Straße die falsche Bahn wählen und nach wenigen Metern entsetzt innehalten, weil sie selber merken, daß etwas nicht stimmt, daß sie mit den nächsten Metern zu Geisterfahrern werden. Analoge Beobachtungen auf Ämtern, bei Vorsprachen, beim Ausfüllen von Formularen. Ein Verdacht verstärkt sich, daß viele Leute nicht mehr in der Lage sind, den Ansprüchen einer vorgeblich normalen Existenz zu genügen. Vordem wäre ihre intellektuelle Ausstattung völlig hinreichend gewesen, um sich als Bürger, Bauer, Edelmann mit Anstand oder doch unauffällig durchs Leben zu bringen. Heute nicht mehr.

345 Vom Beitrag des deutschen Pfarrhauses zur deutschen Geistesgeschichte ist lange Jahrzehnte rühmend die Rede gewesen, aber viel seltener davon, daß katholische Geistliche einen sehr bedeutenden Beitrag zu den Wissenschaften und Künsten geleistet haben, von der Archäologie bis zur Entomologie, in der Malerei wie in der Musik. Teilhard de Chardin S. J. ist freilich mit Recht vergessen, wie „Naturphilosophie“ überhaupt.

8. April 1983

346 Goethe macht die Bemerkung, daß ein guter Ruf nicht weiter schädlich sei, sobald man das hinter sich gebracht habe, womit man ihn verdient hat. Es bleibt zu ergänzen, daß ein guter Ruf sich

noch rascher verbreitet als ein schlechter; ein hilfsbereiter Mensch, der obendrein gutmütig ist, trägt, anders als der Dichter, an der Last, daß er gern von anderen in Anspruch genommen wird und am Ende gar nicht mehr zu sich selber kommt.

„That man has guts", sagen die Angelsachsen von einem Kerl, der Eingeweide hat, mit sicherem Instinkt und Mumm auftritt. Bonner Parlamentarier, sublime Denker allesamt, erheben sich übereinander mit der Feststellung: der denkt aus dem Bauch. Die englische Wendung beruht auf antiker Überlieferung. Kohl hat guts; und Vogel nicht. Es ist klar, daß die Intellektuellen für den einen und gegen den andern sind und wem die Mehrheit zusteht. 347

„Reisende soll man nicht aufhalten", sagt manch ein gekränkter Unternehmer, der sonst Mobilität und Dynamik predigt, zum Angestellten, der von anderswo ein Angebot erhalten hat. 348

Wo noch Vitalität zu Hause ist. Im Steirischen ein Abendessen für Wiener Prominente und Notabeln der Gegend. Opulent genug, kräftig wie zu Großmutters Zeiten, eine Terrine, dann Suppe, ein üppig garnierter Braten, eine Mehlspeis, die es in sich hat. Dazu der steirische Wein, der nicht für samtene Mägen angebaut wird. Danach noch ein intimeres Beisammensein – auf ein Getränk, denkt der Fremdling, aber weit gefehlt. Die Saaltochter bringt dampfende Schüsseln mit Gulaschsuppe und Kessel mit Würsten. Das kräftige Bier, der gute Obstler tun ein übriges. Ein urtümliches Behagen breitet sich aus, es fehlt nicht an Witz, nicht an Gelächter – auf einmal ist man in frühere Jahrzehnte, Jahrhunderte versetzt, als noch so breughelsch gefeiert wurde, als der Herzinfarkt noch nicht erfunden war, als die Reue der Sünde galt und nicht dem Genuß. 349

350 Blamierte aller Länder, vereinigt euch! Das Ergebnis ist der Nord-Süd-Dialog. Für die Neger, denkt sich westlicher Hochmut, reichen die politischen Mumien des Abendlandes allemal. Darunter als Wortführer unser gut konservierter Brandt, der einem jeden zeigt, daß man alles überleben kann.

351 Deutsche Krimis. Fast alle spielen in München, in einem dubiosen, aber gehobenen Milieu in den standardisierten Vorortvillen mit den Rundbögen. Dort gibt es mehr Butler, als in Wirklichkeit in ganz Bayern anzutreffen sind. In amerikanischen Krimis nicht nur mehr Aktivität, höhere Geschwindigkeit, auch interessanter konstruierte Fälle, vor allen Dingen mit handelnder und nicht bloß zusehender oder Kaffee trinkender Polizei, die so gut wie nie durch eigene Aktivität oder eigenes Nachdenken einen Fall aufklärt, sondern auch eine realistischere Darstellung der Kriminalität, bei der ja andere Altersgruppen und überhaupt andere Leute im Vordergrund stehen als in den deutschen Normalkrimis, die sozialkritische Verlogenheit vorführen; der Fabrikant, der Gesellschaftsarzt, der elegante Finanzier sind bei uns die Schuldigen – das Personal, das die Gefängnisse bevölkert, kommt nur als Staffage, zur Ablenkung vor. Eine Ausnahme macht die Hamburger Serie Sonderdezernat K 1.

352 Erinnerungen an den verstorbenen Freund Gerd Brand, einen Entwickler und Ausleger der Phänomenologie Husserls. Auf Einwendungen, die auf Kants Erkenntniskritik beruhten, war er nicht bereit einzugehen. Der philosophische Fortschritt liegt darin, daß die eine Generation vergißt, was noch die vorherige gewußt hat.

353 Ein Honoratiorenkartell zum Zweck des Rufmords an einem Verabschiedeten. „Der hat Dreck am Stecken“, wird geraunt. Ja, was soll er denn anders, wenn er durch euren Morast waten muß.

Gottlob gibt es in Fernsehprogrammen und auf Theaterzetteln ein paar Bezeichnungen, die den Unterhaltungssuchenden zeitig warnen. Wer „Schwank" liest, muß wissen, daß ihn Gräßliches erwartet. Das gleiche gilt für Kriminal- oder Gaunerkomödie. Auch die unverfänglich klingende Ankündigung „Das kleine Fernsehspiel". 354

Vortrag eines medizinischen Futurologen. Voller Zuversicht. In ein paar Jahren werden nur noch Sport und Straßenverkehr als Todesursachen übrigbleiben. 355

„Fahren Sie zufällig in die Rheinallee?" fragt die freundliche Anhalterin. „Nein, zufällig nicht, sondern absichtsvoll." 356

22. April 1983

Daß ältere Leute einander nach dem jeweiligen „Abendbrot" auf ein Glas Wein einladen, ist ein Erinnerungsstück daran, daß Preußen-Deutschland vor der großen Niederlage bis in großbürgerliche Schichten ein sehr armes Land gewesen ist; selbst ein „höherer" Beamter, ein Gelehrter, konnte keine Gastlichkeit pflegen, wie sie bei den westlichen Nachbarn der gleichen Schichten seit langem üblich geworden war. 357

Anfang einer Autobiographie: Ich bin aufgewachsen zu einer Zeit, in der es in Deutschland keinen Politiker von Charakter, keinen Schriftsteller von Bedeutung und keinen Künstler von Geschmack gegeben hat. Potz, fragt sich der Leser, was verlangt der eigentlich? 358

Mit Hermann J. Abs auf Recherche. Er erinnert sich, von einem Adenauer-Wort gehört zu haben, das der Gründungskanzler am 1. Dezember 1966 zu Karl Schiller gesprochen haben soll, als dieser 359 ihn nach seiner Einschätzung der Lebensdauer der eben installierten Regierung der Großen Koalition unter Kiesinger gefragt hatte: „... das weiß ich nicht, Hauptsache, der eine ist weg." Es gelingt, den Zeugen Schiller auf dem Empfang der Erhard-Stiftung in der Redoute zu stellen; er teilt den authentischen Wortwechsel mit. Adenauer: „Dat werden wir nach 'nem Vierteljahr wissen." Schiller: „Sie meinen die berühmten hundert Tage." Adenauer: „Nein, ich meine ein Vierteljahr. Wir sind doch nicht bei Kennedy." Und beim Weggehen: „Hauptsache, et is einer wech."

360 Dringendes Bedürfnis: ein wohlschmeckendes, belebendes Getränk ohne Alkohol, das ein Erwachsener einen Abend lang trinken kann. Wenn es doch noch Teegesellschaften wie im 19. Jahrhundert gäbe!

361 In der Kochkunst wie in der Kleidung sind alle Kombinationen möglich. Das erste lehren die Franzosen: Baumann-Baltard bietet ein Sauerkraut mit Fisch an. Das zweite lehren die Engländer: in braunen Wildlederschuhen zum Nadelstreifen. Es wird akzeptiert, weil es mit dem natürlichsten Selbstbewußtsein der Welt vorgeführt wird. Freilich darf man in Frankreich nicht in der Kleidung exzentrisch sein, in England nicht im Essen. – Die normierte, angestrengte Lässigkeit sorgfältig gekleideter deutscher Herren in der Freizeit – mit dem Seidentuch im Hemd, auch sonst in dem Chic von Noel Coward in den dreißiger Jahren – ist aber auch liebenswert: man will eben alles richtig machen.

362 Die moderne Demokratie besteht in der Ersetzung einer Erbmonarchie durch eine Wahlmonarchie. Deutlich erkennbar bei den sogenannten Präsidialsystemen, gilt aber auch für die parlamentarischen Systeme neuer Zeit, deren Stabilität allein davon abhängt, daß sie einen Mann an der Spitze, einen Monarchen, einen konsti-

tutionellen versteht sich, hervorzubringen vermögen. Es ist praktisch, die Wähler glauben zu lassen, daß sie die Kurfürsten seien.

„Verlängerte Lebenserwartung“ trifft's nicht. Meist ist „verlängerte Todeserwartung“ gemeint. 363

Schlimm, wenn einer einen Witz erzählt und als einziger darüber lacht. Schlimmer, wenn einer ergreifend wird und nur sich selber rührt. 364

In Amerika kann ein bedeutender konservativer Autor (R. Nisbet) mit der These hervortreten, daß die Abtreibung in die Zuständigkeit der Familie, also unter die Privatangelegenheiten falle, in die der Staat sich nicht zu mischen habe; in Kontinentaleuropa würde dergleichen kaum als mögliche konservative Position anerkannt. Hier wird das Christliche mitsamt seiner traditionellen Ethik noch überwiegend als konservatives Element angesehen; man will sich nicht daran gewöhnen, daß die Zeit, da das Christentum als statuserhaltend gelten konnte, unwiederbringlich zu Ende geht. 365

Ehren, von denen ein Mann von Ehre kein Aufhebens mehr macht: Honorarkonsul, Ehrendoktor, Titularprofessor. 366

Wenn der Handelsmann seinem Kunden „Auf Wiedersehen!“ nachruft, tut er recht, weil er ihn wiederzusehen wünscht und jeder den Grund versteht. Der gleiche Ruf, in einer Begegnung von Wildfremden statt eines Abschiedsgrußes verwendet, ist meist gedankenlose Freundlichkeit. Leider ist „Leben Sie wohl!“ zu gravitätisch, „Servus“ zu wienerisch, „Tschüß“ zu flott. Adieu. 367

368 Bemerkung des alten Goethe: „Nachdem ich über vieles gleichgültig geworden, betrübt es mich noch immer und in der neuesten Zeit sehr oft ..." Kann als Vorspruch zu vielem dienen.

369 Desiderat: eine Sammlung der politischen Dummheiten, die selbst die berühmtesten Schriftsteller des Jahrhunderts von sich gegeben haben. Thomas Mann wurde regelmäßig erst durch Schaden klug. Gertrude Stein hat, wie mich ein Leser belehrt, Hitler einst zum Friedensnobelpreis vorgeschlagen. Die positiven Urteile über den Kommunismus waren unter Schriftstellern der westlichen Welt in den dreißiger Jahren selbst noch zu Zeiten der stalinistischen Massenvernichtungen comme il faut. Hemingway schlug vor, den künftigen Weltfrieden dadurch zu erhalten, daß man alle Deutschen sterilisiere; proklamierte sich selbst zum Kubaner und Gefolgsmann Castros, der ihn gleich nach seinem Tod enteignete. Gottfried Benns hymnische Erhebung aus Anlaß der Nationalen usw., usw. – Als politische Lehrer, gar zu „einer Art Regierung", wie Solschenizyn meinte, sind Schriftsteller selten berufen. Aus ihren Wandlungen kann man lernen. So ist es an der Zeit, an George Orwell zu erinnern, dessen „1984" im nächsten Jahr monströs mißbraucht werden wird: er war Kommunist gewesen, hatte dann den realen Sozialismus im spanischen Bürgerkrieg kennengelernt und wurde als demokratischer Sozialist zum schärfsten Kritiker der intellektuellen Fellow-traveller; „Animal Farm" hatte sich gegen den Stalinismus gewendet, „1984" galt dem totalen Überwachungsstaat totalitärer Regime; hiesige und heutige Datenschutzhysterie wäre ihm läppisch vorgekommen.

370 „Stangenspargel" wird angepriesen, noch immer wird von „Bohnenkaffee", „guter Butter" und „schwarzem Tee" geredet, gerade als ob der Normalverbraucher gewöhnlich Kamille oder Zichorie

oder Ranzfett zu sich nähme. Auch daß der Lachs echt ist und nicht ein gefärbter Minderfisch, scheint der Erwähnung zu bedürfen. – Deutsche Frauen, deutsche Treue, deutscher Wein und deutscher Sang sollen ihren guten Klang behalten; „deutsch", dem Beefsteak oder dem Kaviar zugeordnet, hat nie einen gehabt. Die pejorative Verwendung unseres Eigenschaftswortes sollte sich doch wohl verbieten.

371 Der flotte chinesische Führer in Hongkong erzählt seinen Zuhörern, daß es in der übervölkerten Stadt nur dreieinhalb Prozent Arbeitslose gäbe – und warum? „Weil wir keine Arbeitslosenunterstützung zahlen." In Bangkok wird den Rundaugen das gleiche verkündet, nur sollen es dort null Prozent Arbeitslose sein. Die Leute kennen ihre Pappenheimer und wissen, was sie hören wollen; die Amerikaner vor allem, aber auch Westeuropäer – allesamt Reisende, die nicht zur Kundschaft der Arbeitsämter gehören. Es leuchtet ein, daß sich weniger Menschen als arbeitslos melden, wenn sie nichts dafür bekommen, und daß in der Not irgendein Erwerb eher gefunden, erfunden wird. Auch darf man in jenen Ländern, wo die Marktwirtschaft ohne den Zusatz „sozial" betrieben wird, sich Geldquellen erschließen, ohne daß die Behörde Fragen stellt. Man macht am Straßenrand eine winzige Garküche auf oder füllt Alkoholfreies in kleine Plastiksäckchen mit Eis oder poliert im Verkehrsstau die Windschutzscheibe gegen geringen Lohn. In Tempelbezirken wird im Stehen eine Schnellmassage verabfolgt, andere Dienstleistungen brauchen die Dunkelheit und das wegblickende Auge der Polizei. Das alles hat seinen Charme, der unserem griesgrämigen Sozialsystem abgeht. Aber tauschen würden wir denn doch nicht; wohl aber die lächelnden Orientalen.

372 Liedermacher ist die Berufsbezeichnung eines, der nicht singen und komponieren kann, aber selbstverfertigte Weisen vorträgt; das Anliegen muß es bringen.

373 Ein einstimmig gefaßter Bundestagsbeschluß hat eine schwächere Legitimität als eine Mehrheitsentscheidung. – Wenn die politische Klasse sich einig ist, können die Gewaltunterworfenen glauben, daß man sich gegen sie verbündet und ihre Empfindung nicht berücksichtigt habe. Eine Entscheidung, gegen die zuvor sich eine Opposition erhoben hat, erreicht leichter Zustimmung und Gehorsam; die Andersmeinenden sind doch wenigstens gehört und ernstgenommen worden.

374 Im Gegensatz zur Zeit vor zwanzig Jahren, wo kleine Reparaturen an der Autobahn nachts ausgeführt wurden, werden heute Riesenstauungen in Kauf genommen, um bloß eine Leitplanke zu reparieren oder ein paar Büsche abzuschneiden. Zeichen für die zunehmende Verachtung, die das Publikum von der Bürokratie erfährt, und ihre Unfähigkeit, heute noch ungewöhnliche Arbeitszeiten durchzusetzen – bei zweieinhalb Millionen Arbeitslosen.

20. Mai 1983

375 „Er ist ein Roué des Potentiellen." Nichts Besonderes; das sind wir doch alle.

376 Wieder hält er, wie an jedem Posttag, eines von vielen umfangreichen Schreiben in der Hand, mit dem Leute ihre Zeit ausfüllen und sie anderen stehlen. Er entschließt sich, nicht zu antworten. Aber er hat immerhin ein schlechtes Gewissen dabei. Nach vierzehn Tagen kommt ein erboster Mahnbrief des pensionierten Ministerialen: „Wann werden Sie endlich Ihrer Korrespondenzpflicht genügen?" Da weiß er, daß er recht getan hat.

377 Gegen alle Pessimisten: Wir sind eine echte Demokratie geworden. Das Gesindel darf nicht nur überall mitreden, es führt das große Wort.

Man hört gar nichts mehr von dem bayerischen Kultusminister Hans Maier – genauer, man hört nichts mehr von ihm seit dem Bonner Regierungswechsel. Man hatte ihn für jene Rara avis gehalten – einen Professor der politischen Wissenschaften, der von Politik etwas versteht und eine Politik durchsetzen will. Man hatte gehofft, er werde wie zu Zeiten der Opposition der erste Bildungspolitiker für eine Wende sein. Man hat sich getäuscht. 378

Der amerikanische Gastrosoph Calvin Trillin, der nicht wie die meisten seiner Zunft dazu neigt, über jedem Essen schwer zu werden, hat herausgefunden, warum die Mahlzeiten in den amerikanischen Clubs um so weniger schmecken, je exklusiver sie sind: „Das Essen an diesen Orten ist so geschmacklos, weil die Mitglieder Knoblauch und Gewürz für eben jene Leute kennzeichnend halten, die sie nicht reinlassen wollen." Viele Exklusivitäten beruhen auf diesem Prinzip. Zu höchsten Zirkeln hat keinen Zutritt, wer unvorhersehbare Äußerungen tut, der Wort- und Ideenschatz wird umgewälzt und gering gehalten. 379

Die freiheitsliebenden Franzosen, die ihr Privatleben seit je abzuschirmen verstehen, hatten im vorigen Jahr eine Volkszählung; von einem Boykottaufruf hat aber niemand gehört. Die Fragen waren eindringlich, nach allen Details der Unterbringung und deren Ausstattung, nach feinen Einzelheiten von Tätigkeit, Ausbildung und Diplomen, nach Besitztümern wie Telefon oder Auto etc.; der Name war selbstverständlich für die nur statistischen Zwecken vorbehaltene Zählung anzugeben. Zu Ernst von Pidde, der mir seinen überzähligen Fragebogen schickte, sagte ein Pariser Nachbar nach dem Volkszählungsurteil des Bundesverfassungsgerichts: „Un peuple qui saisit sa cour suprême de telles questions n'a évidemment pas de problèmes." Der gute Mann irrte. Wir haben sehr wohl Probleme, aber damit beschäftigen wir weder das Verfassungsgericht noch uns selbst. 380

381 Die Goethe-Gesellschaft in Weimar hat die sechs Ansprachen, die am 13. Februar 1982 aus Anlaß des Goethe-Jubiläums gehalten wurden, zu einem Bändchen zusammengefaßt. Darin ein Exempel, wie gescheit ein deutscher Literat sich über Politik zu äußern vermag; es ist Peter Hacks' „Über eine Goethesche Auskunft zu Fragen der Theaterarchitektur".

382 Worin Alexis de Tocqueville unrecht gehabt hat: Amerika ist nicht die Vormacht der Gleichheit und der Gleichmacherei geworden, sondern ungeniert elitistisch geblieben, sowohl nach draußen, im imperialen Anspruch, wie auch nach drinnen, nämlich in seiner gesellschaftlichen Struktur, was die Verteilung der spirituellen und der materiellen Güter angeht. Es zieht seine Leistungsfähigkeit der sozialen Eintracht vor. Die Bundesrepublik ist viel egalitärer als die USA (oder irgendein hochentwickeltes nichtskandinavisches Land), wiederum mit allen Vor- und Nachteilen, was zurückgeht auf den schon von Max Scheler festgestellten Sozialdemokratismus als einer deutschen Seelenkomponente; wir haben sozialen Frieden, wenn auch keinen in den Seelen.

383 Hölderlin konnte noch meinen, die Deutschen seien gedankenreich und tatenarm. Die deutsche Politik von heute ist tatenarm und wortreich.

3. Juni 1983

384 „Ich komme aus einfachen Verhältnissen." Das ist nicht wahr, es war bloß kein Geld im Haus; aber die Verhältnisse waren sehr kompliziert.

385 Manch einer, der für zynisch gehalten wird, ist wirklich naiv. Er sagt die Wahrheit und merkt nicht, daß keiner sie hören will, daß sie unerhört verkommt.

Erst der Urteilsspruch, danach die Begründung. Das ist von der dramatischen Anlage her falsch. Es müßte erst eine Begründung vorgetragen werden, die sacht, unaufhaltsam in den Urteilsspruch einmündet, um die Spannung zu halten, auf die Angeklagte und Publikum Anspruch machen. 386

Eine Figur wie Lacan. – Es ist so einfach, ihn für einen tiefen Kopf oder auch für einen Scharlatan zu halten. Ähnlich Roland Barthes, dessen Tätigkeitsfeld mir angenehmer ist, eine eher solide Erscheinung mit dem Talent des assoziativen, des lateralen Denkens, aber gehetzt von der Furcht der kontinentaleuropäischen Intellektuellen, schlichte Erkenntnisse schlicht auszudrücken und weniger zu scheinen als zu sein. In der englischen Übersetzung, die Susan Sontag herausgegeben hat, liest er sich weniger elegant, aber auch weniger angestrengt-verspannt. 387

Mißliche Wirkung von Kirchenchören. Liegt es an der Tracht, dem bürgerlichen Sonntagsstaat, den man sonst kaum noch sieht – dunkler Anzug, weißes Hemd, Silberkrawatte, das kleine Schwarze mit weißem Krägelchen bei den Damen? Eher noch am Dirigenten, der sich mit schmeichelnder oder scheindramatischer Geste in Szene setzt, das Mündchen spitzt und das Auge rollen läßt? Die großen Orchesterdirigenten sind allesamt große Schauspieler, kennen das rechte Verhältnis von Aufwand und Ertrag. – Wie anders, wenn die Mönche der alten Orden gregorianische Choräle singen. Da ist nichts beliebig, keine bloße Ausschmückung, der Gesang ist Teil der Liturgie, selbst Liturgie. 388

„Aus dem wird nichts“, sagt man oft wegwerfend. Vielleicht ist er schon was. 389

390 Der eine, der einzige Vorzug der sowjetischen Politik ist ihre relativ starke Konsistenz, Vorhersehbarkeit, Berechenbarkeit. Aus Washington kommt alle Tage eine Nachricht von einer neuen Grundsatzentscheidung; die amerikanische Militärstrategie können selbst Fachleute nicht mehr darstellen. Das Verwundern von US-Politikern über den mangelnden Enthusiasmus angesichts ihrer Politik, selbst bei Freunden, ist selber wunderlich. Niemand macht gern eine Sache zu der seinen, die er nicht begreifen kann, mag er auch mit dem Urheber befreundet sein.

391 Der Ausdruck „Lippenbekenntnisse" paßt zur Gesinnung sprachloser Innerlichkeit. Zu den meisten Bekenntnissen sind die Lippen vonnöten. Die englische Wendung „paying lip service" ist genauer: zu den meisten Services braucht man mehr als die Lippen, außer beim Kuß.

392 Unterwegs ein Gespräch mit Wolf-Rüdiger Heß, dem Sohn des Stellvertreters des Führers. Meine Meinung, man solle für die Entlassung von Rudolf Heß aus Spandau nicht eintreten, findet er ganz falsch, weiß aber den anderen Standpunkt zu respektieren, ebenso wie ich anerkenne, daß unter allen Menschen der Sohn ein natürliches Recht hat, für den Vater einzutreten, und daß es ihn mehr ehrt, als wenn er's unterließe. Die mir zugetragene Vermutung, der in Berlin einsitzende Greis sei geistesschwach oder geistesverwirrt, ist unzutreffend. Aus einem jüngst an die Familie gerichteten Brief, in den Heß mich blicken läßt, sehe ich, daß der alte Herr nicht nur mit den Angelegenheiten der Familie, die er nie kennengelernt hat, vertraut ist, sondern sich auch auszudrücken versteht, wie bei weitem nicht jeder Großvater es vermöchte. Über Politisches ist ihm jede Äußerung untersagt, wie ihm auch politische Nachrichten, aufs NS-Regime bezogen, vorenthalten werden. Aber über Picasso zum Beispiel weiß er Bescheid. Den Eindruck von Geistesschwäche können nur Leute gehabt haben, denen gegenüber Heß sich hat verstellen wollen.

Samuel Butler hat einst festgestellt, daß es doch nett vom lieben Gott gewesen sei, Thomas Carlyle mit Frau Carlyle zusammenzubringen – „thus making only two people unhappy instead of four“. Diese moralische Ökonomie kommt öfters vor. Es gibt eine eigentümliche Wahlverwandtschaft unverträglicher Seelen: Herr Gries vermählt sich gern mit Fräulein Gram. 393

Die Zehn Gebote zu halten ist wirklich nicht schwer. Wer begehrt schon seines Nächsten Weib oder Hof? 394

Der politische Automatismus, der zu Befreiungsbewegungen führt. Erstens: die Feststellung von Mißständen; zweitens: die Organisation des Skandalon als Mobilmachung der öffentlichen Meinung und drittens: die Organisation der Abhilfe. Die westliche, die liberale Öffentlichkeit nimmt die Unhaltbarkeit der Zustände wahr und unterstützt willig die Bewegung, die mit Landreformen und Emanzipationen beginnt und im Regelfall in eine verdeckte oder offene kommunistische Herrschaft übergeht. Dann nimmt das globale Interesse ab und wendet sich Zentren anderer Übelstände zu. – Die Reaktion der konservativen amerikanischen Regierung ist so phantasielos wie radikal; es werden autokratische Regime künstlich stabilisiert, von denen niemand glaubt, daß sie ohne die Krücken wieder aufrecht stehen können. Dafür mag allenfalls der Gedanke von Jeane Kirkpatrick sprechen, daß es historisch gelegentlich gelungen ist, aus einer Rechtsdiktatur eine Demokratie zu machen, aber noch nie aus einer Linksdiktatur ein liberales System. Die Chance einer mittleren Entwicklung, einer christdemokratischen sozusagen, wird von den USA ungern wahrgenommen, weil sie davon nichts wissen und wenig wissen wollen, weil dergleichen in ihrem eigenen Parteienspektrum nicht vorkommt. Sie übersehen, daß ihr Parteiendualismus in der Welt ein Unikat ist, das kein Land nachahmen will oder kann. 395

396 In amerikanischen Kriminalfilmen kann man leicht den Gangsterboß ausmachen, weil er einen großen Mercedes fährt; der verrückte Wissenschaftler, der die menschheitsvernichtende Waffe ersinnt, trägt einen deutschen Namen. Es macht nichts, daß jeder weiß, daß die bösartigsten Vernichtungsmittel nicht von deutschen Gelehrten erfunden wurden und daß niemand im Ernst glaubt, bei der abschließenden Verfolgungsjagd querfeldein könne der Chevrolet es mit einem Benz ernstlich aufnehmen. Man braucht ein leicht erkennbares Merkmal für den Feind, das Böse; dafür ist das Deutsche zuhanden. Auch eine Art Respektsbezeugung.

397 Erinnerungen an den Falkland-Krieg und die argentinischen Siegesmeldungen. Montesquieu erzählt in den Spicilèges, daß der Kommandeur der spanischen Flotte, nachdem Admiral Russel sie gefangengenommen hatte, nach Madrid Meldung machte, die englischen und holländischen Geschwader hätten sich der königlichen Flotte angeschlossen.

398 Pius IX. war so versessen auf die dem Papst zustehende Infallibilität, die er nicht ohne beherzte Manipulationen zum Dogma auf dem Ersten Vatikanum hat erheben lassen, daß er sogar die Streichhölzer mit Bann belegte, die sich in der Werbung als unfehlbar anpriesen – „Fiammiferi infallibili“.

399 Borges’ ornithologischer Gottesbeweis. Er hat die gleiche philosophische Würde wie die anderen, die Kant schon abgefertigt hatte. Kant hat dafür die Sehnsucht des Menschen nach einer allzuständigen Instanz als Forderung der praktischen Vernunft postuliert, aber eine Begründung ausgelassen; nämlich die, daß der Mensch dankbar sein will, doch nicht immer einen Menschen findet, dem er danken müßte oder danken könnte. Es ist noch die Frage, ob allein die Not beten lehrt oder nicht ebenso eine Rettung oder ein Glück.

Zubehör heißt das, was nicht zu einem Ding gehört – weil es überflüssig ist oder weil es fehlt und man jedenfalls dafür zahlen soll. 400

Törichtes Verhalten gegen den Sozialismus Mitterrands. Mag er dilettantisch sein oder aufschneiderisch – dumm wie in der Person von Jack Lang, dem Ministre du désir, er kann nützliche historische Arbeit leisten: die Einebnung der Klassen in Frankreich, ohne die das Land auf Dauer nicht funktionstüchtig bleibt, die Reduzierung des Kommunismus zugunsten einer genuin sozialdemokratischen Bewegung, das Festhalten auch der Linken im westlichen Bündnis und damit einen heilsamen Einfluß auf die deutsche Sozialdemokratie. Es ist richtig, Mitterrand derzeit zu stützen; eine Rückkehr zu Giscard gibt es ohnedies nicht. 401

1. Juli 1983

Dem Bundesminister N. wird von den Lehrern seines Sohnes bedeutet, dieser sei „verhaltensauffällig"; nicht verhaltensgestört oder verhaltensanstößig. Er fällt eben nur auf. Das ist unerfreulich, weil nicht sozialadäquat. Ein Schüler soll sich nicht auffällig verhalten, nicht positiv oder negativ von einer pädagogischen Norm abweichen. Bleibt er freilich innerhalb der Norm, so kann der Verdacht aufkommen, er sei angepaßt; das könnte noch schlimmer sein. Die Beobachtung genügt nicht, daß es Erziehungswissenschaftlern gelingt, für jedes denkbare Verhalten eine herabsetzende Vokabel bereitzustellen; nötig ist die Feststellung der konkreten Norm, von der aus betrachtet jemand auffällt oder stört. Wenn ein Schüler sich den Gesinnungen anpaßt, dem Habitus, die ein Lehrkörper gern anlegt, so wird das nicht als Anpassung zu sehen sein. Orientiert er sich an überkommenen Haltungen, an denen der Eltern beispielsweise, so wäre Anpassung zu rügen oder, methodisch besser, weil unangreifbar, Verhaltensauffälligkeit. 402

403 Vergangenheitsbewältigung gibt es nicht, schon das Wort ist ein Monstrum. Aber die Geschichte der großen Heuchelei, in der Honoratioren dem eigenen Volk Schuld auflegen wollen, während die Schuldigen unbenannt blieben, wäre es wert, geschrieben zu werden. Der Volksmund trug seinerzeit Sprüche bei: Alles war nur Blut und Wahn,/ gut war nur die Autobahn./ Alles war Verrat und Blut,/ nur das Konkordat war gut.

404 Manche Frauen regen sich darüber auf, daß sie (als Genus, nicht als Individuum) als Lustobjekt betrachtet werden. Wie hätten sie's denn gern? Unlustobjekt sicher nicht. Als Lustsubjekt? Dann muß, außer im Fall autistischer Selbstbeschränkung, ein anderer als Lustobjekt gefunden werden. Kant, wie viele große Autoren bei Feministinnen weithin unbekannt, hatte vor zweihundert Jahren um der Menschenwürde willen stipuliert, daß der Mensch für den anderen nie Mittel, nur Zweck sein dürfe, aber die Subjekt-Objektbeziehung, im commercium sexuale unvermeidlich, durch die wechselseitige Hingabe von Mann und Frau für aufgehoben gehalten. Das paßt ihnen aber auch wieder nicht.

405 „Herr, du bereitest mir einen Tisch im Angesicht meiner Feinde", ist nicht der schwächste Trost im trostreichen 23. Psalm.

406 Die barbarische Bücherverbrennung 1933. Bei den vielen Gedenkveranstaltungen zum 50. Jahrestag konnte der Eindruck aufkommen, es habe sich bei dem Anschlag auf den Geist um ein NS-Unikat gehandelt. Männer des Geistes aber haben der ewigen Wiederkehr des Barbarischen sich nicht entzogen, sondern oft genug in der Geschichte zum Buch gegriffen, um es in die Flammen zu schmeißen, mit dem Vorsatz, fremden feindlichen Geist auszulöschen. Vor der Nazi-Verbrennung war das deutsche Hauptexempel die Bücherverbrennung beim Wartburg-Fest 1817,

das der Feier der Reformation, der Befreiungskriege, dem nationalen und demokratischen Gedanken gelten sollte. Damals waren es die Fortschrittler, die konservative Bücher verbrannten und den liberalen, aber undeutschen Code Napoléon dazu. Sie hatten allerdings die Obrigkeiten und die edlen Köpfe der Nation gegen sich; zur Schande von 1933 gehört es, daß die Buchverbrenner mit Wissen und im Auftrag der herrschenden Gewalt handelten und daß die edlen Geister, soweit noch im Lande, schwiegen.

407

Scheckbuch-Journalismus. Gerechte Empörung richtet sich dagegen, daß Übeltäter für ihre öffentlichen Geständnisse mit hohen Summen bezahlt werden oder daß jemand das Unglück seines Nächsten zum eigenen Vorteil ausbeutet oder daß Reporter Bestechungsgelder an ungetreue Beamte für pflichtwidriges Tun oder Plaudern zahlen. Es wäre aber weltfremd und dem öffentlichen Interesse unbekömmlich, schlechterdings jede Bezahlung von Informationen für unerlaubt zu halten. Dann bliebe vieles unentdeckt, was aufgedeckt zu werden verdiente – und aus edlen Motiven wird ohnedies nur selten ein dunkles Geheimnis ans Licht gebracht; Geltungssucht und Rachedurst spielen dabei keine geringere, keine bedenklichere Rolle als die Gier nach der schnellen Mark.

408

Wahre Berühmtheit beweist sich darin, daß sie ihren Grund überdauert. Harrods in London und Tiffany in New York bieten nicht mehr als irgendein guter Laden irgendwo, aber die Adresse behält das überlegene Prestige. Ähnlich in den Künsten, der Publizistik, der Politik. Wer einmal ein großer Mann war, braucht nur noch geringe Denkmalpflege, um es auch zu bleiben. Der große alte Mann ist nur alt, die Größe wird geschenkt.

409 Engagiertsein, so resümiert Mary Renault nach einer Literaten-Debatte in New York, bezeichnet den Zustand, da einem irgend etwas wichtiger ist als die Wahrheit.

410 Daß Himmel und Hölle derselbe Ort sein könnten, ist schon gelegentlich gedacht und ausgesprochen worden; er kommt den Abgeschiedenen nur verschieden vor. Mit dem irdischen Dasein verhält es sich nicht anders; Menschen leben unter gleichen äußeren Bedingungen, und doch sehen die einen sich im Jammertal, die anderen hängen an der schönen Gewohnheit des Daseins. Darin drückt sich auch eine moralische Qualität aus, wie bei den Seligen und den Verdammten.

411 Baseler Kunstmesse. Schönes Angebot, für ein mittleres Museum ausreichend. Hohe Preise, die die zahlungskräftigen Amerikaner, Schweizer, Italiener und Deutschen aber nicht zu schrecken scheinen – Franzosen und Engländer kommen als Käufer moderner Kunst kaum vor. Die neueste europäische Malerei, großformatig, wild-expressiv, von John Russel in der New York Times als bestimmende Gegenwartsmode ausgiebig gefeiert, kann leicht die Funktion haben, den Markt wieder für das ganz andere, die Konstruktivisten beispielsweise, zu öffnen. – Neben den wenigen großen Sammlern gibt es wie überall zwei Sammlertypen: Die einen kaufen zweitklassige Bilder von ersten Namen, die anderen die Meisterwerke der Pictores minores. Die Baseler Messe gilt als angenehm, doch ist auch hier die Atmosphäre unerfreulich; wie überall dort, wo Kunst und Kommerz sich aufdringlich vermischen, wo es um große Summen und große Margen geht. Der Besucher sieht sich vom Standpersonal auf feinere Art so eingeschätzt und angelockt wie von den betreßten Anreißern der Straßen, in denen das Laster zu Hause ist. – Eine ganz andere Stim-

mung herrscht an den Treffpunkten der Bibliophilen. Die Kennerschaft der Käufer ist größer, während die Preise kleiner sind; auch kommen noch Trouvaillen vor, und es werden Bücher zur eigenen Freude gekauft, imponieren kann man damit niemandem. – Abseits der Messe zwei kleine schöne Ausstellungen: Cézanne in der Galerie Beyerle und im Bahnhofsbuffet 2. Klasse eine Kollektion von Eat-Art. – Am Abend Eat-Art im genauesten Sinn: eine fröhliche Runde verzehrt Stuckis Krautwickel mit Kalbsbries.

412

La viellesse est un naufrage, hat der alt gewordene de Gaulle gesagt. Richtig ist es nicht, außer in der trüben Selbstverständlichkeit des meist unvermeidlichen allmählichen physischen Verfalls. Geschichte und Geistesgeschichte sind voll von Gegenbeispielen der sehr Alten, die aktiv und produktiv blieben, deren Konversation mit den Jahren noch heiterer, deren Prosa oder Pinselstrich noch zarter und leichter wurde. Andere mochten sich und anderen im Rückblick auf das Erreichte gefallen. Für viele wird heute das Alter zum Schiffbruch, weil sie länger leben, als sie hoffen durften, ihnen die Verankerung in Beruf und Familie genommen worden ist und sie die eigene Existenz in Langeweile und Nichtigkeit wahrnehmen – die mürrische und bösartige Alte, die kein Dankeschön mehr über die Lippen bringt, der aggressive Rentner, vom Neid auf die noch wirklich Lebenden gepeinigt. Es ist gar nicht ihr Bötchen, das Schiffbruch erlitten hat, ein ganzes Menschengeschlecht ist losgesegelt, ohne das Ziel auszumachen: Die Überzähligen aller Altersklassen nehmen zu, solange der ökonomische Kompaß allein die Richtung bestimmt.

413

Von allen professionellen Kritikern sind die Filmrezensenten vielleicht die verläßlichsten. Wenn der Filmfreund die Lobeshymnen der Cinéasten in manchen Wochenschriften gelesen hat, weiß er gleich, welches Kinostück er sich nicht anzusehen braucht.

414 In keinem Parlament der zivilisierten Welt, in keinem Staat, der eine Geschichte hat und auf sich selbst einigen Anspruch machen kann, wäre es möglich, ohne allgemeinsten lebhaften Abscheu das nationale Symbol mit Farbbeuteln zu bewerfen und die Volksvertretung aufs niederträchtigste zu verspotten, außer im Bundestag. Es ist schon bedenklich, die Meinung auszusprechen, die Toleranz der Deutschen gegen das Geschmacklose, das Ehrenlose sei grenzenlos geworden. Wer Gesittung und Gesindel unterscheiden will, stellt sich außerhalb der Volksgemeinschaft.

415 Schwierigkeiten mit Gabi hat ein lieber Freund, der jährlich zum Schweizer Zivilschutz einberufen wird. Zum Reglement gehört natürlich auch die Übung in Erster Hilfe. Der Verletzte wird nach Gabi untersucht: Gibt er Antwort? Atmet er? Blutet er? Ist Puls da? Das Merkwort sich zu merken ist schwieriger als die einfache Prozedur. Armeen und ihnen nachgebildete Organisationen haben eine Neigung zu didaktischen Einfällen, die normale Gehirne blockieren.

29. Juli 1983

416 In der Schweiz kann jemand, der einen schönen alten Baum am Leben hält, von der Denkmalpflege sechstausend Franken bekommen. Schlägt er ihn danach ab, muß er tausend Franken Buße bezahlen. Es bleibt ihm die Schläueprämie von fünftausend.

417 Allmählich und gegen mich selber murrend, finde ich mich damit ab, daß Bemühungen um manche Meisterwerke der Literatur vergeblich bleiben. Ich kann sie nicht aufmerksam, nicht zu Ende lesen. Die Göttliche Komödie, der Cervantes, das meiste von Dostojewski und Dickens. Von Finnegans Wake prägen sich ganze Passagen dem Gedächtnis wörtlich ein, aber das Buch mag ich nicht lesen, die Dechiffrierung lohnt nicht. Noch nicht aufge-

geben die „Suche nach der verlorenen Zeit". Dafür immer wieder glückliche Funde, Leopardi in der schönen zweisprachigen Auswahl bei Artemis; die Cahiers von Valéry.

Blechlawine ist ein überanstrengtes und unglücklich gebildetes Wort – eine Lawine, die gleichzeitig nach Norden und nach Süden rollt und dadurch auffällt, daß sie fortwährend steckenbleibt. Wie alle Jahre hat auch zu dieser Ferienzeit die Polizei die Urlauber vor den bedenklichen Tagen gewarnt. Heuer zu recht, die vorhergesagten Stauungen hat es gegeben. Nicht selten waren die Polizeiprognosen aber falsch, eine sich selbst widerlegende Prophetie. Daß die Auskunft nicht immer verläßlich ist, mag daran liegen, daß die Behörde einfach von früheren Erfahrungen und den Ferienterminen der Schulen und großer Industriewerke ausgeht, ohne von den Urlaubsplänen der vielen viel zu wissen. Da könnte die Demoskopie sich nützlich machen. Es ist nicht schwer herauszufinden, wie viele Leute wann verreisen wollen, von denen sich's einige dann noch anders überlegen können. 418

Auf Arthur Koestlers Schreibtisch ist nach seinem Selbstmord ein handgeschriebenes Büchlein, ein Sudelheft gefunden worden. Daraus: Wer nicht hassen kann, kann auch nicht lieben. – Ich bin ein solcher Hypochonder, daß ich manchmal sogar meine Hypochondrie für eingebildet halte. – Das einzige ernsthafte Problem, das im Alter übrigbleibt, ist das Alter. – Und: Thou shalt not carry moderation to extremes. 419

Im New Yorker ein anschaulicher Bericht von Frances FitzGerald über eine der Kunststädte, die in Amerika für Rentner gebaut worden sind; Städte, in denen es keine Schule, aber auch keine Friedhöfe gibt, dafür Spitäler und Aktivitätszentren in Mengen. Stachelige Unverträglichkeit zwischen den betuchten Neurent- 420 nern und denen, die schon „in Rente“ gegangen waren, als die sozialen Wohltaten noch abgezählt wurden. Der Bericht über Sun City und Kings Point ist eine traurige Geschichte, aber die Alten selber scheinen nicht traurig zu sein. – Amerikanische Demographen berechnen, daß im Jahr 2000 es nur drei Erwerbstätige sein werden, die einen Rentner unterhalten müssen, im Jahr 2030 sind es nur noch zwei für einen. Wenn die heutigen Zahlen hochgerechnet werden, würden die alten Leute 35 Prozent des amerikanischen Bundeshaushalts um die Jahrhundertwende verbrauchen und 65 Prozent ein Vierteljahrhundert später. Aber: „Die Amerikaner, die heute in den Sechzigern und Siebzigern sind, stellen zweifellos in der Geschichte die erste Generation gesunder und wirtschaftlich unabhängiger Pensionäre – und sie mag sehr wohl angesichts des Fehlens von irgend bedeutendem Wirtschaftswachstum auch die letzte gewesen sein.“ Das könnte auch für die Bundesrepublik und ihre Rentner von heute gelten.

421 Auf die Gefahr hin, sich gesellschaftlich zu isolieren: die Zigarren von Davidoff sind nicht immer die besten.

422 Früher habe ich gern, um Fremde ein wenig kennenzulernen, den monumentalen Satz Gregors des Großen zitiert: „Alle Macht ist gut.“ Die Reaktion war aufschlußreich. Mittlerweile denke ich, daß Galettis Bemerkung „Das Schwein heißt mit Recht so, denn es ist ein sehr unreinliches Tier“ mehr leistet, jedenfalls zum Ausspähen der Eigenschaften, die den Umgang mit anderen erfreulich machen oder auch nicht.

423 Was deprimierend ist: Du bist wie alle anderen. Was tröstlich ist: Alle anderen sind wie du.

High noon. Die offenbare Sehnsucht in den Massendemokratien nach dem großen Einzelgänger, der aus dem Konsens, dem niedrigen gemeinen Nenner, herausbricht. Die Alten hatten in der kleinen Demokratie der Polis ein Mißtrauen gegen das große Individuum. Im herausragenden Kopf sahen sie die Gefahr der Tyrannis. Die modernen Massen werden der Tyrannei der Gesinnungen überdrüssig, die in ihnen selber wohnt – für eine Weile; der Einzelgänger tut immer gut daran, nach vollbrachter Tat davonzureiten. 424

12. August 1983

Militärexperten rechnen plausibel vor, daß im Ersten Weltkrieg zwölfhundert Schuß Munition für jeden getöteten Soldaten aufgewendet worden seien; im Zweiten Weltkrieg seien es doppelt so viele gewesen, und im Vietnam-Krieg endlich hätte sich die Zahl der pro einen Toten abgegebenen Schüsse nochmals um das Fünfzig- bis Sechzigfache erhöht. – „Eine jede Kugel, die trifft ja nicht." Eine Wahrheit mit Steigerungsraten, aber eine belanglose, weil ein infanteristischer Krieg unter großen Mächten nur noch in Denkspielen vorkommt. 425

Wehmütige Erinnerung an einen deutschen Fernsehkorrespondenten. Peter von Zahn hat es jahrelang geschafft, die Deutschen über Vorgänge in Amerika zu unterrichten, ohne sein Deutsch zu vergessen. Heute kommen jüngere Herren nach Washington und New York und wissen schon nach vierzehn Tagen nicht mehr, daß es auf deutsch Mittelamerika heißt und nicht Zentralamerika, daß wir richtig von Regierung reden und nicht von Administration, daß die Westbank des Jordan sein Westufer ist et cetera. Linguistic submissiveness ist den Deutschen nach dem Krieg oft bescheinigt worden; bei den Reportern der jüngeren Generation ist weniger ein Hang zur sprachlichen Kapitulation am Werk als Unbildung, Wichtigtuerei und schlichte Faulheit. 426

427 Wer am Werktagvormittag an den adretten Häusern in der Straße oberhalb Bonns entlanggeht, hört hinter jeder zweiten Haustür eine Schreibmaschine klappern. Ein Botschafter ist's, ein Staatssekretär außer Diensten, der seine Memoiren schreibt. Manchmal täuschende Stille, der Hausherr hat mehr und Wichtigeres mitzuteilen, er sitzt an der summenden Textverarbeitungsmaschine. Daß Bonn immer mehr Hauptstadt wird, kann man leicht daran merken, daß die handelnden Personen sich nicht mehr wie in den ersten Jahren zerstreuen, sondern als Monumenta Germaniae Historica beisammenbleiben. Vordem baute sich der famose Missionschef, der die Bundesrepublik vornehmlich bei Bier und Würsten repräsentiert hatte, aus den ersparten Spesen im Tessin, in der Provence, an den oberbayerischen Seen an. Auch München war bei den Pensionären wegen des Freizeitwerts und der dort vermuteten Gesellschaft beliebt. Heute ruht die hauptstädtische Gesellschaft, unsichtbar, bescheidener, den weißen Smoking verschmähend, auf dem Fundament von hundertdreißig Staatsfeiertagen und einem politisch gebildeten Personal, das den Ruhestand nicht in Ruhe verdämmern will. – Die Parlamentarier, die nur selten einen Wohnsitz in Bonn begründen, gehen wieder zurück in die Provinz, der sie entstiegen, wo sie Dialekt reden können und ihnen noch eine öffentliche Aufmerksamkeit zuteil wird, auf die ehemalige Minister und hohe Ministeriale gern verzichten.

428 In jedem Gerichtshof muß dreierlei vorhanden sein: ein Ankläger, ein Verteidiger, der Richter. Die Teilung der Rollen ist um so notwendiger, je größer die Ohnmacht des Angeklagten und die Strafgewalt des Richters ist. Im Jüngsten Gericht kommt die schreckliche Allwissenheit der göttlichen Majestät hinzu; um so herrlicher, daß sie sich in drei Personen offenbart. Die Schrift ist sparsam mit Auskünften über Zusammensetzung und Verfahrensweise des Höchsten Gerichts, aber ein Mensch mag sich denken, daß die eine der göttlichen Personen das Gesetz will, eine andere die Erlösung und die dritte (und alle) nichts will als Wahrheit und

Recht. – Die Dreifaltigkeit, den Muslimen und der Menschenlogik abscheulich, aber eine Freude denen, die nach Gerechtigkeit dürsten.

429 „Und er wird richten unter den Heiden / und strafen viele Völker / Da werden sie ihre Schwerter zu Pflugscharen / und ihre Spieße zu Sicheln machen." Jes. 2,4. „Macht aus euren Pflugscharen Schwerter / und aus euren Sicheln Spieße. Der Schwache spreche / ich bin stark." Joel 3,15. Wann hat das Volk Gottes je aus Schwertern Pflugscharen gemacht? Die Israelis können auch heute nicht mit der Bibel so umgehen wie die Christen im Lutherjahr.

430 „Chlorophyllfaschisten": die neue Vokabel für die ökologische Bewegung, eine linke Erfindung, ist ohne politischen Witz – für die Grünen gibt es keinen Weg nach rechts und keine Chance, Arbeiterschaft oder Kleinbürgertum hinter sich zu bringen. Sie können Massen nur simulieren; deshalb die Demonstration auf permanenter Tournee, das Potemkinsche Dorf auf Rädern.

431 Guter Rat eines erprobten Mannes, seit zweiundzwanzig Jahren im Metier: frisch drauflosschreiben, jeden Korrekturwunsch zurückstellen bis zur Reinschrift. Da sieht dann der Text so geschlossen und gerundet aus, daß der Autor vor stilistischer Politur zurückschreckt. Noch besser – gleich in Satz geben, der Entwurf verwandelt sich auf wundersame Weise in die definitive Fassung. – Goethe hat nur sparsam mundiert, der Skrupulant Flaubert hat nicht besser geschrieben.

26. AUGUST 1983

432 „Das Kostüm von Brigitte Bardot in ‚Babette goes to war' ist für die Kulturgeschichte so wichtig wie die französische Malerei des siebzehnten Jahrhunderts": so Jack Lang, der französische Kulturminister.

433 Daß die mohammedanische Religion nicht die wahre sein kann, geht für die rechten Christen schon daraus hervor, daß sie dem Gläubigen im Himmel die Genüsse verheißt, die auf Erden nicht verschmäht zu haben nach dem Katechismus stracks in die Hölle führt.

434 Ein Autofahrer verletzt jemandes Vorfahrtsrecht aus Mutwillen oder Unachtsamkeit, vielleicht auch, weil der andere zu schwerfällig und langsam sein Recht wahrnimmt. Dieser reagiert, obwohl er am Vorgang nichts mehr ändern kann, mit einem Schlag auf die Hupe. Eine Geste des Protestes, des verletzten Rechtsgefühls, der Pedanterie, der Ohnmacht. – Ähnliche Gesten sind Personen nicht unvertraut, die sich öffentlich äußern und dabei eine vermeinte Vorfahrt im Verkehr der Gedanken und Gesinnung verletzen: dann kommen die hupenden Briefe, oft mit einer Verteilerliste am Ende – „Durchschrift" oder „Doppel" an den Herrn Bundespräsidenten, Bundeskanzler und so weiter. Die Schlaueren schicken Kopien an Spiegel und Stern, die ganz Pfiffigen an den Intendanten oder Herausgeber. Das Hupen verhallt in der Ablage.

435 Zur Geschichte der Friedensbewegung, die noch nicht geschrieben ist und für die sie sich selber nicht zu interessieren scheint, gehört auch die große Friedensdemonstration, die im Frühjahr 1944 in Paris veranstaltet wurde. Sie richtete sich gegen die Amerikaner, den Krieg und das Unheil, das deren geplante Invasion für Frankreich bedeuten würde; lieber Frieden als Freiheit. In seiner Schrift „Was ist ein Kollaborateur?" schrieb Jean Paul Sartre, daß „der französische Pazifismus der Kollaboration so viel Nachwuchs geliefert hat, ... weil die Pazifisten, unfähig den Krieg zu verhindern, plötzlich beschlossen hatten, im deutschen Heer die Kraft zu sehen, die den Frieden verwirklichen würde ... Sie sahen, daß der Nazisieg der Welt einen deutschen Frieden brächte, welcher der Pax Romana vergleichbar war."

Die Deutschen machen Fernsehen als Imitation der Wirklichkeit, die anderen erzählen Märchen. Die Wirklichkeit will aber niemand einschalten. 436

Als Code-Wort für den ersten Test der Atombombe hat J. R. Oppenheimer den Begriff Trinity, Dreifaltigkeit, ausgesucht, in der Erinnerung an das vierzehnte der Heiligen Sonette von John Donne. General Schmückle erzählt in seinen Erinnerungen, daß der Präsident Eisenhower, als endlich eine Übereinkunft der Nato über nukleare Strategie erreicht worden war, in der Sitzung sich erhoben und ein Dankgebet an den Allmächtigen gerichtet habe. – Stanley Kubriks Film „Wie ich die Bombe lieben lernte" ist weder blasphemisch noch satirisch gewesen. 437

Ausspruch des populären Unterhalters Heinz Schenk vor seinem Publikum auf der Hannover-Messe: „Ich hätte es gar nicht mehr nötig zu arbeiten, ich tue es nur noch des Geldes wegen." 438

Der „Kadavergehorsam", den Ignatius von Loyola seinen Ordensgenossen zur Pflicht machte, bezeichnet nicht den Gehorsam, der von Kadavern geübt wird, sondern jenen, der zu Kadavern macht. – Es kommt nicht selten vor, daß eine unsinnige Wendung entgegen der Urheberschaft Sinn gewinnt. 439

Im Oxford Book of Death, einer Sammlung leicht- und tiefsinniger thanatologischer Texte, gibt es auch ein Kapitel über die letzten Worte, mit denen, allerlei Überlieferungen zufolge, sich bedeutende Menschen bedeutungsvoll verabschiedeten. Rabelais, sich im schwarzweißen Kapuzenmantel verhüllend: Beati, qui in domino moriuntur. 440

441 Jede Hose hat einen Bund – die Bundhose hat drei. Die Familienpackung ist für die Familie, aber die Riesenpackung nicht für Riesen. Die Leibeserziehung ertüchtigt den Körper, aber die Kunsterziehung nicht die Kunst. Der Scheibenwischer wischt die Scheiben, der Gabelstapler stapelt keine Gabeln.

442 Ein alter Freund macht sich Hoffnung auf Avancement, doch wird er übergangen. „Das ist schlimm genug. Nun will ich mich wenigstens nicht darüber ärgern."

9. September 1983

443 Jacob Burckhardts Katalog der Kriterien historischer Größe müßte ergänzt werden durch den Hinweis auf die schriftstellerische Begabung. Sehr viele der Größen in der politischen Geschichte waren Leute auch von literarischem Talent, von Cäsar über die beiden Friedrich, Napoleon bis Bismarck; in diesem Jahrhundert vornehmlich de Gaulle. Es gilt nicht generell, für Alexander beispielsweise nicht, nicht für Peter den Großen und einige andere bedeutende Täter. Aber als Regel ist die Beziehung wahrnehmbar; Politik wird mit Worten gemacht und überliefert – den Anspruch auf Größe prägt der Staatsmann der Nachwelt am besten selber ein. Leute, die so formulieren wie Hitler, bleiben schon deswegen weit vor den Toren des Pantheon.

444 Vorzug des Fegefeuers: die letzte Möglichkeit, alle seine Bekannten zu treffen.

445 „Als hinaus, als hinaus nach des Herrn Korbes seinem Haus", wollten das Hühnchen und das Hähnchen und nahmen die Katze, den Mühlstein, das Ei, die Ente und die beiden Nadeln mit, besetzten das Haus des abwesenden Herrn Korbes und quälten ihn, als er zurückgekommen war, jedes nach seiner Art. Als er

weglaufen wollte, schlug ihn der Mühlstein tot. Der lakonische Schluß bei den Brüdern Grimm: „Der Herr Korbes muß ein recht böser Mann gewesen sein.“ So stellt sich die sittliche Weltordnung wieder her. – Das moderne Moralbewußtsein hat sich neuerdings auf den Begriff gebracht – „Schuldzuweisung“. Wie jenseits der geoffenbarten oder von letzten Prinzipien deduzierten Ethiken über Moralisches räsoniert werden kann, hat Sissela Bok in ihren Büchern über Lying und Secrets gezeigt; dem Herrn Korbes hilft es aber nicht.

446

Der böse Feind Sargon. Auf Betreiben der Kinder einen Billig-Computer gekauft, der auf ihr Geheiß Reaktionstests veranstaltet oder die Umsatzsteuer berechnet; für Scrabble leistet er unschätzbare Hilfsdienste. Zur eigenen Erbauung ein Modul zum Schachspielen dazu erworben, das den historischen, aber dämonisch-futuristisch klingenden Namen Sargon II trägt – mit Recht. Zuerst amüsant, dann eher grauslich, gegen eine Maschine zu spielen. Sie regt Affekte auf, die beim Kampf gegen einen Freund nicht aufkommen, und die Empfindung kindischster Genugtuung, ja des Triumphes, wenn ein Matt gelingt: noch ist der Mensch die Krone der Schöpfung, nos sumus domini stellarum! Sargon kämpft in sieben Schwierigkeitsstufen, bei Null nur den nächsten Zug bedenkend und leicht zu schlagen, nur nutzt er jeden Flüchtigkeitsfehler, bloßes Vertippen, erbarmungslos aus. Auf Stufe eins überlegt er drei Züge im voraus und zeigt im Bewußtsein seiner Überlegenheit alle in Betracht kommenden Züge an. Ab Stufe drei nimmt er sich freilich für einen Zug zwischen zwei und sechs Minuten Zeit und bringt schon damit jeden normalen Menschen, ungeduldigen Amateur zur Verzweiflung. Auf dem Gipfel seiner Tüchtigkeit, Stufe sechs, braucht er für einen Zug vier Stunden oder einen halben Tag; eine menschenverachtende Leugnung des Zeitmangels. Sargon III wird noch schlagkräftiger, sein maschineller Unterbau viel schneller sein, dann hat er nicht den Menschen, wohl aber das Schachspiel erledigt. – Erstaunlich, daß noch kein Mensch die eigenen Gedanken als „Software“ bezeichnet.

447 Schillers Zeilen „Die schönsten Bande sind's, die zartesten, die das Geheimnis stiftet" können ergänzt werden: Die schönsten Bande sind's, die zartesten, die das Geheimnis lüftet.

448 „Gewaltfreier Widerstand" macht Sinn, wenn man der eigenen Sache nicht sicher oder aber des Gegners sicher ist, nämlich des schlechten Gewissens und der schlechten Nerven der Machthaber.

449 Wie ein Mensch, der denkt, nicht aussieht, hat Rodin unübertrefflich dargestellt.

450 Das uneleganteste Wort im Deutschen: „Brustwarze".

451 Mühselige Arbeit an einem Versuch über Adenauer, den ich rechtzeitig zu liefern vergessen hatte. Lebhafte Erinnerung an die vielen Versuche des alten Kanzlers, Nachfolger zu blockieren. Kein starker Kopf kann den richtigen Erben finden, man soll ihn bei der Auswahl nicht einmal anhören.

23. September 1983

452 John le Carré, der nicht davon abläßt, alles Wichtige über Deutschland und die Deutschen der Welt zu vermitteln, bezeichnet unsere Trinksitten (in „The Little Drummergirl") lakonisch: look-sip-look.

453 Treffen mit einem Hamburger CDU-Politiker. Auf seinem Antlitz jener Seelenfriede, den die auskömmliche Ausweglosigkeit verleiht. Man weiß, daß die Anstrengung, zu der man ohnedies nicht fähig ist, auch ohne allen Erfolg bleiben würde.

Reif werden und rein bleiben, heißt die Devise deutscher Braukunst. Mit dem Kampf um das deutsche Bier und das alte bayerische Reinheitsgebot wird der Kern unserer nationalen Substanz getroffen. Hier fechten wir, hier stehen wir, hier können wir nicht anders. Mit einer Unerschütterlichkeit, die uns auch sonst gut anstünde. Aus dem Streit weist vielleicht die Erinnerung an den Versailler Vertrag einen Ausweg, der uns das Wort „Champagner“ für Sekt und „Cognac“ für Weinbrand verboten hat. Wir sollten das Wort Bier mit Rechtskraft ausstatten, als Bezeichnung jener Erfrischung, die nach ehrwürdigem Rezept nur aus Gerste, Hopfen und Wasser gewonnen wird. Alles andere soll auch bei uns verkauft und getrunken werden dürfen, aber sollte, meinetwegen, „Alkoholbrause“ heißen. Zwar haben die Panscher in der Europäischen Gemeinschaft und in der Welt die Mehrheit, doch wollen die Deutschen wenigstens beim Bier Minderheitenschutz und Selbstbestimmung. 454

Noch jeder Menschenverderber hat sich auf einen großen Propheten oder Philosophen als Auftraggeber gestützt. Nur im Namen Kants ist nie eine Untat möglich gewesen. 455

Die Investitionshilfe-Abgabe, von der SPD ersonnen, von der CDU übernommen, ist das erste große staatliche Zwangsprogramm zur Vermögensbildung in Arbeitgeberhand. 456

Frauen-Aktionstag 83: Lohnverzicht gefährdet Arbeitsplätze! Trotz hoher Gewinne keine Arbeitsplätze! Alkohol- und nikotinfrei leben! Vorsicht Bildschirm! Aids kann alle treffen! Infarkt durch Berufsstreß! Schlagzeilen auf dem Schwarzen Brett eines gut verdienenden, gut zahlenden Unternehmens in einem der reichsten Länder der Welt. 457

458 Früher war es Journalistensitte, sommers nach den Reiseplänen der Politiker zu fragen. Davon ist diesmal wenig ruchbar geworden. Bei Genscher mag Taktgefühl mitgespielt haben, seine Reiselust trägt schon leicht pathologische Züge. Auch könnte die Liste den Leser ermüden und langweilen. Bei den anderen wäre die Nachfrage überflüssig gewesen – sie reisen alle, privat versteht sich, in die DDR und landen auf Honeckers Sofa. Warum der Vorsitzende noch nach Bonn kommen sollte, ist in der Tat unerfindlich.

459 Bei einer Abendgesellschaft kommt unter gut eingeführten Leuten die Frage auf, welchen oder wie viele der deutschen Politiker jemand privat, an der eigenen Tafel sehen möchte, mit wem man „verkehren“ wolle. Auf mehr als vier Namen ist keiner gekommen.

460 Ist schon einmal bemerkt worden, daß die heute tonangebenden Leute, nach denen das ganze Orchester stimmt, keine Ehre mehr haben, keine Ehre mehr haben wollen? Geld wohl, wenn's geht in Mengen, auch Macht oder was sie dafür halten; dem Verdacht, sie handelten aus edlen Motiven, seien vom Sittengesetz, von Freiheitsliebe oder Patriotismus beflügelt, setzen sie sich nicht aus.

461 „Eine Verletzung der guten Sitten geschieht dann, wenn zum Beispiel einer den anderen mit Jauche begossen oder mit Kot verunreinigt und Röhren, Seen oder dergleichen zu öffentlichem Schaden besudelt hat. Gegen solche Verbrecher pflegt eine schwere Strafe verhängt zu werden... Wer einer Frau oder einem Mädchen unzüchtige Anträge gemacht, ...der wird bei der Ausführung seiner Schandtat hingerichtet, sonst erfolgt Deportation auf eine Insel (deportatio in insulam).“ Die Grünen achten die Gesetze, wenigstens die der Digesten (47, 11, 1).

Harold Lloyd arbeitete sich durch 32 Grade der Freimaurerei empor und wurde gegen Ende seines Lebens zum Kaiserlichen Potentaten des Ehrwürdigen Arabischen Ordens der Edlen vom Mystischen Schrein gewählt. Ein schöner Titel für einen großen Komiker. 462

Fünf Tage nach Amerika. Am Vorabend des Abflugs, Samstag, stelle ich fest, daß das Visum vor wenigen Tagen abgelaufen war. Ich rufe beim Beamten vom Dienst in der Botschaft an und erfahre, daß die amerikanischen Konsulate auch am Wochenende für Notfälle ansprechbar sind. Ein junger Beamter findet sich, am Sonntag um neun Uhr den frischen Stempel in den Paß zu drükken. Der Flug mit der besten Fluggesellschaft der Welt, nämlich der unsern, geht gleichfalls erfreulich vonstatten. Nicht so die Einreise. Der Versuch, von Toronto auf dem Landweg in die USA einzudringen, stößt auf Hemmnisse. Auf dem schlecht beleuchteten Zollgelände in Detroit wird der Reisende in ein abseitiges Häuschen geführt, höflich-umständlich befragt und findet dann seine Koffer draußen schon geöffnet und besichtigt vor. Der Hinweis, so werde nicht einmal in der Sowjetunion verfahren, wird nicht freundlich aufgenommen und mit erneuerter Gründlichkeit beantwortet. Ein Medizinsäcklein, das dem Hypochonder unentbehrlich ist, muß geöffnet, der Inhalt erläutert werden, es wird die Vorlage der ärztlichen Verschreibungen verlangt. Ich führe sie nicht mit, sondern gebe, müde und gereizt, Belehrendes von mir, man sei auf dergleichen, da aus freiem Lande kommend, nicht eingerichtet. Endlich läßt mich die energische Dame ziehen, das allenfalls Zollpflichtige, wie der doch immer verdächtig aussehende Eierlikör, bleibt unbemerkt. Alsdann wieder die schönsten Erfahrungen. Der Umschlag, in dem die Hotelwäscherei das Bargeld zurückgibt, das in der Hemdentasche geblieben war; vier Stoppschilder an der Kreuzung, theoretisch sinnlos, 463 praktisch sinnvoll, die Vorfahrt stellt sich einvernehmlich her; das Abendessen in der chinesischen Garküche, vorzügliche Kutteln auf Wan Tan, für zwei Personen 5,80 Dollar; das Napatal mit den schönen Probierstuben, wo sich Touristen rührend um Weinkunde bemühen.

464 Im Management gilt Rollentausch oft als gute Lösung bei Schwierigkeiten; es verdiente weitere Anwendung. Wie wäre es, wenn Jupp Derwall Kultursenator in Hamburg und Helga Schuchardt Bundestrainer würde? Die beiden könnten in der neuen Rolle noch besser sein als in der jetzigen.

465 Im Jahr 1625 trat Jacob Schickfuß zum katholischen Glauben über und wurde Rat des Kaisers Ferdinand. Zuvor hatte er eine schlesische Chronik protestantischer Tendenz verfaßt, die er nun einfach korrigierte: „die Bernhardiner, die sich Observantes nennen, diesen hat man zu Breslau Klöster erbaut, darinnen sie faulenzten" – Neufassung: „darinnen sie Gott loben". Eine Trouvaille aus dem Katalog der Herbstauktion von Venator in Köln, in dem einer auch ein Plakat mit Autograph von Joseph Beuys anbietet, um ihm eins auszuwischen; Schätzpreis DM 10,–.[9]

466 Der Jet-set der etablierten Gesellschaft ist peinlich genug, aber der Jet-set der Friedensbewegung spottet jeder Beschreibung, die die Medien dennoch leisten. – Hübsch dagegen der Einfall mancher Bundestagsabgeordneter, sich an einem ernstgemeinten und nicht zu verachtenden „Friedensfasten" stundenweise zu beteiligen.

467 Die Königskinder oder Hero und Leander in der Neuzeit. Unter jungen Leuten in den USA ist die Abkürzung „g. u." gebräuchlich, wenn von potentiellen Freunden oder Freundinnen die Rede

geht – „geographically undesirable“ ist jemand, der mehr als dreißig Autominuten entfernt wohnt oder auch sonst nur unbequem zu erreichen ist.

Den wichtigsten politischen Vers des Jahrhunderts hat Yeats geschrieben: „Things fall apart; the centre cannot hold; / ... anarchy is loosed upon the world ... / The best lack all conviction, while the worst / Are full of passionate intensity.“ 468

Ein Bekannter ist „Leiter der Koordination für ...“ geworden. Ein unerfreuliches Amt. Er hat nichts Rechtes zu tun, sondern sucht sich seine Arbeit, indem er sie für andere findet. 469

21. Oktober 1983

Wenn Luther das Luthertum im Lutherjahr hätte erleben können, hätte er's wohl bleiben lassen. 470

Warum ist ausgerechnet Herr Meier zum Parteiführer gewählt worden? Weil die Partei bei den nächsten Wahlen für sich keine Chancen sieht und beizeit einen Verlierer aufbauen will. 471

Nie pfeifen die Ratten schriller, als wenn das Schiff nicht untergeht, das sie gerade verlassen haben. So der Graf Lambsdorff im Hessischen Landtagswahlkampf. 472

In Bensberg steht ein Goethe-Haus. Genaugenommen ist es ein Gasthof, unweit vom Schloß, der an Stelle des Hauses errichtet wurde, in dem Goethe auf seiner Reise in die Rheingegenden einst 473 geweilt hatte. Goethe-Devotionalien sind nicht vorhanden, doch wird dem Besucher, zur Feier des 28. August eingefallen, ein Goethe-Cocktail angeboten, den Damen der gleiche, etwas süßer, auf den Namen der Frau von Stein. Das Essen möchte der Exzellenz behagt haben, eine Art nouvelle cuisine zwar, aber dafür in altmodischen Mengen.

474 Die Bundesrepublik fängt an, ein korruptes Land zu werden. In deutschen Fernsehdramuletten ist die Polizei, anders als in den amerikanischen Serien, zwar selten gescheit, aber immer untadelig. In den Zeitungen liest man jetzt aber häufig Meldungen über kriminelle Polizisten, als Bankräuber, Diebe, Hehler. Die Parteien erreichen mehr Publizität durch ihre Spendenaffären als mit vernünftigem Tun. Es gibt schon auffällig viele Gaststätten, auch Taxifahrer, die dem Gast eine überhöhte Quittung anbieten oder den Betrag zum Selbereinsetzen einfach freilassen. Junge Anwälte halten sich vor Strafanstalten auf, um Klienten zu keilen. In der Justiz muß bei der Besetzung von Richterstellen auf Parteibuch und Gewerkschaftsvotum geachtet werden. Daß in den Rundfunkanstalten Artikel 3 GG so viel gilt wie die Gesetzesvorschrift bei der Vergabe kommunaler Aufträge, wundert fast niemanden mehr. Man darf nicht verallgemeinern, gewiß. Es wäre fürchterlich, wenn man's tun müßte.

475 Wovon die Bundesrepublik zuwenig hat, davon haben die USA vielleicht doch zuviel; die reine Marktwirtschaft ist nicht in allen Bereichen segensreich. Die Einführung des unbeschränkten Wettbewerbs im inneramerikanischen Luftverkehr, die der Präsident Jimmy Carter verordnet hatte, hat einige höchst unangenehme Folgen gehabt. Da der Wettbewerb vornehmlich über den Preis geführt worden ist, gab es eine unübersehbare Menge von Sonderangeboten, Ringeltäubchen, wie die Rheinländer sagen, darunter Flüge zu in Europa unvorstellbar niedrigen Preisen. Aber nicht

wenige der kleineren Fluggesellschaften, die für ihre Region Nützliches bewirken, haben die Schalter schließen müssen und einige große auch. Weitere Zusammenbrüche kündigen sich an. Fast alle bieten unterwegs einen Service an, den auch der abgebrühteste Passagier abscheulich findet. Die Flugzeiten werden in den Fahrplänen mit großem Spielraum ausgewiesen, damit die Maschine am Boden bleiben kann, bis noch der letzte verspätete Reisewillige eingetroffen ist; die Gepäckabfertigung schleppend, beim Abflug wie bei der Ankunft. Pünktlichkeit kommt als Kategorie gar nicht vor. Die Amerikaner, bei Dienstleistungen ohnedies geduldig und an gemächliches Tempo gewöhnt, ertragen es ohne Gemütsbewegung: in der Konsumwelt ist die Stoa noch lebendig.

Jules Renard erzählt in seinem Tagebuch von einem Gespräch seiner Freunde Bernstein und Forain. Bernstein: Euer Jesus ist doch selber Jude gewesen! Nur aus Demut, entgegnet Forain. Ein solcher Wortwechsel wäre zu seiner Zeit in Wien oder Berlin schon schlecht vorstellbar gewesen. 476

Eine Regierung, vor der niemand Angst hat. Ihre Gegner hängen ihr eine Wende an, von der ihre Anhänger nichts merken. Sie sitzt im Regimente und fühlt sich tefflich wohl. Feinde kann sie ja nicht haben, weil sie das „Freund-Feind-Denken“ ablehnt; daß sie dann aber auch keine Freunde halten kann, geht ihr nicht auf. – Seid untertan der Obrigkeit, die keine Gewalt über euch hat! 477

4. NOVEMBER 1983

„Vollendete Tatsachen“. Warum will man nicht vor sie gestellt werden? Sie sind doch selten genug und erfreulich obendrein. 478

479 Der Einladung zur festlichen Begehung des 70. Geburtstags von Berthold Beitz in der Villa Hügel war ein kleiner Zettel beigefügt, auf dem mitgeteilt wurde, daß keine Ansprachen vorgesehen seien. Es wird wohl diese Ankündigung gewesen sein, die die Feier so attraktiv machte, dazu beitrug, daß sich so viele Freunde und Weggenossen des Industriellen eingefunden hatten.

480 Wer zweimal Tutenchamun gelesen hat – wem dann das Wort Putengulasch vor Augen kommt, hält es auch für ägyptisch.

481 Es gibt ein politisches Frühwarnsystem, von dem die Öffentlichkeit, wie überhaupt von verläßlichen Prognosen, nichts erfährt. Es sind die Zu- und Abflüsse von Auslandsgeldern auf den Schweizer Banken, aus denen die Bankiers schließen können, wo sich eine Krise aufbaut und wo ihre Gefährlichkeit abnimmt. Schon mehrere Monate vor dem israelischen Einmarsch in den Libanon haben die reichen Libanesen, die gerade begonnen hatten, sich zu Hause wieder einzurichten, und von der Wiederaufrichtung des Finanzplatzes Beirut träumten, ihr Geld wieder in Europa in Sicherheit gebracht, offensichtlich auch den politischen Fehlschlag der Militäraktion befürchtend. Ähnliches ist von den südamerikanischen Ländern zu hören, aus denen die Kundigen schon alles Liquide abtransportiert hatten, als die internationalen Banken noch Kreditwürdigkeit vermuteten und längst, ehe die erste Nachricht von dem multiplen Debakel das Publikum erschreckte.

482 Merkwürdigerweise gibt es den modernen Krieg gar nicht. Seit dem Ersten Weltkrieg haben große Autoren beschrieben, wie es mit Soldatentum, Heroismus und Abenteuer unausweichlich, unabänderlich zu Ende gehe. In einer Kruste von Nostalgie halten sich diese Erkenntnisse seit mehr als einem halben Jahrhundert. In dem halben Jahrhundert ist ein Krieg auf den anderen gefolgt, und

der Krieg ist für die Teilnehmer so altmodisch geblieben wie der Erste Weltkrieg am Anfang gewesen war; Verdun ist Ausnahme geblieben, kein Vorbild geworden. Im Korea-Krieg, dem Vietnam-Krieg, in den Kriegen ums Überleben Israels, war im Felde noch immer der Mann etwas wert und wurde sein Wert noch gewogen. Mit der Guerilla gar ist man zu früheren Formen der Kriegsführung zurückgekehrt, zu den Kämpfen am Rande des Dreißigjährigen Krieges, der Bandenkriege des Mittelalters und der italienischen Renaissance. Wer einwendet – aber Hiroshima und Nagasaki! – übersieht, daß die Atomschläge mit Krieg und Soldaten nicht viel mehr zu tun hatten als Hitlers Ausrottung von Juden: Massenverbrechen, von Zivilisten ausgedacht und befohlen.

Er fuhr mit abgeblendetem Verstand durchs Leben. Es reichte für seine mittlere Geschwindigkeit, und er störte niemanden, der ihm entgegenkam. 483

Maria und Martha. Nicht nur beim Erlöser, bei jedem Mann hat die bemühte Hausfrau keine Chance, wenn eine Bewunderin auftritt. 484

Völker, die ihre Zeit damit vertaten, die Welt zu erobern, haben nie kochen gelernt: die Holländer, Engländer, Spanier. Die Franzosen hatten genug Verstand, daß sie dann, wenn sie vor die Wahl gestellt waren, ein Weltreich gut zu verwalten oder weiterhin gut zu leben, lieber das Weltreich vernachlässigten. 485

Zu den Weltstädten gehört ihre Selbstverliebtheit. In Paris kann man nichts Besseres über Menschen oder Sachen sagen, als daß sie sehr pariserisch seien. Analog London und New York, wenn auch 486 die Wörter fehlen. Bei deutschen „Weltstädten", die es sein wollen, kommt der Anspruch zu angestrengt daher. Nicht nur zugereiste Münchner oder Hamburger stehen unter Beteuerungsdruck: und „Weltstadt mit Herz" ist keine geringere Eselei als das gern gelüftete Inkognito der feineren Hamburger, sie seien irgendwie britisch vornehm; was Hamburg in Wahrheit angenehm macht, ist die Ansammlung solider norddeutscher Eigenschaften, auf der Linie Stockholm – Amsterdam.

487 Unentbehrlich für den Karriere-Mann: sich den richtigen Vorgänger suchen.

18. NOVEMBER 1983

488 In der größten französischen Buchhandlung, der FNAC im Forum des Halles, ist auch die französische Ausgabe von Goethes Farbenlehre zu haben. Sie steht in der Abteilung Esotérisme et Occultisme.

489 „Jeder, der mich kennt, weiß, daß ..." – wer so redet, ist ins Lager der Oberhonoratioren übergetreten, ist sich selbst bedeutend geworden, ist schon abgemeldet.

490 Der alte Buñuel, der noch Filmregisseur war, es nicht zum Filmemacher gebracht hat, hatte sich angewöhnt, Leute auf der Straße anzuhalten, auf einen hinfälligen Greis aufmerksam zu machen: „Seh'n Sie mal, da drüben geht Buñuel, voriges Jahr noch ganz gut auf den Beinen, was für ein Zusammenbruch!" Er selbst war seit seinen Vierzigern taub, pflegte seine Introversion und einen Humor, den man für unspanisch halten würde, wenn es nicht auch Dalí gäbe. Als die Rede aufkam, er solle für den „Diskreten Charme der Bourgeoisie" den Oscar bekommen, bestätigte er es

gegenüber mexikanischen Journalisten, denn er habe schon die 25000 Dollar gezahlt, die dafür verlangt würden. Man kann von den Amerikanern sagen, was man will, fügte er ernsthaft hinzu, aber Wort halten sie. Große Aufregung in der Presse, Skandal in Hollywood. Buñuel erklärt sich, es sei ein Scherz gewesen, alles beruhigt sich. Nach drei Wochen wird der Film tatsächlich mit dem Oscar ausgezeichnet. Kommentar von Buñuel: „Wie ich schon sagte: Die Amerikaner mögen ihre Schwächen haben, aber sie halten ihr Wort."

491

Einem amerikanischen Spaßvogel ist das Peter's Principle zu danken, demzufolge jemand solange befördert wird, Karriere macht, bis er die Stufe seiner Inkompetenz erreicht hat. Nach einem anderen Sozialforscher dieser Art ist Murphy's Law benannt, nach dem jeder Fehler, der gemacht werden kann, auch gemacht werden wird. Eine Komplettierung beider könnte ein politischer Lehrsatz sein, der nach seinem aktuellen und prominenten Opfer das „Weizsäcker-Syndrom" zu nennen wäre: Jemand soll eben deswegen nicht in das höchsterreichbare Amt berufen werden, für das er nach allgemeiner Auffassung ausnehmend qualifiziert ist, weil er den Fehler gemacht hat, sich auf geringerem Posten unentbehrlich zu machen. Wäre Richard von Weizsäcker in Berlin weniger erfolgreich und weniger angesehen, hätte er keine Mühe, allen Mitbewerbern vorgezogen zu werden.

492

Den Friedenskampf in der Bundesrepublik kennzeichnet moralische Asymmetrie. Die Gegner der westlichen Nachrüstung sind es, überwiegend moralisch motiviert, unbedingt; die Fürsprecher sind es nur bedingt. Das gute Gewissen hat bei den meisten Menschen ohnehin größere Schubkraft als das gute Argument. Doch vor allem wollen die, die Nachrüstung wollen, sie nur bedingungsweise, nämlich für den Fall sowjetischer Unnachgiebigkeit; das Nein der anderen ist an keine Bedingung geknüpft. Ein Streit zwischen solchen Gegnern kann nur so verlaufen, wie er verläuft. – Ist übrigens beobachtet worden, daß die Friedensbewegung in jenen Ländern am mächtigsten ist, die zwar Atomwaffen lagern sollen, doch selbst keine besitzen, wie bei uns, den Benelux-Ländern und Italien? Zwar hätten 65 Prozent der Amerikaner nach einer Meinungsumfrage, die das Wochenmagazin „Magazine Hebdo" veröffentlichte, nichts gegen eine Atomstreitmacht der Bundesrepublik innerhalb der Nato, doch wagt die Bundesrepublik selbst an dergleichen nicht zu denken, ihre Regierung kämpft unverdrossen für die Aufstellung des nuklearen Geräts, das uns schützen soll, auf dessen Verwendung wir aber keinen Einfluß haben.

493 Einen Abend lang sauren Wein getrunken; der Hausherr freilich beteuert, daß es sich um das reine Naturprodukt handle, das man unbedenklich und ohne die Befürchtung anschließenden Kopfschmerzes trinken könne. Wohl wahr! Es kann leicht rein bleiben, was immer schon schlecht gewesen ist.

494 Lichtenbergs Sudelhefte von 1779 bis 1788 sind durch die Schuld seiner Nachkommen verloren. Da hat einer sein Leben lang der Welt angehört, doch fällt er mit dem Tod ins Zivilrecht zurück, die Erben können seine Hinterlassenschaft bereinigen und vernichten; der Familienehre wegen, die sie ihm allein verdanken.

495 „Wenn wir gefragt worden wären, dann hätten wir abgeraten" – das ist die Bundesregierung zur amerikanischen Besetzung von Grenada. Das ist der Stammtisch auf Weltniveau.

Briefanfang: Es ist mühsam und vergeblich, Ihnen zu widersprechen, also gebe ich Ihnen recht. 496

Charles Dickens hat in Little Dorrit ein Regierungsamt beschrieben, das es in fast allen politischen Systemen gibt und in keiner Verfassung, in keiner Geschäftsordnung vorkommt. The Circumlocution Office hat die Aufgabe, dafür zu sorgen, daß etwas nicht getan wird, das nach Meinung der Naiven und insbesondere auf Grund von Wahlversprechen geschehen sollte. Für neue, frischgewählte Regierungen ist das Amt von besonderer Bedeutung, denn sie tragen noch eine Menge von Wählerversprechen im Gepäck und müssen plötzlich viel Energie, ja Intelligenz darauf verwenden, die Zusagen nicht zu halten, sich dabei aber nicht erwischen zu lassen. Das Circumlocution Office erledigt eben das, überdauert alle Regierungen, wird von allen benutzt und gegenüber der Öffentlichkeit verteidigt, wenn seine Existenz aus Versehen ruchbar wird. Soweit ersichtlich, ist die Bundesrepublik Deutschland der einzige Staat, der ohne das Amt für weitschweifige Ausreden auskommt. 497

In Gütersloh, der Metropole der Satzcomputer, eine für ganz sicher gehaltene Wette verloren. Das Wort „Entlastung“ hatte die Maschine, wie ich glaubte, falsch getrennt, nämlich Ent-la-stung. Da „Last“ das Grundwort ist und „Ent“ und „ung“ bloß Vor- und Nachsilbe sind, hätte doch wohl Ent-last-ung geteilt werden müssen. Aber die Nachfrage bei Konrad Duden ergab, daß der Computer sich nach dessen Weisung korrekt verhalten hatte. Immerhin ist Duden im Irrtum konsequent. Empfindsame Schreiber wollen gelegentlich ein beiläufiges Exempel als „z. B.“ abgekürzt einführen oder im Satz einen dramatischen Doppelpunkt verwenden, aber mit einer Minuskel fortfahren; doch stemmen sich Professor 498

Duden und seine Schüler dem entgegen: ich kann nicht einmal sicher sein, ob es an dieser Stelle klappt. – Das kommt davon, wenn eine Nation die Pflege ihrer Sprache nicht ihren großen Schriftstellern überläßt oder einer Akademie, die ihre edelsten Geister versammelt, sondern einem autoritären Pauker, der die Wörter einem Exerzierreglement unterwirft wie seine Gymnasiasten auf dem Schulhof.

499 Mit sicherem Takt haben die amerikanischen Freunde den Namen für die Rakete ausgesucht, die sie zu unserem Schutz aufstellen wollen. John Joseph Pershing hieß der Mann, der im Ersten Weltkrieg das amerikanische Expeditionscorps gegen die deutschen Truppen führte. Nicht immer geschickt, aber mit Bravour und der Meinung, die Masse wird's schon bringen; er hatte seiner Regierung eine amerikanische Streitmacht für Europa von zuerst einer Million Mann, dann aber drei Millionen vorgeschlagen; dabei hatten die europäischen Alliierten auf nicht mehr als finanzielle und logistische Unterstützung zu hoffen gewagt. „Black Jack", wie Pershing von seinen Leuten wegen seines imponierenden Auftretens und seiner Lust an der Disziplin gerufen wurde, hatte vordem seinen Ruf im spanisch-amerikanischen Krieg auf Kuba und auf den Philippinen begründet, dessen Humanität heute nicht mehr als vorbildlich gilt; auch dem mexikanischen Revolutionär Pancho Villa hatte er gezeigt, wer den größeren Hammer schwingt. Für Deutsche ist es noch nach mehr als einem halben Jahrhundert schwer verständlich, warum die USA überhaupt am Ersten Weltkrieg teilnehmen wollten. Warum sie die Rakete zum Schutz Deutschlands nach einem Kriegsgegner Deutschlands benennen, ist deshalb begreiflich, weil sie unser Gedächtnis so einschätzen wie das eigene.

500 Mitbringsel vom Bundespresseball. Aus berufenem Mund die Meinung: es ist das Unglück der Bundesrepublik, daß ihr glücklichster Bürger zugleich ihr Kanzler ist.

Ein Nationalrat einer führenden Schweizer Partei zu meinem neuhistorischen Freund: Der Aspekt der deutschen Friedensbewegung habe sie darin bestärkt, nun den deutschen Leopard zu kaufen. – „Man kann ja nie wissen.“ 501

Je öfter ich ehrende Trauerreden auf Verstorbene lese oder höre, desto stärker wird der Wunsch, am Leben zu bleiben. 502

16. Dezember 1983

Zwei Zeitfiguren. Der junge Mann, der nicht anfangen, der alte Mann, der nicht aufhören kann. Der eine hat nie gelernt zu arbeiten, der andere hat nichts anderes gelernt. Und keiner kann allein sein; die wuchernde Geselligkeit der Leute, die einander nichts zu sagen haben. 503

„Ata schafft jeden Schmutz“: gemeint ist aber nicht das Verursacherprinzip, Ata berühmt sich nicht der Verantwortung für jeden Dreck, sondern will im Spülstein bekanntgeben, daß es ihn beseitige. Wenn das der Doktor Konrad Henkel wüßte! Seine Agentur hätte nichts zu lachen. 504

Am Ende seiner Allgemeinen Geschichte schrieb der liberale badische Historiker Karl von Rotteck 1832: „Stufenweise wird der Verfall uns zum Lose der Chinesen führen, und die Russen werden, wie dort Mongolen oder Mandschu, unsere Überwinder sein. Aus der Welt wird darum freilich nicht die Freiheit weichen; aber Europa wird das heilige Feuer, welches es bisher bewahrte, nur noch von ferne, von jenseits des atlantischen Meeres herüber leuchten sehen.“ Dies ist eine der berühmten politischen Prophetien, die, zumal in Deutschland, raunend bedeutungsvoll weiter- 505 gegeben wurden, als ihr mögliches Eintreffen eine Plausibilität gewonnen hatte – Tocqueville hatte die endliche Auseinandersetzung zwischen Rußland und Amerika vorhergesagt, und Donoso Cortès die schlimmsten Befürchtungen der Konservativen vorweggenommen; noch einige andere wären zu nennen, deren Hellsicht von unseren Zeitkritikern auf das „geschärfte Krisenbewußtsein" zwischen der dreißiger und achtundvierziger Revolution zurückgeführt wird; merkwürdigerweise hatte Marx wohl das Krisenbewußtsein, doch die Hellsicht fehlte. Der Geschichtsphilosoph vermag eher eine Zukunft zu beschreiben, die sein soll, als eine solche, die sein kann. – Übrigens hat es keine Prophetie gegeben, die den letzten gescheiterten Versuch einer europazentrischen Weltpolitik vorhergesagt hätte und keine, die der dritten Welt eine welthistorische Rolle zuweist.

506 Bis Ende 1981 war das Einkommensteuerprivileg zugunsten der Entlohnung wissenschaftlicher, künstlerischer, schriftstellerischer Leistungen in Kraft. Nun rührt sich die Finanzbehörde, die die Autorenhonorare vordem ohne Anstand mit dem niedrigeren Steuersatz belegt hatte, um noch im nachhinein den längst abgeschlossenen Steuerfall vergangener Jahre wieder aufzurollen. Zwar hat sich am Tatbestand beim Steuerpflichtigen nichts geändert, wohl aber einiges in der Finanzpolitik und in der Einschätzung der Legitimität der abgeschafften Vergünstigung. Eine neue Rechtsfigur tritt hervor: die nachträglich antizipierte Gesetzesänderung.

507 Als der Intendant Willibald Hilf den Fernsehmoderator Franz Alt disziplinarisch an die Kandare nahm, brauste ein Sturm echter und geheuchelter Entrüstung durchs Land, doch sagte nur einer zum Vorfall eine schlichte Wahrheit. Es war Helmut Markwort, dessen Zeitschriften gewöhnlich unterhalb der Schwelle der Wahrnehmung verbleiben, der bemerkte, daß Alt einfach den Komment

der öffentlich-rechtlichen Anstalten verletzt hatte. Der redliche Alt, dessen publizistischer Einsatz für den Frieden zweifellos auf abgrundtiefen Überzeugungen beruht, reist auf einem CDU-Tikket, doch in eine Richtung, die ihn zu ihren Gegnern führt. Das geht gegen die Grundspielregel einer Einrichtung, die auf Proporz und Parität beruht: man wird für eine Rolle engagiert und hat sich ans Rollenbuch zu halten – ich erinnere mich aus der eigenen Rundfunktätigkeit an ein analoges Vorkommnis. Der katholische Rundfunkredakteur schien seines Amtes überdrüssig, fühlte sich getrieben, Mönch zu werden, aber bat sich zuvor noch einen Urlaub zum Überdenken, zur Einkehr, zur Gewissensprüfung aus. Danach überraschte er die Anstalt mit der Kunde, daß er statt dessen evangelisch geworden sei. Nun war guter Rat teuer. Die katholische Kirche fühlte sich durch ihn nicht mehr richtig vertreten, an Entlassung war so wenig zu denken wie eine kompensierende Konversion seines protestantischen Kirchenfunkkollegen zu erhoffen. Gottlob waren damals die Stellenpläne noch dehnbar, und eine Funktionsbeschreibung findet sich immer, wenn ein Stelleninhaber schon vorhanden ist. Merke: cuius regio, eius religio.

508

Auf dringlichen Zuruf eilt Daniel mit Papier und Bleistift herbei, mitfühlend wie für ein Kind, das nach seinem Spielzeug greint: Schlagen die Musen wieder auf dich ein?

509

Die Sprecher von politischen Bewegungen, Aktions- und Basisgruppen heben bei öffentlichen Auftritten gern hervor, daß sich auch „Christen“ bei ihnen engagiert hätten. Zwar zählen sich mehr als neunzig Prozent der Deutschen der christlichen Religion zu, doch hat man bei derlei Erklärungen die Empfindung, daß es sich bei Christen um eine überaus seltene Abart von Menschen handle.

510 Bonner Dialog. Die Bergpredigt ist höchste Poesie, sagt Heinrich Böll. Die Bergpredigt ist holpriges aramäisierendes Griechisch, antwortet der Religionswissenschaftler Ohlig.

511 Letzthin träumte mir, ich hätte einen Wadenkrampf und wurde davon wach, daß mich tatsächlich einer heimsuchte. Nun kann man sagen, ich hätte davon geträumt, weil ich den Wadenkrampf schon hatte, oder der echte Wadenkrampf habe sich durch den geträumten angekündigt. Aber zu denken ist auch, daß der wirkliche Wadenkrampf durch den geträumten hervorgerufen wurde.

512 Es wird von einer Ansammlung von Menschen „beiderlei Geschlechts" berichtet. Groß kann sie nicht gewesen sein.

513 Die amerikanische Presse befaßt sich mit den Wiederwahlchancen des Präsidenten Reagan und sonderlich mit der Frage, ob ihm das amerikanische Engagement im Libanon schaden könne. Der Schluß der Überlegungen lautet: eher nein, oder noch nicht, vorausgesetzt, daß er es weiterhin schaffe, diese Verstrickung im Nahen Osten als „foreign policy decision" erscheinen und nicht zur „political issue" werden zu lassen. Schönes Beispiel für die Unterschiede im Begriff des Politischen, in deutscher Übersetzung nicht wiederzugeben. Im Amerikanischen ist Politik auf die eigene Polis bezogen, politisch ist der Kampf um die Macht im eigenen Land. Die Außenpolitik ist von sich aus keine, sondern wird erst politisch als Gegenstand des innenpolitischen Kampfes.

514 Frühgeschichte des politischen Rassismus. Der Abbé Siéyès sah die große Revolution als Erhebung der jahrtausendelang unter-

drückten Rassen der Römer und Gallier gegen die Fremdherrschaft der Franken; derselbe Topos noch bei Guizot. Noch die heutigen Befreiungsbewegungen erhalten ihre Virulenz (und Plausibilität) aus der Möglichkeit rassistischer Unterscheidung, freilich geht es nach Hitler offiziell nie um Ersetzung einer Vorherrschaft durch eine andere oder gar um Ausrottung, sondern um die Herstellung der Gleichheit.

515

Wie man dem Konkurs entgeht: 1. Man gehöre einem Berufsstand an, der sich noch als solchen ernst nimmt und ein gemeinschaftliches Prestige und Ethos verteidigt, wie bei Bankiers, Ärzten oder Notaren. 2. Man verschulde sich sehr hoch und durch dreiste Fehlentscheidungen, lasse auch hinreichend Kollegen, Wirtschaftsprüfer, Aufsichtspersonen als Mitwisser verwickelt erscheinen, dann sind 3. die Aussichten gut, von dem Skandal zu profitieren, der nicht entstehen darf und zu dessen Verhinderung im allgemeinen Interesse viele ihr Scherflein beitragen.

516

Auf die Frage nach dem eindrucksvollsten Buch des Jahres 1983, die mir niemand gestellt hat, würde ich antworten: *Modern Times* von Paul Johnson. Es ist die Geschichte unseres Jahrhunderts von 1920 bis zur Gegenwart, erzählt von dem früheren Chefredakteur des New Statesman, des Wochenblattes der linken politischen Intelligenz in England. Johnson hatte zuvor schon eine höchst originelle Geschichte der Christenheit veröffentlicht; sein neues Buch schildert die politisch abscheuliche Epoche so unerschrokken, und auch seine Helden und Heiligen, ob Churchill oder Gandhi, ob Roosevelt, Nehru oder Tito, so unbefangen, daß es wohl kaum einen deutschen Verleger finden wird. So wenig wie *Le sanglot de l'homme blanc* (Der Schluchzer des weißen Mannes), das die Franzosen beschäftigt, die sich für das Verhältnis ihrer Intellektuellen zur dritten Welt interessieren.

517 Der Probabilismus ist längst vom Komfortabilismus abgelöst worden. Es gilt, was in den Kram paßt.

518 Jetzt zur Winterzeit bringt der Norddeutsche Rundfunk Verkehrsmeldungen mit vielen Warnungen im Telegrammstil: „Auf der Bundesstraße X, zwischen A und Z, stop and go." Die altmodischeren Anstalten sind bei ihrem leichtfüßigen Deutsch geblieben und reden von „zähfließendem Verkehr mit zeitweiligem Stillstand".

519 Welcher kranke Geist ist wohl auf den Gedanken gekommen, Tee zu parfümieren?

520 In der Encyclopedia Britannica gibt es natürlich auch das Stichwort „Nation". Man findet darunter Leben und Leistung von Carry Amelia Nation beschrieben, die ihr reiferes Leben um die Jahrhundertwende mit dem Kampf gegen Tabak, Alkohol, Korsetts, unanständige Bilder und unamerikanisches Essen zugebracht hat.

1984

13. Januar 1984

„Der Unterschied zwischen uns beiden – er schreibt über mich, ich aber nicht über ihn.“ 521

Ehrgeiz der Kommunen, ihren Namen mit dem Zusatz „Bad“ zu schmücken. Bei Marienberg im Westerwald und Camberg im Taunus vielleicht noch verständlich – aber Aachen? 522

Beim Berliner Maler Klaus Fußmann, der sehr gut, wenn auch nicht sehr gern porträtiert, fragt der Senat an, ob er den um die Reichshauptstadt verdienten langjährigen Chef der Aspen-Stiftung, Dr. Stone, ad aeternam memoriam auf der Leinwand festhalten wolle. Fußmann, vaterstädtisch gesinnt, ist nicht abgeneigt, verabredet sich mit dem Modell, dessen Person ihn angenehm, dessen Antlitz ihn malenswert dünkt, und sagt zu. Dann fragt der Senat nach dem Preis. Der Maler sagt, was ihm und den Freunden seiner Kunst seine Arbeit wert ist und stößt auf abweisende Verblüffung; die öffentliche Hand hatte an ein Honorar gedacht, wie es die guten Porträtphotographen verlangen; aus dem Auftrag wird nichts. – Für die bildenden Künstler hat das demokratische Zeitalter wenig gebracht. Die Kunstförderung kunstsinniger Fürsten ging ungeniert aufs Vortreffliche und setzte einen Stolz darein, Kunst und Künstler durch angemessene Belohnung an das eigene Haus zu binden. Dafür haben heute die schwachen Talente eine größere Chance, sich aus öffentlichen Mitteln ausbilden zu lassen und mit Hilfe staatlicher Kunstförderung 523 ein Leben zu fristen. In den Vereinigten Staaten, wo keine staatliche Kunstförderung stattfindet, wird es Privatleuten steuerlich leichtgemacht, sich mäzenatisch zu engagieren, und nicht wenige Unternehmer und Großkonzerne führen sich auf wie die Throne und Herrschaften im alten Europa, mit dem schönsten Erfolg.

524 Ein englischer Freund hat sich die Mühe gemacht, die Friedensdemonstrationen der zweiten Oktoberhälfte 1983 in den europäischen Ländern aufzulisten und aufzuschlüsseln. Im Verhältnis zur Bevölkerung hat Dänemark den Spitzenplatz inne (200000 Demonstranten, 5 Millionen Einwohner, 3,9 Prozent). Dann folgen die Niederlande mit 3,15 Prozent, Belgien mit 2 Prozent, die Bundesrepublik führt in absoluten Zahlen und liegt mit der relativen Zahl von 1 Prozent im Mittelfeld, danach Luxemburg (0,8 Prozent), Italien (0,27 Prozent), Großbritannien (0,18 Prozent) am Ende Frankreich mit ganzen 0,092 Prozent. Nur in Dänemark hätte die Friedensbewegung eine Fünf-Prozent-Klausel bei Wahlen überspringen können, bei uns hätte sie im Verhältnis zur Wahlbevölkerung nicht einmal 1,6 Prozent erreicht – wobei alle Zahlen nicht berücksichtigen, daß bei den vielen Demonstrationen Mehrfachteilnehmer auftreten (und Jugendliche, die noch nicht wählen dürfen). Angesichts dieser Zahlen ist es erstaunlich, daß sich große selbstbewußte Parteien der Linken von ihren vormaligen Positionen wegdrücken lassen, erstaunlicher noch, daß die amerikanischen Medien Europa vornehmlich unter dem Gesichtspunkt dekadenten Abdriftens in den Neutralismus und der politischen Unzuverlässigkeit darstellen; weniger erstaunlich wiederum, daß sie bei all dem die Deutschen an die Spitze stellen. Deutschenverdächtigung läuft immer gut. Außerdem sind wir das einzige Volk, das bei Prügeln keine Wirkung zeigt.

J. L. Borges bezeichnet scharfsinnig die Tatsache, daß im Koran, dem arabischsten aller Bücher, keine Kamele vorkommen, als Beleg für dessen Authentizität; Mohammed habe als Araber nicht wissen müssen, daß Kamele als arabische Spezialität gelten. Auf die im Koran fehlenden Kamele hatte Edward Gibbon in seiner Geschichte des Niedergangs des Römischen Reiches aufmerksam gemacht. Da möchte wohl manches Werk als authentisch angesehen werden, wenn der Leser danach gehen soll, was darin nicht vorkommt.[10] 525

Für ein Ereignis können mit völliger Gewißheit die nicht verantwortlich gemacht werden, die gleichzeitig oder nach seinem Eintritt geboren worden sind – aber gerade sie werden haftbar gemacht, machen sich selbst dazu. 526

Jede Ewigkeit ist eine Hölle. Der Gedanke an unaufhörliche bewegungslose Dauer ein Grauen für den, dem sie versprochen wird. „Und jede Lust will Ewigkeit, will tiefe, tiefe Ewigkeit" – o Gott, nein. 527

27. Januar 1984

Daran, daß einer gekündigt hat, ist noch kein Unternehmen zugrunde gegangen. 528

Vor vielen Jahren. Auf der Reise in die Ferien bricht, kaum zur Übernachtung in Paris eingetroffen, ein heftiges Nasenbluten aus. Zuerst wird's unbesorgt hingenommen, dann reichen die Sacktücher nicht mehr, selbst Handtücher werden knapp, der Fluß stillt sich nicht, und die Stunden vergehen. Ein Anruf beim ärztlichen Freund zu Hause bringt den Hinweis, daß wohl medizinischer Rat vonnöten sei und die Empfehlung eines Medikaments, das in der 529

Weltstadt auch des Nachts sogleich beschafft werden kann; es nützt so wenig wie das Rezept, das Ende des Unglücks ja stehend, nicht im Liegen, abzuwarten; das Warten hilft auch nicht; im Guide die Nummer eines ärztlichen Schnelldienstes nachgeschlagen, S.O.S.-Médecins heißt er und ist in zehn Minuten da; ein fixer junger Mann nimmt beidarmig den Blutdruck, 280 über 150, präpariert eine Spritze, der Alkohol zum Abstauben fehlt, Schladerers Kirschwasser tut's auch, die Krisis ist vorbei; besser ein stundenlanges Bluten als ein sekundenschneller Schlag. Zum Abschied die Auflage, mich in St.-Tropez sogleich dem Arzt anzuvertrauen. – Der dort empfohlene Dr. Voli erweckt spontan Vertrauen, mediterraner Typ, die Gauloise im Mundwinkel, rasch redend, rasch handelnd, nicht auf sittliche Hebung des Patienten aus, sondern auf seine Erhaltung: „Vous fumez? Eh bien. Aber hüten Sie sich vor den Weinen der Gegend! Gefährlich für Sie und ein Genuß für niemand! Auch Burgunder meiden, soweit es geht! Aber die guten Sachen aus dem Bordelais – das ist Medizin!" Ich bin gut damit gefahren; wie mit aller Wissenschaft, die auf sicherem Grunde ruht.

530 „Gruppenverbrennungen, Vermischen der Urnenasche, Rausziehen von Goldfüllungen aus den Zähnen der Toten, Beschädigung von Leichen": Solche Mißbräuche hat Mr. Goode bei einem „unehrenhaften Teil der Kremationsindustrie" im Süden und Westen der USA festgestellt; nun klagen er und die „Neptune Society of Northern California" (Neptun wegen der Seebestattungen) die Krematorien an; ein Urteil über 1,5 Mio. Dollar ist schon ergangen.

531 Odo Marquard, der Philosoph, wird von kritischen Bewunderern „Teichoskop" gescholten; als einer, der, wie die Stadtältesten in der Ilias von der Mauer, den Kämpfen zusieht, statt sich beherzt einzumengen. Der Haß der Parteiergreifer gegen den ideologischen Kriegsdienstverweigerer.

Politische Beobachter vermerken bedeutungsvoll, daß die Sowjetunion eines nicht mehr fernen Tages in Schwierigkeiten kommen werde, weil die nichtrussischen, insbesondere die muselmanischen Völkerschaften das Herrschaftsvolk an Zahl einholen, übertreffen; eine böse Zukunft wird aus dem nämlichen Grund den Israeli geweissagt, die sich nicht so geschwind vermehren wie die bei ihnen ansässigen Araber. Die Feststellung ist richtig, die Folgerung nicht. Vom alten Rom bis zur k. u. k. Monarchie (neuere Beispiele werden aus Höflichkeit nicht angeführt) bietet die Geschichte Hunderte von Belegen dafür, daß die politische Klasse einer demographischen Mehrheit nicht bedarf. 532

Den „Kroatischen Berichten" ist zu entnehmen, daß bei den Wahlen zum Ausländer-Beratungsausschuß der Stadt Stuttgart die katholischkroatische Liste (bei einer Wahlbeteiligung von 14 Prozent) die vom jugoslawischen Konsulat protegierte Liste noch schlagen konnte. – Ahnen die Fürsprecher der Wahlrechtszuerkennung an Nichtdeutsche, welche Interventionschancen sie ausländischen Instanzen eröffnen, welchen politischen Pressionen sie hiesige Gastarbeiter ausliefern würden? 533

Meine Generation wird seit dreißig Jahren von Ex-Nazis und Ex-Kommunisten darüber belehrt, was es mit wahrer Demokratie, Liberalität, sozialer Gerechtigkeit und Menschenwürde auf sich habe. Das Ende der Reeducation zu Lasten Dritter ist abzusehen. 534

Aus der rheinischen Friedensbewegung: Machet die Schwerter zu Zapfhähnen! 535

536 In einem Kölner Wirtshaus will ein Gast, der eine größere Gesellschaft eingeladen hatte, zum Abschluß des Abends dem schon fordernd herumstehenden Köbes ein sattsames Trinkgeld aushändigen, findet seine Brieftasche leer und greift zum Scheckheft; der Kellner, barsch: „Zeigen Sie mal Ihre Scheckkarte!" Merke: Wo ein Ausweis, da ein Kontrolleur.

10. FEBRUAR 1984

537 Chamfort erzählt von einem Frommen, der die Erörterung heikler Glaubensfragen mit der Bemerkung abwies, es sei damit wie mit einer bitteren Pille – wenn man sie erst kaue, könne man sie gar nicht mehr herunterschlucken.

538 Vorzimmer: „Ich muß dringend Herrn X sprechen, es ist sehr wichtig." Gewiß, aber für wen?

539 Die Kommunikation verschlingt ihre Schüler. Im Jahre 1983 mehr als zweihundert Aufforderungen zu Vorträgen, Podiumsdiskussionen etc. Da versagt jeder gute Wille zur Unterscheidung; es hilft nur entschlossene Abstinenz. Mit der Einladung wird gleich der Absagebrief vorgelegt.

540 Das Gesetzbuch des englischen Königs Alfred aus dem Jahre 890 schreibt sechsunddreißig Ferientage im Jahr (Sonntage nicht mitgezählt) vor. Festgelegte Wochenarbeitszeiten gab es natürlich nicht, die anfallende Arbeit wurde getan; ansonsten gingen jedenfalls die Männer müßig. Der Fortschritt beginnt sich allmählich einzuholen – freilich mit einer sozialen Wendung: Früher hießen die arbeitenden Klassen die unteren.

Die Nationen proklamieren vornehmlich die Eigenschaften, die sie vermissen. Die Deutschen singen und sagen von ihrer Treue, die Franzosen schwärmen von ihrer Höflichkeit, die Engländer von der Fairness, die sie allem und jedem widerfahren lassen, die Amerikaner sehen sich als Fleischwerdung von Gleichheit und Nächstenliebe, die Spanier erheben ihren Mut und die Araber ihre Brüderlichkeit. 541

Wer das Palais de Tokyo betritt, um sich die Ausstellung über die Ausschreibung und Vorbereitungen des Baus der neuen Pariser Oper am Bastille-Platz anzusehen, hat sich in eine Schlange einzuordnen, die an einer Uniformierten vorbeiführt, die jedem einen Zettel in die Hand drückt, dem er entnimmt, daß er sich im Palais de Tokyo befindet, im Begriff steht, die Ausstellung über den Neubau und die Ausschreibung der neuen Pariser Oper am Bastille-Platz zu betreten, und daß der Eintritt frei ist. 542

In der Schweiz arbeitet jemand an einem Wörterbuch der Kunst-Etikettierungen. Jedermann weiß, wie es zu dem Wort Impressionismus gekommen ist, wenngleich nicht jedermann einsieht, was Manet oder Cézanne mit van Gogh verkoppelt; wie es zum Wort Expressionismus kam, ist leicht zu erkennen; Art Nouveau oder Jugendstil sind schon Begriffe der Verlegenheit; Art Déco ist eine postume Schmähung. Seit den fünfziger Jahren jagen einander die Bezeichnungen für Gruppen und Stile; über den Mechanismus, die ökonomischen und intellektuellen Interessen, die das Kunstwerk im Zeitalter seiner universellen Anbietbarkeit absetzbar machen, hat Tom Wolfe sich geäußert – auf dem Kunstmarkt galt schon supply side economics, längst bevor die Vokabel bei den Nationalökonomen aufkam (die vom Kunstmarkt, auch was ihre Erfolgstechniken und Erfolgschancen angeht, hätten lernen können). Ein pfiffiger Marktstratege sollte für die jährlich wechselnden Kunstmoden sich Etiketten für Künstlerbünde oder die Strö- 543 mungen, bei denen nichts fließt, auf Vorrat halten. Devantgarde, Sousrealismus, Quorum Quattro, Essentialismus. Post-Future. If-Art, Rencontres Radotage.

544 Der populäre und gescheite Bundesminister Norbert Blüm fängt an, von sich selber in der 3. Person zu reden: „Das läßt der Blüm nicht mit sich machen!" Ein böses Zeichen.

545 „Wenn Sie Sorgen haben, schreiben Sie an Alexander Borell. Er gibt sich Mühe, Ihnen zu helfen." So steht es über den Lebenshilfespalten einer Programmzeitschrift mit Millionenauflage. A. B. gibt sich wirklich Mühe, auch wenn er selber Hilfe braucht. Seine Mutter habe ihm in der Jugend von einem Gedicht gesprochen, „von dem ich nur noch diesen Anfang weiß: ‚Ich ging im Walde so für mich hin und nichts zu suchen war mein Sinn ... usw.' Dazu noch eine Frage an meine Leserinnen und Leser: Kennt jemand dieses Gedicht, von wem stammt es, und wo kann ich es finden?" Da ist guter Rat teuer.

24. FEBRUAR 1984

546 „Schriftsteller, und besonders unsere Schriftsteller, die fast alle dem Lehrstande angehören, pflegen, verwöhnt und getäuscht durch das untergeordnete Verhältnis ihrer nächsten Umgebungen, sich meistens in einem viel zu buchstäblichen Sinne für Lehrer auch ihrer Zeiten und ihres Volkes anzusehn." (Carl Gustav Jochmann, 1828.)

547 Zeitgeschichte. Bei Rudolf Morsey ist über das Ende des politischen Katholizismus 1933 Genaues nachzulesen, der Tausch Reichskonkordat gegen Zentrumspartei und das reiche katholi-

sche Vereinswesen. Anruf des Prälaten Kaas, des vormaligen Zentrumsführers, aus dem Vatikan beim Abgeordneten Joos: „Habt Ihr Euch noch nicht aufgelöst?“ Wojtyla, Glemp, Walesa.

Klaus Mehnert hat nach seinem Tod seinen vielen Freunden einen Brief zustellen lassen, in dem er sich so liebenswürdig verabschiedet, wie er in seinem ganzen Leben gewesen war. Zum Schluß schreibt er: „Angst empfinde ich keine, aber Neugier – wenn dieses mein ganzes Leben bestimmende Wort in solchem Zusammenhang gestattet ist. Was steht mir bevor? Ein traum- und bewußtloser Schlaf, wie ich ihn nach einem anstrengenden Tag stets dankbar genoß? Ein Wiedersehen mit Eltern und Brüdern und mit meiner geliebten Enid, die mir im Sterben als letztes Wort ‚Auf morgen‘ zuhauchte? Oder etwas ganz Unvorhergesehenes, ein Totaliter aliter? Wenn Ihr diesen Brief in den Händen haltet, werde ich es vielleicht wissen.“ 548

Dummheit schützt vor Strafe nicht: meist ist doch das Gegenteil richtig. Wörner, der pflichtgemäß handelnde Tolpatsch, kann weiter amten, gestützt vom Mitleid jener Sorte, dem eine gehörige Portion Verachtung beigemengt ist. Das Wort Ehre sollte gleich ganz aus dem offiziellen Sprachschatz verschwinden; ein Mann von Ehre hätte den Rücktritt nicht angeboten, sondern ihn erklärt. 549

Auch bei den großzügigen Seelen findet sich in irgendeiner Ecke ein Stück Geiz oder eine Art Sparsamkeit oder Ordentlichkeit, die ihm verwandt ist; das Seifenstückchen bis zum letzten aufbrauchen, die Zahncremetube nicht eher wegwerfen, als bis sie völlig ausgequetscht ist. 550

551 „Ehebruch" – ein Donnerwort, hinter dem die schweflichten Höllenfeuer leuchten. Adulterium mit seinen Ableitungen klingt dagegen beinahe wie ein Kavaliersdelikt.

552 Dem französischen Schöpfer der Comicstrip-Figur Lucky Luke ist von den amerikanischen Produzenten seiner Zeichentrickfilme auferlegt worden, die Zigarette, die Lucky Luke stets im Munde baumeln läßt, wegzulassen, weil sie den jungen Leuten ein schlechtes Beispiel gebe; den Colt, mit dem er reihenweise Heldentaten vollbringt und Leute umlegt, durfte er natürlich behalten.[11]

553 Der Filmregisseur Roman Polanski hat unter dem Titel „Roman", der im Englischen auf andere Weise doppeldeutig ist als im Deutschen, seine Autobiographie herausgebracht, die er mit Hilfe eines Diktiergeräts und dreier Geisterschreiber abgefaßt hat, die noch immer so heißen, obgleich sie neuerdings öffentlich genannt werden. Der Versuch, für seinen Lebenslauf mildes Verständnis, für seinen Charakter eine Art Bewunderung zu erwecken, ist ihm bei den amerikanischen Kritikern gelungen. Nicht so beim Londoner „Spectator". Zu Polanskis Satz, er werde weithin als bösartiger, ausschweifender Zwerg angesehen, doch seine Freunde und die Frauen in seinem Leben wüßten's besser, ist dort zu lesen: „Da ich weder Frau noch Freund bin, sondern bloß ein Rezensent, gebe ich mich mit der Meinung der Mehrheit zufrieden."

554 Die Frauenzeitschrift Brigitte veröffentlicht eine Diät, die den Vorteil hat, zu wirken, zu sättigen und genießbar zu sein, obgleich zunächst Unappetitliches wie Fasern, Ballast, Tomatenmark statt Butter, eine große Rolle spielt. Nur das Durchhalten ist schwierig, weil der Erwerbstätige nicht gern mit dem Henkelmann ins Büro fährt und damit schon gar nicht ins Restaurant gehen kann. Da ist die Erfahrung hilfreich, daß die Köche, um Hilfe gebeten, sich

nicht versagen, sondern nach dem Grundrezept eine treffliche Mahlzeit bereiten, die kein Joule mehr enthält als vorgeschrieben; die bürgerlichen Gasthäuser erblicken schon in dem Hilfsgesuch eine Kränkung.

9. März 1984

555 In die ärztliche Gebührenordnung könnte ein Zuschlag für Pünktlichkeit aufgenommen werden. Derjenige Arzt darf ein paar Mark mehr verdienen, der sich an Verabredungen, vielleicht mit einer Marge von dreißig Minuten, hält oder die Patienten artig wissen läßt, daß er einen Termin nicht einhalten kann.

556 Die Deutschen ermahnen einander gern zum defensiven Autofahren. Zum defensiven Denken brauchen sie sich nicht anzuhalten. Nicht nur die Politiker denken taktisch, geben – vor die Wahl zwischen Einsicht und Rücksicht gestellt – die erstere bedenkenlos preis; auch bei den anderen, den progressiven Intellektuellen zumal, waltet Vorsicht. Rollen- und gruppengerecht muß der Gebrauch der Rede- und Meinungsfreiheit sein. Exzentriker sind im deutschen Polyzentrismus nicht erwünscht. Was als Originalität auftritt, versteht sich gemeinhin als Tabubrecherei; gegen Geschmack, Höflichkeit, Tradition.

557 Man sieht gelegentlich Leute einander herzhaft umarmen, die sich nicht unter die Augen treten können; die intime Geste aus Abscheu.

558 Joseph Persico, der im Auftrag des verstorbenen US-Vizepräsidenten und New Yorker Gouverneurs Nelson Rockefeller dessen Autobiographie geschrieben hat, sagt von dem Werk, es sei das einzige Buch der Weltliteratur, das sein Autor nicht nur nicht geschrieben, sondern nicht einmal gelesen habe.

559 Die deutsche Diplomatie, bescheiden, bescheiden, hat es versäumt, Deutsch zur Verhandlungssprache der Vereinten Nationen erklären zu lassen, als noch auf den Pulttasten am East River ein Knopf frei war. Bis auf den heutigen Tag führen die deutschen Auslandsvertretungen den Staatsnamen an der Haustür und die Behördenbezeichnung in der Übersetzung vor. Auf unseren Pässen steht „Reisepaß", damit man sie nicht mit Impfpässen verwechsle, und innen wird das Selbstverständliche auch auf englisch und französisch angeführt; Bundesinnenminister Schröder, der als nationaler Mann galt, hatte einst eine Änderung abgelehnt. Spießbürger und Weltbürger sind neudeutsche Zwillinge.

560 Der Dusch- und Badegel ist ein besonders widerwärtiges Tier.

561 Der Fall des lutherischen Pastors Himmelmann in Pittsburgh, der zur Rettung der Innenstadt, die verarmt und verdreckt ist, Bürgerinitiativen mobilisierte und dabei mit der Mellon-Bank, die Pittsburgh beherrscht, in Konflikt kam. Sie hatte es abgelehnt, sich finanziell noch an den alten Vierteln im Niedergang zu engagieren. Die Bank hatte vermutlich geschäftlich recht, und der Pfarrer handelte vermutlich wirtschaftlich naiv, aber es war wohl Naivität von der Sorte, die einem Gottesmann ansteht. Die Mellon-Bank intervenierte bei der zuständigen Synode, und der sechzigjährige Pastor wurde entlassen. Bei solchen Geschichten blickt man denn doch mit Wohlgefallen auf Deutschland, wo eine Bank nicht mächtiger ist als eine Kirche und eine Kirche nicht mächtiger als eine Bank.

562 Sieh an, so schlecht steht es gar nicht. Sie fühlt sich um ihr Mitleid betrogen. Fremdes Mitleid zu enttäuschen, macht ein Gefühl, das der Schadenfreude recht ähnlich sieht.

Die unschuldigen Freuden der Konsumwelt. Erfrischender, unterhaltsamer, erfreulicher als ein Gang oder gar Lauf durch sogenannte Natur kann das Spazieren beispielsweise durch die weiträumigen und menschenleeren Gänge eines großen amerikanischen Drugstores sein. Die Zahnbürste für Zahnlücken; die 130 Multivitamin- und Mineraltabletten für $ 5; Rasierschaum, der sich selbst erhitzt, oder Rasiergel, das sich beim Auftragen in Schaum verwandelt; die Zahnpoliermaschine (ohne Batterien $ 3); Kaugummi mit Kautabak-Aroma; ein Reiseetui, nicht größer als die Brieftasche, mit allen Gerätschaften und Balsamen, die für Zahn und Fuß, Hand, Haar und Bart vonnöten sind. Alles Dinge, die niemand dringlich braucht, die wenig kosten und deren bloßer Anblick schon Behagen erregt; Spielzeug verkleidet sich als Nutzgegenstand und darf von ernsthaften Männern ohne Skrupel gekauft werden. 563

Geschäftsfreunde nennt man solche, die einander in guten Tagen übervorteilen und in bösen Tagen verlassen. 564

23. März 1984

Angst. Öffentliche Angst, eine ausschließlich westliche, deutsche Erscheinung. Angst als Produkt der Langeweile. Angst der vormaligen Hoffnungshändler, die den Glauben an ihre Ware und deren Verkäuflichkeit verloren haben. Die große Angst, die vor Katastrophen erzeugt wird, die nicht eintreten; die Geschichte ist voll davon; man kennt die Angstmacher, die Angstprofiteure. Bei wirklichen Gefahren haben die Leute selten Angst oder sie werden damit fertig; sie müssen handeln, sich wehren; zum Schwätzen und dazu wohlig Vor-sich-hin-Deprimieren gibt es gar keine Zeit. 565

566 Schöner Beruf: Friedensforscher. Eine Ausbildung ist kaum vonnöten, keine Prüfung, kein Diplom. Den Titel verleiht man sich selbst durch sein Engagement und trägt ihn, wenn die Medien mitmachen. Er ist auf Deutschland beschränkt. Peace-researcher wäre lächerlich. Irenologe wäre überall verwendbar, wo ein Bedürfnis besteht, klingt aber gegen Friedensforscher kalt, strahlt keine Herzenswärme ab und signalisiert auch nicht die Gewissenskompetenz, die dem Friedensforscher Immunität verleiht.

567 „Jeder Gesunde ist ein Kranker, der sich nicht kennt", sagte Jules Romains. „Chaque broker est un escroc qui s'ignore", meint André Kostolany nur halb im Scherz.

568 Inzwischen muß es in vielen Großstädten Ämter geben, die nichts anderes tun, als in unauffälligen Abständen neue Vorfahrtsregelungen, Einbahnstraßensysteme zu erfinden, die Vorschriften nach einer Weile wiederaufheben und sich damit in Brot und die Bürgerschaft im Bewußtsein der Abhängigkeit erhalten. Dem könnte auch eine Einrichtung dienen, die es noch nicht gibt, die gewiß als menschenfreundlich, bürgernah Anklang fände: Ämter für die Betreuung von Bürgerinitiativen und Demonstrationen etc.

569 Der Kommissar Maigret, der ja weiß, wovon er redet, meint: „Normalerweise gibt es in einem Kriminalfall einen einzigen Schuldigen oder eine Gruppe von Schuldigen, die einvernehmlich handeln. In der Politik ist das ganz anders ..." („Maigret chez le ministre").

570 Freund Rüdiger führt seinen entsagungsvollen Kampf gegen die Jugendsekten weiter, findet aber nur laue Unterstützung bei den etablierten Kirchen. Sie halten zwar auch jene kuriosen Kulte und

geheimbündlerischen Vereinigungen für verdächtig und gefährlich, stellen auch Beauftragte dafür ab, ihnen die christliche Wahrheit entgegenzuhalten, wollen aber offenbar einen Streit nur bis zur Schwelle der Wahrnehmbarkeit riskieren. Niemand will ihnen unterstellen, daß sie ihre bedeutenden Privilegien (Art. 140 GG) in Gefahr gebracht sehen könnten, wenn sie sich dafür einsetzten, daß ebendiese Privilegien den östlich inspirierten Pseudo-Religionen vorenthalten würden. Doch mag es sich dennoch so verhalten. Eine solche Sorge mag man dabei nicht recht ernst nehmen, denn es ist nicht unvorstellbar, daß sich ein juristisch haltbarer Begriff von Religion formulieren ließe, der die Sekten dort beläßt, wo sie ihren Standort haben, nämlich außerhalb der Religion, und ihre Geschäftemacherei damit den gesetzlichen Regelungen unterwirft, die für Geschäfte auch sonst gelten, wo sie nämlich ohne religiöse Tarnung ausgeübt werden. Man kann auch daran erinnern, daß selbst in den Vereinigten Staaten mit ihrer verfassungsmäßig strikten Trennung von Kirche und Staat der Gesichtspunkt des Ordre public die den Mormonen erlaubte Vielweiberei zerschlagen konnte, obgleich denen der Charakter einer Religion und ihrer Vielweiberei der Charakter einer religiös-motivierten Regelung nicht ernstlich abzusprechen war. Daß unser Ordre public eine Privilegierung von Scientology oder Bhagwan verbietet, versteht sich, ebenso wie ihr Recht, von den Grundrechten im übrigen ungehemmten Gebrauch zu machen. Die Mattigkeit der Kirche mag auf Gottvertrauen beruhen (daß Jesus siegt, bleibt ewig ausgemacht), das übermäßige menschliche Mitwirkung nicht herausfordert. Sie kann auch nach dem Gegenteil davon aussehen: statt Kampf gegen den Widersacher lieber Kirchensteuer und Steuerfreiheit, die man mit den Feinden Christi teilt.

571

Der New Yorker Bürgermeister Koch hat Memoiren veröffentlicht, die in Amerika Furore machen. Mit Recht, weil er sich darin ausdrückt, wie es Politiker selten tun: ohne Heuchelei, polemisch-aggressiv und ohne jeden Anspruch auf Bescheidenheit. Besonders scharf fällt sein Urteil über die aus, die er „pimps of poverty" nennt, Zuhälter der Armut, die Prestige und Lebensstil daraus füttern, daß sie für Randgruppen eintreten. Koch: „Wenn das Geld, das man zur Bekämpfung der Armut bewilligt hat, wirklich in die Hände der Armen gekommen wäre, gäbe es sie nicht mehr."

6. April 1984

572 Für den Dichter ist es eine zweifelhafte Huldigung, wenn seine Worte vertont werden; die Bebilderung seines Werkes ist einem Anschlag gleichzuachten.

573 „Verzellen" heißt im altertümlichen Recht die Vorverurteilung eines Bösewichts. Voraussetzung fürs Verzellen war freilich, daß der Täter flüchtig und der Tatbestand klar war. Fürs heutige Verzellen sind die umgekehrten Voraussetzungen erwünscht: Tatbestand undeutlich, unaufgeklärt; der Täter, von weitem sichtbar, in hoher Stellung seßhaft. Insgeheim ist nicht Vorverurteilung, sondern Vorvollstreckung beabsichtigt.

574 In Amerika liest man jetzt auf Einladungskarten: R. s. v. p. please.

575 Daß Schuhe, Strümpfe, Gürtel, Anzug aufeinander abgestimmt sein müssen, war ihm schon immer verpflichtend gewesen. Mit der Zeit wechselte er auch immer die Aktentasche, damit kein Widerspruch zwischen der schwarzen oder der bräunlichen Tönung des übrigen Auftritts stattfinde. Jetzt ist es ihm penibel geworden, im blauen Anzug in sein oliv ausgeschlagenes Auto zu steigen, doch da findet er sich am Ende seiner Selbstverfeinerung angelangt.

Bei Durchsicht eines illustrierten Auktions-Kataloges. Die Buch- und Druckkunst ist sogleich im Zustand der Vollendung ans Licht getreten, hat Mutationen erlebt, die nach Niedergängen plötzlich wieder mit Namen wie Bodoni, Elsevier, Baskerville Höhepunkte heraufführten – eine Entwicklung von unten nach oben, vom Minderen zum Besseren ist nicht zu bemerken. Heute regiert wieder die Niedrigkeit, die Bequemlichkeit, die Wohlfeilheit; der neue Aufschwung der Schwarzen Kunst steht noch aus. – An der Entwicklung des Menschengeschlechts zu verzagen, besteht kein Grund, aber ansonsten wird der Gedanke der „Entwicklung", ein Fetisch des 19. Jahrhunderts, immer nichtiger. 576

Carl Benz hat das Benzin nicht erfunden, und doch wurde der Treibstoff ihm zu Ehren benannt. Der Kontinent, den Columbus entdeckte, trägt den Namen eines späteren Reisenden. Mit wenig Anstrengung wurde Litfaß unsterblich. Daß Röntgen, „der alles durchschaute", im Verbum gefeiert wird, ist schon recht; gleiches mag fürs Lumbecken und fürs Lynchen gelten. Die Ehren, die die Sprache verleiht, sind so zufällig wie die der Nobelkomitees.[12] 577

Ein Jahr nach seinem Rücktritt vom Amt des Bundeskanzlers empfing Adenauer seinen langjährigen Vertrauten Hermann Josef Abs in seinem Rhöndorfer Haus, hoch oben an der Treppe stehend. Während Abs sich hinauf müht, ruft Adenauer ihm zu: Na, ist es nicht mit Erhard genau so gekommen, wie ich gesagt hatte? Ja, noch immer ansteigend, Abs: Ja, Herr Bundeskanzler, aber was haben Sie dazu getan, einen guten Nachfolger zu finden? Antwort: Wollen Sie lieber Tee oder Kaffee? 578

Nach dem genauen Wortsinn müßte „Selbstbefriedigung" eine gute Sache sein, doch warnen gerade diejenigen davor, die sonst zur „Selbsthilfe" dringlich raten. 579

580 In zusammengewürfelter Runde stellt sich auf einmal heraus, daß alle aus der gleichen Gegend stammen, Ministranten waren oder langjährige Sozialdemokraten. Sogleich schlägt die Stimmung um. War's vorher gemütlich, so wird's nun urgemütlich, man kommt sich menschlich näher, die Vertraulichkeit wird drückend wie einst die Luft im mehrschläfrigen Zelt, der Kameradschaftsgeist steigt aus der Flasche. Manchem ist wie früher nach Ausreißen zu Mute, doch macht er wie früher gute Miene zum guten Spiel.

581 Die internationale Bedeutung eines Staates verhält sich, scheint es, umgekehrt proportional zu den Auslandsreisen, die seine führenden Staatsmänner unternehmen. Reagan ist so wenig unterwegs wie auch das jeweilige Haupt der Sowjetunion oder der Machthaber in Peking. Unsere Würdenträger sind unablässig auf Achse, wie es im fliegenden Zeitalter noch immer heißt, vertreten das nationale Interesse zusammen mit den Menschheitsgütern Friede, Freundschaft, Fortschritt an den fernsten und kleinsten Höfen, fest davon überzeugt, daß unser Ansehen unter ihrem Auftritt nicht leide, und wohl wissend, daß sie daheim nicht die volle Wochenarbeitszeit auszusitzen brauchen.

19. April 1984

582 „Momus, Gr. Momos", schreibt der alte Benjamin Hederich, „war zwar auch ein Gott, that aber nichts, als daß er nur der anderen Götter, wie auch der Menschen Thun und Verrichtungen tadelte... Wannenhero er denn auch dieses seines widrigen Bezeugens halber Göttern und Menschen zuwider war... Er wird vorgestellet, als eine hagere Person, so gantz gleich aussiehet, den Mund immer zu offen hat, auf die Erde nieder siehet ..., für einen Sohn des Schlafes aber wird er nit gehalten, weil niemand lieber andere tadele, als faule, und an sich selbst unverständige Leute."

Wie kann jemand, der gläubig der Heiligen Schrift anhängt, die Angst vorgeben oder empfinden, der Weltuntergang durch einen Atomkrieg stehe bevor? Von alledem, was dem Untergang alles Irdischen nach der Geheimen Offenbarung des Johannes vorhergehen wird, ist noch gar wenig eingetroffen. 583

In Amerika und in Frankreich ist die Demokratie von vornehmen oder geistreichen, mindestens faszinierenden Leuten begründet worden – Washington, Franklin, Jefferson, Adams, Hamilton; in Frankreich eine Abfolge großer und dubioser Charaktere von Mirabeau bis St. Just. Deutschland hatte das Unglück, daß die Erste Republik mit Pfahlbürgern auftrat, redlichen ohne Zweifel, aber keine Figur darunter, auf die jemand hätte stolz sein mögen, die sich der Erinnerung einprägen konnte. Die Bundesrepublik hat mehr Glück gehabt, indem Adenauer und Heuss eben redliche Pfahlbürger nicht gewesen sind. 584

Eine ordentliche konservative oder liberale Regierung kann nur bestehen mit einer halbwegs blühenden Volkswirtschaft. Mißwirtschaft und Massenelend können nur von einer missionarischen Herrschaft überspielt werden (des Nationalismus, des Sozialismus, des religiösen Eiferertums). Die einen profitieren von der Verheißung, die anderen sind auf Leistung angewiesen. 585

Briefe, die ihn nicht erreichten. „Guten Tag! Wir sind ein junges, dynamisches Kreativ-Team, das Ihnen ..." 586

Ich muß gestehen, daß ich mich an Intendantenkrisen gewöhnt habe, und daß sie mir geradezu wahnsinnig gleichgültig sind. Aber das war nicht immer so. Viel habe ich durchgemacht, bis ich mich zu diesem ruhigen Standpunkt durchrang. Wie bebte ich, wenn ich lesen mußte, daß in Mannheim Gerüchte gingen, der 587 dortige Intendant werde demnächst Generalintendant, aber nicht etwa in der gleichen Stadt – das war ja das Fürchterliche! –, sondern in Nürnberg. Es war eine ungeheure Beanspruchung der Nerven, schon am nächsten Tag erfahren zu müssen, daß an der ganzen Geschichte kein wahres Wort sei, sondern daß das eigentliche Sturmzentrum in Wiesbaden liege, wo die Intendantenkrise zwar schleichend sei, aber eine solche Heftigkeit angenommen habe, daß kein gewissenhafter Mensch mehr das Recht habe, seine Augen zu verschließen. Es waren dramatische Wochen, die Russen waren damals noch im Kontrollrat und zeigten sich dort recht tätig. Aber wir ließen uns über die wahre Verteilung der Gewichte nicht täuschen und lasen mit pochenden Schläfen Nachrichten über Gründgens und Fehling und wie die Herren alle heißen. Manche bittere Enttäuschung war hinzunehmen, wenn man erfuhr, daß die Verhandlungen zwischen diesem Intendanten und jenem Stadtrat am toten Punkt angelangt seien, und wie oft habe ich mir damals nicht innerlich zugeflüstert: „Nur Ruhe, nur immer Ruhe!" – So Friedrich Sieburg vor dreißig Jahren. Die Theaterszene inszeniert sich selber, was als Inszenierung vorgestellt wird, ist bloß Nebenprodukt.

588 Der Überlebenskampf der maronitischen Christen im Libanon läßt die Christenheit kalt: den Israelis gilt noch ein mißtrauisches Interesse, für die Moslems, auch wenn sie terroristisch werden, eher eine entschuldigende, ja verständnisvolle Sympathie. Christen, die noch um Haut und Haus zu kämpfen wagen, sind Faschisten. Damit basta, Gott befohlen.

589 In meiner frommen Kindheit kam nur die Unterscheidung zwischen gut und böse vor. Falsch und richtig, schön und häßlich gab es für die Seelenertüchtigung so wenig wie das abgestufte Urteil; inter bonum et malum nihil medium, et extra bonum et malum nihil. Entsprechend massiv die Heuchelei, das Schweigen.

Warum sind am Montagmorgen regelmäßig die Straßen verstopft – es fahren doch nicht mehr Leute zur Arbeit als an jedem anderen Arbeitstag? 590

4. Mai 1984

Erreger kommen zwiefach vor – als Erreger öffentlichen Ärgernisses (selten geworden) und als Erreger von Krankheiten; man sieht sie vor sich, die bösartigen Kleinen, wie sie mit dem Vorsatz, dem Menschen zu schaden, ans Werk gehen. 591

Luigi Barzini, großer Journalist aus der Zeit, als sie noch Gentlemen waren, ist vor kurzem gestorben. Erinnerung wird lebendig an gelegentliche Treffen und sein letztes Buch über die Europäer, das auch ins Deutsche und Französische übersetzt worden ist. Geschrieben hat er es auf englisch wie auch sein vor vielen Jahren erschienenes Buch über die Italiener. Darin Zitate, als deren Urheber ich angegeben bin; in den meisten Fällen auch zu Recht, dafür ganze Passagen aus dem alten Buch „Die Deutschen" angeeignet ohne Quellenangabe. So unbefangen arbeiten viele der begabten lateinischen Schriftsteller – ein Buch wird in einem Vierteljahr niedergeschrieben, im waghalsigen Vertrauen auf das eigene Gedächtnis; wenig dokumentiert, nichts verifiziert (bei Barzini richtet sich die Julirevolution 1830 gegen Louis Philippe). Trotzdem tragen diese Schnellschüsse wie auch die junger französischer Philosophen zur intellektuellen Diskussion erfreulich bei und erhalten die öffentliche Meinung in lebhafter Bewegung. Bei uns ist alles eher gründlich, eher langsam, braucht zur Fertigstellung mehrere Freisemester, zur Drucklegung ein paar Stipendien, und wenn es dann endlich erscheint, interessiert sich kein Mensch mehr dafür. 592

593 Nichts ist seltener als ein Geistlicher, der aus Gewissensgründen sein Amt niederlegt. Mögen gar manchen auch die Lehren und Erzählungen der Heiligen Schrift absurd vorkommen, sie das Ordinationsgelübde, wenn die Bekenntnisschriften dem Wortlaut und dem ursprünglichen Sinn nach zu nehmen wären, täglich brechen, so ist doch das Gewissen ledrig genug, und der Verstand so habil, einen Widerspruch zwischen der öffentlich-rechtlich gesicherten Existenz und ihren theologischen Voraussetzungen zu dementieren.

594 Das verstehe ich nicht! Wie haben Sie das gemeint? Wie darf ich das verstehen? Wie soll ich das auffassen? Was wollen Sie damit sagen? Unechte Fragen, mit denen sich Ignoranz selbstgefällig spreizt oder Aggressivität sich vorträgt, die vorsichtshalber eine eigene Position nicht zu erkennen gibt. Wohl dem, der eine Antwort ruhig, freundlich zu vermeiden versteht.

595 Der altehrwürdige Nationalökonom F. A. von Hayek hatte mit der Bemerkung, „sozial“ und „Marktwirtschaft“ seien unverträgliche Wörter, eine Kontroverse provoziert, bei der er im Urteil der Zeitgenossen nicht obsiegen konnte. Ludwig Erhard und Müller-Armack hatten in Praxis und Theorie dafür gesorgt, das Konzept einer Marktwirtschaft, die im Rahmen weiträumiger und langfristiger staatlicher Regulative funktioniert (der übel benannten „Ordnungspolitik“), einleuchtend zu machen. Ähnliches gilt für das Wort „sozialliberal“, gegen das Hayeks Gesinnungsfreund Erich Welter zu seiner und der gleichnamigen Koalition Lebenszeit vergeblich gestritten hat. Mag die Beziehung zwischen sozial und liberal auch so problematisch sein wie die von Freiheit und Gleichheit – die Brauchbarkeit des Wörtleins sozialliberal erweist sich darin, daß sie unscharf, aber jedermann verständlich eine Position markiert, die niemand mit einer liberalen oder einer sozialistischen verwechseln kann. – Für die jetzt regierende Koali-

tion fehlt eine handliche Bezeichnung. „Christlichliberal" macht keinen Sinn, und „konservativ-liberal" ist falsch: Wären Kohl und die CDU konservativ, hätten sie die Wahl nicht gewonnen.

596

Unter die großen militärischen Leistungen, die der Fragebogen im F. A. Z.-Magazin erhebt, würde Bill Mauldin, der politische Karikaturist Amerikas, der selbst die Schlacht mitgemacht hat, die Verteidigung von Monte Cassino rechnen, wo die Deutschen unter Frido von Sänger und Etterlin ruhmreich kämpften und die Amerikaner die Abtei durch ein Generalbombardement in Schutt und Asche legten; die Deutschen haben sie dafür nach dem Kriege wieder aufgebaut. Mauldin schreibt in einer Besprechung der eben erschienenen Darstellung der Schlacht von Hapgood und Richardson: „Today the Germans rightfully consider Cassino a bright unblemished page in their military annals. Had their battle been faught by us, it would be remembered along with the Alamo – or Bastogne... General Patton once said that there is no such thing as a successful defense. General von Sänger came as close as you can get." Der Luftangriff auf die Abtei war überflüssig, weil unsere Soldaten sie nicht besetzt hatten. Erst in den Ruinen haben sie ihre Maschinengewehre aufgestellt.

18. Mai 1984

597

Die drei schönsten Geschichten im Neuen Testament – der verlorene Sohn; die Bezahlung der Arbeiter im Weinberg; der Pharisäer und der Zöllner. Die Vorliebe für das verlorene Schaf, die Geringschätzung der lebenslangen Treue, die erhabene Ungerechtigkeit der göttlichen Majestät, beim Zöllner die Vielbödigkeit: sobald jemand sich mit dem Zöllner identifiziert, ist er schon Pharisäer pp.– Zu den drei Buchreligionen gehört die Achtung vor der „Heiligen Schrift" und der Respekt vor ihren Auslegern. Doch im Neuen Testament kann auch das anti-intellektuelle Ressentiment Futter finden, weil von den „Schriftgelehrten" nur verächtlich, gehässig geredet wird.

598 Nachtrag zur Kunst des Zwischenrufs. Wahlveranstaltung in den fünfziger Jahren im Wahlkreis Altena mit dem tüchtigen CDU-Abgeordneten Kirchhoff. In aller Welt haben die Unternehmer die Neigung, ihr Ideal, dem sie zu entsprechen suchen, als öffentliches Denkmal aufzustellen: Fleiß, Kraft zu unpopulärer Entscheidung, Mut zum Risiko etc. Dabei weiß jeder auch, daß Unternehmer oft Menschen sind, die es mit Hilfe von fremden Ideen, fremder Arbeitskraft und fremdem Kapital zu einem höheren Einkommen, zu mehr Vermögen bringen als diejenigen, deren Einfälle, Arbeitskraft und Kapital sie einsetzen – wenn es gutgeht. Sie erwarten, daß sie dafür bewundert werden, und sind enttäuscht und verbittert, wenn das, wie in Europa, nicht stattfindet; in Amerika sieht sich jeder selbst als potentiellen Unternehmer, gönnt den Erfolg, den er selber anstrebt, und bewundert die Pfiffigkeit dessen, der es geschafft hat. Eine Pioniergesellschaft ist leichter neidfrei als eine jahrhundertelang in tausend Hierarchien verfestigte, wo niemand aus seinem Stand, seiner Zunft, seiner Genossenschaft ausbrechen darf. Als Kirchhoff in einer Wahlversammlung sein Unternehmerbewußtsein zur eigenen Empfehlung aussprach und darauf verwies, was er alles geschafft habe und wie, fuhr ihm ein Zwischenrufer in die Parade: „Mit dem Pimmel!“, darauf anspielend, daß der Abgeordnete sich in sein Unternehmen eingeheiratet hatte. Er war vordem Lehrer gewesen. Die Kundgebung war nicht mehr zu retten.

599 Das ist einer, „mit dem man reden kann“. Nach solcher Empfehlung sollte man's bleiben lassen.

600 Im Chinesischen heißt es nicht Professor Wei, sondern Wei Professor. Die Grammatik steuert dazu die Regel bei: Die Determinante steht immer vor dem Determinierten. Aber ist es sicher, daß der Mensch Wei den Professor determiniert, oder nicht umgekehrt?

In Karstadts Kaufhof. Vor der Theke mit dem elektronischen Spielzeug stauen sich die vorgeblich technologiefeindlichen Jugendlichen, arbeiten mit Ausdauer und Sachkunde an den Computern, von denen nicht ein einziger von ihren vorgeblich technologiebegeisterten Vorfahren gefertigt wurde. 601

Im Radio läuft ein Schlager „Rock 'n' Roll im Bundestag". Schwaches Produkt, aber ein Zeichen dafür, daß die Verfassung im Herzen des Volkes einen Platz gefunden hat wie weder die Weimarer Republik noch die Herrschaft Hitlers. 602

„Beifall aus der falschen Ecke." Dummer Vorwurf aus derjenigen, die zu faul oder zu feige zum Klatschen ist. 603

Bemerkung des Parlamentariers Todenhöfer über strategische Darlegungen des Staatssekretärs Rühl: „Selbst seine Pausen klingen ungeheuer kompetent." 604

Ein Seminar über allerneueste Technologien und ihre zivile und militärische Anwendung. Anspielungsreiche Darlegungen der Kundigen, die von den Zuhörern nach dem Grad der Initiation aufgefaßt werden. Es gibt Auguren der ersten, zweiten, dritten Generation und die Leute, denen vorgeschmeichelt wird, sie seien auch welche. 605

Starke Evidenzen in den Medien dies Jahr, daß der 30. April, Walpurgisnacht, nun unerwartete Bedeutung gewinnt. Frauenfilme in beiden Programmen mit der emanzipatorischen Tendenz; Thesen von Leonor Fini in dem kurz davor erschienenen F. A. Z.-Magazin, in denen die Gestalt der Hexe als Leitfigur der feministi- 606 schen Bewegung auftritt. Offenbar (meint Manfred J., der sensible Zeitbeobachter) bereitet sich im Geheimen, mutmaßlich ohne Absprache der Beteiligt-Gleichgesinnten, ein Fest-Datum im anderen Kalender vor: der Tag der Hexe als Tag der freien, von Männern nicht mehr beherrschbaren Frau.

1. Juni 1984

607 „Verstehen Sie mich bitte nicht falsch", sagt man begütigend, sobald man merkt, daß der andere richtig zu verstehen begonnen hat.

608 Zu untersuchen, wie hoch der Anteil der Homosexuellen und Lesbierinnen, der Kinderlosen oder der Eltern mißratener Kinder unter den Urhebern der Verurteilung des gegenwärtigen Zeitalters, den Beschwörern zukünftiger Katastrophen ist. – Wer die Welt mit sich selber zu Ende gehen sieht, sagt leicht das kosmische Nichts voraus. Die kinderreichen Nationen, denen wir fortwährende Armut, unvermeidliches Elend prophezeien, denken selber an nichts dergleichen. Germaine Greer macht bei allen hochentwickelten Industrienationen eine Abneigung gegen Kinder (im eigenen Land und in der Fremde) aus; die Angst der reichen und bequemen Geizhälse vor den lärmig andrängenden Erben.

609 Der Sozialarbeiter. Der Gegensatz zum Samariter, zum Mäzen, zu jedem, der aus Eigenem hilft, aus Mitleid, Großmut, der Pflicht gegen den Nächsten. Der Sozialarbeiter wird für sein Tun besoldet, verdient sein Brot, weil es anderen an demselben fehlt, verteilt fremdes Geld, das von anderen gespendet oder ihnen abgenommen ist. Weil die Not oft größer ist als die Mittel, die ihm bewilligt werden und die er, gemessen an anderen Ausgaben, für kleinlich hält, leidet er an der Kritik, die er selber für berechtigt hält. Empfindsame Naturen leiden auch, wenigstens anfangs,

unter dem warmen Hochgefühl, das sie beim Guttun überkommt, weil es ein Guttun auf fremde Rechnung ist. Nicht zufällig, daß viele hilfsbedürftige Typen in dem Beruf vorkommen und sich darin stabilisieren. – Die Robusten sind es eher, die kriminell werden, für sich selbst in die Kasse greifen; sie kommen vornehmlich bei Verbänden vor, die große Spenden verwalten. Dort erfährt man ja, wie leicht das Geld hereinkommt auf einen hochgemuten Appell, für schwerdefinierbare Ziele. Es scheint ihnen, als seien die Spender töricht, die Empfänger unwürdig, und die eigene Tasche der rechte Bestimmungsort für das Geld, das niemandem gehört.

Eine alte Freundin berichtet vom Ableben ihres Wellensittichs, der an Altersschwäche zugrunde ging. Die Symptome waren frühzeitig erkennbar: er blieb aufgeplustert und erwachte nur noch aus dem Schlaf, um beim Körnerpicken kräftig zuzulangen. Wie erfreulich, daß die Menschen im Alter anders sind. 610

Morgens wie ein Fürst, mittags wie ein Edelmann, abends wie ein Bauer. Eine Weisheit aus der Mottenkiste. Ich habe immer gefunden, daß das herzhafte Frühstück erhöhte Eßlust nach sich zieht; mittags macht sich der anerzogene Hang zum Altdeutschen bemerkbar, des Abends will ohnedies getafelt sein. Die meisten Diätvorschläge in Deutschland, gleichviel ob von Ärzten oder interessierten Laien ausgedacht, nehmen keine Rücksicht darauf, daß die Hauptmahlzeit in nachagrarischen Zuständen am Abend stattfindet, sondern gönnen dem Esser mittags die kräftigsten Subsistenzmittel, als gelte es, Schwerarbeiter oder Mittagsschläfer zu versorgen. 611

Aus der Neuen Zürcher Zeitung: „Der regierende Landammann Franz Breitenmoser begrüßte die Ehrengäste, an erster Stelle Bundesrat Egli, dann den Regierungsrat des Kantons Schwyz unter 612 der Führung des Landammanns Heinrich Pfister, Divisionär Gadient und den Präsidenten des Bundesrates der Bundesrepublik Deutschland." Unser Staatsmann weilte bei der Eröffnung der Landsgemeine des Halbkantons Appenzell-Innerrhoden.

613 Die „nützlichen Idioten" werden falsch aufgefaßt – sie sind sich selber regelmäßig sehr nützlich und meist auch keine Idioten, sondern berechnend auf ihren Vorteil aus. Daß sie auch ihren Feinden nützen, nehmen sie in Kauf nach der Devise: après moi le déluge. Wenn Lenin gesagt hat, daß die Kapitalisten den Kommunisten noch den Strick liefern würden, an dem sie selber aufgehängt werden sollten, so hat er nicht eben recht behalten; mit den kapitalistischen Stricken haben die Kommunisten vornehmlich Kommunisten gehenkt. – Der größte nützliche Idiot nach dem üblichen Wortgebrauch ist Adolf Hitler gewesen.

614 Der amerikanische Filmschauspieler Steve McQueen wurde gefragt, ob er nicht König Lear spielen wolle. „Ja, aber nur, wenn es die Hauptrolle ist."

15. Juni 1984

615 Die angesehenste Tageszeitung unseres Landes berichtet respektvoll von einer psychologischen Untersuchung der amerikanischen Temple-Universität über die Persönlichkeitsprofile von Spitzenforschern. 196 Biologen, 201 Chemiker und 171 Physiker wurden daraufhin untersucht, welche Charaktereigenschaften zu ihren wissenschaftlichen Verdiensten in direkter Beziehung stehen. Die Wissenschaft fand heraus, daß die Produktivität mit dem Arbeitseifer zusammenhängt, die Kreativität hingegen mit der Originalität. Erstaunlich.

In Jerusalem gibt es ein koscheres chinesisches Lokal, das „Moische Peking" heißt. 616

Wie in deutschen Landschaften die Leute einem Bescheid geben können. Die Kölner gar nicht, sie versuchen es mit Gestikulationen, weil sie wenig sprachliches Abstraktionsvermögen haben; die Berliner ganz schnell: drei Straßen nach links, einmal rechts, wieder links; die Münchner sehr langsam, aber sie kommen über; die hessischen Landsleute antworten auf die Frage: „Wie kommt man zum Nassauer Hof?" freundlich-abwehrend, erst mal vorsichtig, Schutzzeit suchend. „Ei, wissen Sie, das ist ein Hotel." Und dann, nach mühevoller Gestaltung, bringen sie es raus, daß dieses in derselben Straße liegt, in der man sich schon befindet, und versuchen einem zu erklären, woran man es erkennt, wenn man davorsteht. 617

Das Braun der Nazis (das eher ein schmutziges Gelb war, es fehlten mindestens zehn Prozent Schwarz darin) war ideologisch vorbereitet. „Braun war nun mehr die eigentliche Farbe der Seele, einer historisch gestimmten Seele geworden. Ich glaube, Nietzsche hat einmal von der braunen Musik Bizets gesprochen. Aber das Wort gilt eher von der Musik, die Beethoven für Streichinstrumente geschrieben hat, und noch zuletzt von dem Orchesterklang Bruckners, der so oft den Raum mit einem bräunlichen Golde füllt... In diesem noch heute nicht verstandenen Kampf zwischen dem Rembrandt-Braun der alten und dem Freilicht der neuen Schule erscheint der hoffnungslose Widerstand der Seele gegen den Intellekt, der Kultur gegen die Zivilisation, der Gegensatz von symbolisch notwendiger Kunst und weltstädtischem Kunstgewerbe, mag es Bauen, Malen, Meißeln oder Dichten sein. Von hier aus wird die Bedeutung dieses Brauns, mit dem eine ganze Kunst stirbt, fühlbar... Dies der Renaissance vollkommen fremde atmosphärische Braun ist die unwirklichste Farbe, die es gibt. Es ist die einzige ‚Grundfarbe', die dem Regenbogen fehlt... 618

Dieses Braun verleugnet seine Herkunft aus dem ‚infinitesimalen' Grün der Hintergründe Leonardos, Schongauers und Grünewalds nicht, aber es besitzt die größere Macht über die Dinge. Es führt den Kampf des Raumes gegen das Stoffliche zu Ende..." So Oswald Spengler im „Untergang des Abendlandes". Aber wie das mit ideologischen Vorbereitungen so geht, die Handelnden wissen nichts davon: der SA-Führer Rossbach konnte einen Posten brauner Hemden, ursprünglich für die Schutztruppe in Deutsch-Ostafrika gedacht, günstig erwerben und kaufte sie für die Bewegung an. Dieser Zufall sollte keinen Tiefblickenden davon abhalten, das Symbolische, historisch Notwendige, den sich der unwissenden Akteure bedienenden Zeit- und Weltgeist auszumachen.

619 Bei Ideen ist die Säuglingssterblichkeit besonders hoch, sagt Felix Perelzstein, der darunter nachhaltig leidet.

620 Erfahrung des New Yorker Kunsthändlers Lefèbre: „Die Bilder gefielen den Leuten so gut, daß sie glaubten, es könne keine Kunst sein." Lefèbre führt auf diesen Schluß auch die Tatsache zurück, daß Matisse erst spät im Leben Anerkennung gefunden hat.

621 Freunde verlocken mich nach So-Ho, wo es ein Bistro gibt – unbelievable! Aber: Das Essen ist wie im Hotel, doch dargereicht und angerichtet mit dem Charme des Selbst-gemacht-Gutgemeinten. – Öffentliche Wahrheiten sind verläßlicher als private Offenbarungen.

622 „Encyclopedias are sold, not bought." Das gilt, beinahe, von allen guten Sachen.

Das Wesen, das die Einehe erfunden hat, ist noch ganz anderer Heldentaten fähig. 623

Wenn Teddy Kollek die hochgebaute Stadt noch ein paar Jahre regiert und einen ebenso tüchtigen Nachfolger findet, dann wird Jerusalem eine der schönsten Hauptstädte der Welt geworden sein. Leider ist der Neu- und Weiterbau der jüdischen Altstadt kein in Deutschland verwertbares Vorbild mehr. Unsere Architekten ahnen zwar, daß die Baukunst nicht zuletzt die Kunst des Zitierens ist, doch mengen sie gern Zitate durcheinander, halten auch den Einfall von vorgestern für heute postmodern. Der Festungsbaumeister Vauban auf dem Totenbett: „Der Architekt ist die Rache Gottes an den Menschen." 624

Zum goldenen Doktorjubiläum von Fritz Hellwig hat der Eruditissimus Manfred Hanke den Dissertationen und Dissertatiuncula seit dem ersten Beleg (bei Melanchthon) nachgespürt. „Es gab Dissertationen über Zwillinge im Alten Testament, über Könige, die am Galgen geendigt, über Gelehrte, die sehr häßlich gewesen seien, über berühmte Männer, die mit Vornamen Lukas geheißen, zur Frage Num filius dei, cum nasceretur, lacrymatus fuerit, also ob der Sohn Gottes bei der Geburt geweinet habe." Unter neueren wissenschaftlichen Anstrengungen erwähnenswert: „Atembeschwerden beim deutschen Hausschwein nach einem 50-Minuten-Dauerlauf; die Steuerung der Abflugmagenfüllung bei der Honigbiene; die Wanderungsgeschwindigkeit lückenbenachbarter Zähne; Die Intelligenz des übergewichtigen Kindes; Die Auswirkung psychiatrischer Lektüre auf 352 seelisch Kranke." Bei einer medizinischen Dissertation über die Erschütterung des Selbstwertgefühls nach Zahnverlust wurde herausgefunden: „Die meisten Patienten nehmen ihren Zahnverlust dann mit Gleichgültigkeit oder Gelassen- 625 heit auf, wenn er vom Zahnarzt verursacht wurde. Bei Frauen häufen sich die Unsicherheitsgefühle, zumal gegenüber Beeinträchtigung der äußeren Erscheinung. Bei Männern ist vor allem ausgeprägt die Unsicherheit gegenüber der Auswirkung auf das Kauvermögen." Leider hat Hanke bei seinen Nachforschungen eine alte Dissertation nicht mehr auftreiben können, deren Thema wieder vergeben werden könnte: De Claris Schmidtiis. – Über die berühmten Männer, welche Schmidt heißen.

626 Glück – ein Tag, an dem man nicht vor die eigene Tür zu treten braucht.

627 Englisch als lingua franca. Die ganze Welt wird künftig Englisch sprechen und fast jede Nation außerdem und hauptsächlich ihre eigene Sprache für das, was sie wirklich in Herz und Gemüt bewegt, was sie nicht mit aller Welt teilen will. Sie wird die eigene Sprache intensiver pflegen, stärker reinhalten von Fremdeinflüssen, auch die eigene Schrift nicht preisgeben; die Juden nicht die hebräische, die Griechen nicht die griechische, die Russen nicht die kyrillische, die Georgier nicht die georgische, die Chinesen nicht die ihre, die Japaner schon gar nicht die ihrige, ebensowenig wie die Birmanen; vielleicht greifen die Deutschen wieder auf die Fraktur zurück, die der Diktator ihnen einst genommen hatte. Eine Zweiteilung der Welt – es wird solche Völker geben, die ihre eigene geheime Sprache haben, in der sie sich einigermaßen unbelauscht verständigen können, und das Herrschaftsvolk, das nur die lingua franca spricht. Benito Cereno. Eine lingua franca, die alles und nichts ausdrücken kann, die Sprache der höchsten Wissenschaft und der ärmsten Empfindung.

628 „Ist noch eine Familie auf der Welt", fragt die Tochter, „in der das Fratriarchat unumschränkt gilt?"

Erinnerung an eine Ankunft in New York und die Unverschämtheit einiger Beamter, die am Kennedy-Flughafen schon immer bemerkenswert war. Diesmal, bei der Zollkontrolle, eine Frage an einen Passagier, der offenbar mit der Concorde geflogen war, wie er sich denn dies finanziell erlauben könne. Entsprechend große Verlegenheit bei dem Reisenden, dem anzumerken war, daß er sich diese luxuriöse Beförderungsart zusammengespart hatte. Bei der Rückkehr nach Deutschland ein analoges Erlebnis: in einem Auto mit Telefon geraten wir in eine Verkehrskontrolle. Es wird eben telefoniert, der Beamte beugt sich herein und fragt mißtrauisch: „Mit wem sprechen Sie gerade?" Allerorten haben die Miesnickel die amtliche Stellung als Mittel ausgemacht, sich über ihre ansonst bessergestellten Zeitgenossen zu erheben und sie zu drangsalieren. 629

Die herablassende Freundlichkeit großer Hoteliers, durch die sich Gäste bescheidenen Anspruchs nicht selten geehrt fühlen, ist keine neumodische Erscheinung. So wird von dem jüngeren Adlon berichtet, daß er eines Tages an den Tisch des Kronprinzen trat mit dem Bemerken: „Wie geht es Eurer Kaiserlichen Hoheit?" – worauf dieser antwortete: „Ihr seliger Herr Vater hätte noch gefragt: ‚Hat es Ihnen geschmeckt?'" 630

13. Juli 1984

Ein unersetzlicher Verlust. Als er eingetreten war, stellte sich heraus, daß nur der Verblichene seine Unersetzlichkeit her- und dargestellt hatte und sie mit ihm dahingeschwunden war. 631

Ein führender Politiker beteuert bei jeder Gelegenheit, daß er dem Freund-Feind-Denken abhold sei. Damit will er sich nicht einschmeicheln; tatsächlich können die Freunde sich nicht auf ihn verlassen, brauchen die Feinde ihn nicht zu fürchten, und er erhält sich an der Macht, indem er sie möglichst wenig gebraucht. 632

633 Bei Leuten, die nicht für sich selber handeln, sondern als Sachwalter Gottes oder des Volkes, der Revolution oder des Weltgeistes, ist Vorsicht am Platze.

634 Für zukünftige Geschichtsschreibung sollte festgehalten werden, daß den mit Recht beschrieenen Hausbesetzern der siebziger Jahre doch ein bedeutendes Verdienst zukommt. Hätte es sie nicht gegeben, hätten sie nicht viele alte Wohnhäuser mit List, Tücke und Gewalt gegen Eigentümer und Obrigkeit in Besitz gehalten, dann wären ganze Straßenviertel von unersetzlicher Bausubstanz, wie das die Verantwortlichen nennen, saniert, d. h. vernichtet worden. Daß Frankfurt die modernste Stadt Deutschlands geworden und doch eine hübsche und bewohnbare geblieben ist, verdankt sie dem Unternehmertum so gut wie seinen Feinden.

635 „Von dem infamen Kohlgericht hatte ich nur eine Zungenspitze genossen", teilt der alte Herr von Studnitz bei der Rückkehr an die Tafel mit und fügt als Frucht lebenslangen Reisens hinzu, daß sich in fast allen Ländern die Qualität der Speisen und die der WCs umgekehrt verhielten; so will er in entlegenen Gegenden des nordamerikanischen Kontinents Toiletten von der Bequemlichkeit gut ausgestatteter Altersheime gefunden haben.

636 Nach einer Untersuchung von „Hunger Project", einer unverdächtigen caritativen Organisation in San Francisco, die sich dem Kampf gegen die Lebensmittelknappheit in den unentwickelten Ländern widmet, ist die Zahl der Hungertoten trotz Bevölkerungsexplosion zurückgegangen. Heute sterben pro Tag 35000 Menschen Hungers. 1977 waren es noch 41000. Die Nachricht ist noch immer grauenhaft, aber sie deutet eine Wende zum Besseren an; in Deutschland habe ich sie nirgends gedruckt gefunden.[13]

Der holländische Kollege Stoop erzählt von einem Bekannten der Familie, der 1935 Deutschland bereiste und auf dem Kurfürstendamm von einem büchsenklappernden Hitlerjungen um eine Spende fürs Winterhilfswerk angegangen wurde. Er lehnt ab mit dem Bemerken, daß er Jude sei. „Det kann jeder saren", meint der Hitlerjunge. 637

In seinem Buch „The Sacred Executioner" vertritt Hyam Maccoby die These, daß der Barabbas der Passionsgeschichte als zweiter Gefangener nur erfunden worden sei, um die Tatsache zu verbergen, daß die jüdische Menge nach der Freilassung Jesu geschrien habe; Barabbas sei nur ein anderer Name für Jesus gewesen. In einer Zuschrift an die N. Y. Review of Books trägt Frau L. M. Klein dazu bei, daß in der damaligen Umgangssprache, dem Aramäischen, Bar-abbas „Sohn des Vaters" bedeute und daß der Name Barabbas weder vor Jesus noch danach in biblischen oder anderen historischen Texten nachgewiesen sei. Gebt uns Barabbam! 638

Der bürgerliche Affekt gegen den allenthalben vorherrschenden Typus des Berufspolitikers beruht auf der Geringschätzung gegenüber Leuten, die nichts gelernt oder es im erlernten Beruf zu nichts gebracht haben und dennoch die Berufler beherrschen wollen. Aber was waren Bismarck und Metternich, Churchill und Roosevelt anders als Berufspolitiker? Aristokraten und Patriziern wird Führerschaft so selbstverständlich zugestanden, wie sie in Anspruch genommen wird; Lincoln, Lloyd George und Clémenceau wird der Aufstieg erst in der Nachwelt verziehen. 639

Lebensweisheiten der Gesellschafts-, Mode- und Karrierefrau Diana Vreeland, die vergnügt auf 100 zugeht: „Zum Zahnarzt muß man früh am Tag gehen, ein ermatteter Zahnarzt tut weh. Alle Engländer sind Schauspieler, und fast alle Schauspieler sind 640

Engländer. Die Franzosen sind sehr großzügig, wenn man ihnen Geld gibt." Zum Niedergang der Zivilisation: „Vor dem Krieg hatte ich drei Anproben für ein Nachthemd, nach dem Krieg gab es keine einzige mehr."

641 Die französischen Sozialisten haben für ihre Schwenkung in der Wirtschafts- und Finanzpolitik eine elegante Formel gefunden: Kompromiß mit der Realität. Man erinnert sich an die Bemerkung von Jules Romains: „Die Wirklichkeit steht immer rechts."

26. Juli 1984

642 Persönlichkeitsprofil. Wenn man für Gurtpflicht und Höchstgeschwindigkeit, allgemeines Rauchverbot, Abtreibung auf Krankenschein, Schutz des deutschen Waldes und des deutschen Tieres, die Freilassung von Rudolf Heß und gegen Militärdienst der deutschen Frau eintritt, kann man schon als Mensch gelten.

643 Joseph Breitbach, der eine große Erfahrung in Herzinfarkten hatte, erzählte mir kurz vor seinem Tode, daß er eine Taubheit in der Gesichtspartie unmittelbar oberhalb des Kinns als ein untrügliches Zeichen für einen bevorstehenden Anfall ansehe, und daß es sich in solchen Fällen empfehle, sogleich Vorsorgemaßnahmen zu treffen, z. B. das bewährte Nitroglyzerin einzusetzen. – Dr. Sternlieb von der Mayo-Klinik hat einen sichtbaren Indikator für Herzinfarktanfälligkeit ausgemacht (cf. Pearson/Shaw „Life Extension", New York 1982), nämlich eine tiefe senkrechte Einkerbung zwischen Ohrmuschel und Ohrläppchen. Wenn bei Patienten mit Kerbe, so hat Sternlieb herausgefunden, Symptome eines Herzanfalls auftreten, so ist es in neunzig Prozent der Fälle tatsächlich einer, während die gleichen Symptome bei den nicht eingekerbten zu neunzig Prozent keine Herzattacke anzeigen. Auch wenn man

Breitbachs oder Sternliebs Erkenntnis nicht völlig vertrauen mag, läßt man sich doch die Beruhigung aus dem Umkehrschluß gefallen und schreitet ohne Ohrläppchenkerbe und Taubheit zwischen Kinn und Lippe fröhlich fürbaß.

644 Als Helmut Schmidt anfing, den Staat ernster zu nehmen als die Partei, war sein Schicksal besiegelt.

645 Geld sei das einzige Tauschmittel, mit dem man die staatlichen Steuern bezahlen kann. Eine Weisheit aus der „Staatlichen Theorie des Geldes" von Knapp. Wie man mit wenigem berühmt werden kann.

646 Die Herstellung eines Pfennigs kostet deren zwei. Es gibt Finanzpolitiker, die ihn darum abschaffen wollen. Doch Vorsicht! Wer den Pfennig nicht ehrt, ist der Mark nicht wert. Es ist gescheiter, ein paar Symbolpfennige im Umlauf zu lassen, und es kann ja nicht ewig dauern, bis die Mark sich zu aller Bequemlichkeit in zehn Pfennige zu teilen empfiehlt, statt in hundert.

647 Montaigne hat den Grund seiner Wirkung, seiner Überlegenheit prägnant bezeichnet – je n'enseigne pas, je raconte.

648 Trost an Kurt Biedenkopf: Man soll nicht mit Leuten verkehren, die viel dümmer sind als man selber, und nichts Strategisches anbieten, wenn nur Taktisches erwartet wird.

649 Zum theologischen Denken. Seit den Tagen des Kreters Epimenides ist der ihm zugeschriebene Satz, alle Kreter lögen, als Paradebeispiel einer unzulässigen Aussage vorgeführt worden; der

scharfsinnige Apostel Paulus nimmt von dem philosophischen Problem überhaupt nicht Notiz (Titus 12, 13), er sieht sogar einen Wahrheitsbeweis darin, daß ein Kreter sich so über die Kreter äußert. Dem Machiavell ist vermutlich nichts so zum Verhängnis geworden wie die Beobachtung, daß die Menschen weder geschickt seien, ganz gut, noch ganz böse zu sein. Die Evangelischen brachte er gegen sich auf, weil er die totale Verderbtheit der menschlichen Natur seit Adams Fall leugnet, die Katholiken, weil er die Möglichkeit des Heiligen ausschließt (außer dem Heiligen im Sinne Graciáns).[14]

650 Kotzebue, am Rande der bewohnbaren Welt, ist keine charmante Stadt. Man muß schon tiefer eindringen, Chamisso lesen, sich in der Mitternachtssonne ergehen, am ungezügelten Frohsinn der Kneipe Ponderosa teilnehmen, die Aurora borealis auf Postkarten bewundern, den Großwildjäger Jake Jacobson besuchen, um den Aufenthalt zu genießen. Dort erfährt man Wundersames aus dem Waidwerk, kann auch Jagdausflüge buchen, bei denen von sechseinhalbtausend Dollar aufwärts der Abschuß des scheuen Karibu, des mächtigen Braunbären, des ohne Grund schreckerregenden Grizzly, des majestätischen Moose gebucht werden kann. Die Deutschen haben einen guten Ruf, sie zahlen gut, verhalten sich waidgerecht und sind vortreffliche Schützen. Jake erzählt von seinem Freund Tom, der regelmäßig komme; Mr. Ferienhäuser heißt er, so hat er's auf der Visitenkarte gelesen. Unvermeidlich auch in Kotzebue die folkloristische Vorführung, der sich niemand ohne Kränkung der Einheimischen entziehen kann. Und wie gerne täte man's doch überall! Gleichgültig, ob Eskimos, Bosniaken, Israelis, Zillertaler oder die Leute von der Waterkant ihr Brauchtum zeigen, das sie längst nicht mehr brauchen, es ist fast immer peinlich und immer banal.

Als vor einigen Jahren Arthur Haileys Bestseller „The Money Changers“ auf deutsch herauskam, war der Titel falsch und respektvoll „Die Bankiers“ übersetzt. Die Mühe würde sich heute keiner mehr machen. 651

Im Gespräch mit der Galeristin Denise René, die ihr Leben den Konstruktivisten von Albers bis Bill und Gerstner gewidmet hat, gibt es Streit um die Jungen Wilden, die jetzt schon ziemlich alt aussehen. „Sie werden bleiben – mindestens als Zeugen der Epoche!“ Gewiß: das gilt auch für McDonald's. 652

An meinem vierzigsten Geburtstag hatte ich mir vorgenommen, keine Angst mehr zu haben. Ich habe es nicht bereut. 653

Irgend jemand hat angeordnet, daß „zum Beispiel“ und „das heißt“ nicht mehr abgekürzt werden darf; und alle deutschen Satzcomputer gehorchen. Die Texte werden schwerfällig, aus einem beiläufigen Hinweis wird ein Klumpfuß gemacht. Dem Autor bleibt keine andere Zuflucht, als die Rückkehr zur alten Übung, die im Englischen nie außer Gebrauch gekommen ist, und „e. g.“ oder „i. e.“ zu schreiben; deren Ausmerzung ist noch nicht programmiert. 654

Das Gedächtnis der Menschheit, die ihr wahres Interesse nicht wahrhaben will, bewahrt die Namen all ihrer physischen und moralischen Beherrscher getreulich auf, speichert wohl auch das Andenken großer Wohltäter, die eigentlich, meist, Wiedergutmacher, Milderer von andrer Leute Missetat waren, registriert, aber mit nachlassender Emphase schon, ihre Großen aus Kunst und 655

Wissenschaft und vergißt jene völlig, denen sie die kleinen, aber durchs Leben tragenden Freuden verdankt. Wer hat die Spaghetti erfunden? Das Kartenspiel, den Reim, den Kuß? Die Menschheit selber rechnet es sich an. Von wem das Kreuzworträtsel stammt, weiß man hingegen: Das erste, von dem Redakteur Arthur Wynne verfaßt, erschien am 13. Dezember 1913 im Magazin der New York World.

656 Vor zehn Jahren schon ist in Frankfurt eine Bachsche Komposition aufgeführt worden, die nicht Bach, sondern ein Computer geschrieben hatte; die Maschine war nach dem System der Markowschen Ketten in der Weise Bachs zu komponieren unterwiesen worden. Jetzt hat Sir Clive Sinclair, ein Weiser des elektronischen Zeitalters, auf die Frage, ob ein Computer ein Shakespearesches Sonett verfassen könne, versichert, ja, ein Sonett könne der Computer natürlich schreiben, ob es gut sei wie eines des Barden, bleibe dahingestellt; der Computer habe ja nicht Shakespeares Gefühle, möglicherweise aber seine eigenen Empfindungen. Überdies meint Sir Clive, daß der Homo sapiens in nicht allzu ferner Zukunft vielleicht nicht mehr die intelligenteste Spezies auf Erden sei. – Dergleichen braucht man nur anzudeuten, um bei manchen Gebildeten eine Art schäumender Verstocktheit aufzuregen. Sie dementieren, daß je die künstliche Intelligenz die menschliche besiegen könne – und tun's mit einer Heftigkeit, die die Furcht verrät, just dies werde eintreten. Die Maschine ist dumm und bleibt dumm, nie wird mehr herauskommen als wir hineinstecken! Bei Menschen wird nicht einmal das immer erreicht.

657 Wer nach einem Beleg für die Vermutung sucht, daß die europäischen Fernseh-Hierarchen nicht ganz richtig im Kopf sind, kann ihn in der Erkennungsmelodie der Eurovision finden. Die Trivia, zu deren Ausstrahlung sich die Anstalten zusammenrotten, werden mit dem Te Deum des großen Charpentier angekündigt.

Essen im Restaurant, Wohnen im Hotel, Reisen – es mag so vortrefflich, so abwechslungsreich sein, wie man sich's nur wünschen kann. Man wird es bald leid. Der Überdruß ist viel eher Folge der Abwechslung als der Gewöhnung. 658

Die Ausbildung ist nicht Selbstzweck, sie erzieht zur Tüchtigkeit im Beruf. Die Freiheit ist nicht Selbstzweck, sie muß genutzt, darf nicht mißbraucht werden. Der Glaube ist nicht Selbstzweck, denn ohne Früchte ist er tot. Sport und Spiel sind nicht Selbstzweck, sie erhalten Geist und Körper frisch und fröhlich. Die Liebe ist nicht Selbstzweck, sondern sucht in der Empfängnis Erfüllung. Gibt es überhaupt etwas, das Selbstzweck wäre? Das Würde in sich selbst besäße, einen Wert, der sich nicht aus Wirkung und Nutzen bestimmt, an einer Latte gemessen, die ein andrer anlegt? „Selbstzweck", nicht nur ein Zungen-, ein Charakterbrecher. 659

24. AUGUST 1984

Als er noch Lehrer in Eton war, pflegte David Cornwell zu sagen: „Es ist ganz egal, was die Kinder lernen, Hauptsache, sie hassen es." 660

Von dem Hamburger Buchhändler Felix Jud wird erzählt, daß er im Frühjahr 1933, als die nationale Erhebung sich festgesetzt hatte, sein Schaufenster gänzlich mit dem neuen Buch des beliebten Reiseschriftstellers Richard Katz dekoriert habe. Es handelte von Holländisch-Indien und trug den Titel: „Heitere Tage unter braunen Menschen". 661

„Der große alte Mann des Basketballs, der dreiunddreißigjährige Jugoslawe ..." hieß es in den Olympia-Nachrichten. 662

663 In der Zeitung erregt sich ein kluger Kopf darüber, daß in Nordrhein-Westfalen (als Beispiel für Norddeutschland) kulturell sich nichts kristallisiere, obgleich es doch in dem Territorium an Schätzen des Geistes und der Geschichte nicht fehle, und daß es im Gegensatz zu Süddeutschland eines Landesbewußtseins ermangele. Kurios. Man mag die Gründung des Bundeslandes für fragwürdig halten und sich denken, es wäre gescheiter gewesen, man hätte ein Land Westfalen mit der Hauptstadt Münster oder auch Dortmund geschaffen und die nicht zu Rheinland-Pfalz gekommenen Teile der preußischen Rheinprovinz zu einem Bundesland Ubien oder Köln vereinigt (Kantone oder Staaten, die nach einer hervorragenden Stadt benannt sind, kommen ja vor) – es hätte nichts daran geändert, daß die Seelenlandschaft mit der politischen Landschaft nicht übereinstimmt, nicht im Einklang zu sein braucht. Die Welt besteht aus Städten und, auch, aus Landschaften. Die Kölner sehen nicht den geringsten Grund, sich mit den Düsseldorfern eins zu fühlen, eine Fahrt nach Wuppertal ins Museum, zur Gesamthochschule oder zu Pina Bauschs Tanzgruppe zu unternehmen; Mönchengladbacher oder Krefelder Kulturstätten sind für sie nicht weniger exotisch als ein Besuch im Deutschen Museum oder in der Neuen Pinakothek. Ist es zwischen München und Nürnberg, Regensburg und Passau, zwischen Zürich und Basel anders? Was kristallisiert im Rhein-Main-Gebiet, zwischen Darmstadt und Mainz, Wiesbaden und Frankfurt? Daß sich längst ein kulturelles Süd-Nord-Gefälle hergestellt hat, nicht weniger entschieden als das ökonomische, ist nicht zu leugnen; das Selbstwertgefühl der Hansestädte stört das am wenigsten.

664 Herzzerreißendes Jammern über den amerikanischen Olympia-Nationalismus in unseren Medien, die hauptsächlich sich selbst vermitteln. Es wäre unrecht, darin die Wut der Eunuchen über den Präpotenten zu sehen. Es gilt als chic und zeitgemäß, doch nur bei uns, daß die Sportler nicht für ihr Land kämpfen, sondern um ihre Selbstverwirklichung, die Resultate sind danach; man blendet

die Nationalhymne aus, wenn doch eine Siegerehrung stattfindet, und teilt eine Nationenrangliste nur mit der Andeutung mit, das unverständige Publikum bestehe darauf. Der Außenminister wurde kritisiert, weil er für den Einmarsch auf der Klassifikation Germany bestanden hatte, statt mit F.R.G. zufrieden zu sein. – Ein schreckliches Dilemma: zu feige, Nationalist, zu provinziell, Weltbürger zu sein. Die erfolgreichen Aktiven leiden unter dem Dilemma nicht, sie sind als Patrioten in der Welt zu Haus.

665 Unter den nützlichen Tugenden steht die falsche Bescheidenheit obenan.

666 Neulich traf ich einen Freund, der um einiges zugenommen hatte. Auf meinen begrüßend-abschätzenden Blick sagte er entschuldigend: „Champagner ist ein schrecklicher Fettmacher.“ Das darf nicht jeder zu jedem sagen.

667 Als Hinterwülbecke sich zur atomwaffenfreien Zone erklärte, war von den Verfassungstreuen zu hören, dergleichen sei unerlaubt, weil nicht zur Kompetenz des Kommunalparlaments gehörig. Dasselbe hätten die Verfassungstreuen im Bundestag sagen müssen, als er sich anschickte, im Fall des Kraftwerks Buschhaus Entscheidungen des Bundes zu veranlassen. Die einen sind von rechts feig, die anderen sind von links feig. Wer gegenüber dem großen Anliegen auf dem Gesetz besteht, wird als Formalist denunziert – immer wirkungsvoll in einem Land, wo der Billigkeit und dem warmen Herzen gegenüber dem festen Buchstaben Vorrang gebührt.

668 „Der redet links und lebt rechts!“ In dem Vorwurf steckt der Glaube, die Rechten verstünden sich auf Lebensgenuß; weit gefehlt.

669 Die Ordensregel der Minderbrüder vom Berge Ethos: Es darf niemand Freude zeigen, und schon gar nicht, wer Grund dazu hat.

670 Es gibt nicht wenige, die sich, aus Bequemlichkeit meist, den Feierlichkeiten entziehen, die zu ihrem eigenen Jubiläum, dem fünfzigsten oder anderen runden Geburtstagen anstehen. Sie tun unrecht – es entgeht ihnen die Generalprobe für die Beerdigung.

671 „Those pretty wrongs that liberty commits ..." (Sonett XLI).

672 Zum ersten Handwerkszeug der Staatskunst gehört die Kenntnis der Positionen, die der Machthaber und sein Anhang besetzen muß, um sich an der Macht zu halten und sie zum gewünschten Zweck zu gebrauchen. Für unsere Verhältnisse würde das bedeuten, daß die CDU/CSU, wenn sie in einer Koalition wirklich regieren will, nur drei Ressorts erstklassig besetzen muß; alles andere steht zur Disposition. Es sind dies Innen, Finanzen, Justiz (natürlich nicht nur im Bund, sondern auch in möglichst vielen Ländern). Selbst das Verteidigungsressort könnte einem Koalitionspartner abgegeben werden, weil der Verteidigungsfall wahrscheinlich nie eintritt, der Oberbefehl im Verteidigungsfall ohnedies auf den Kanzler übergeht und wegen der Nato-Integration fast belanglos ist und weil vor allem das Verteidigungsressort den Inhaber stärker prägt als umgekehrt. Innenpolitisch ist mit dem Bundeswehrministerium so wenig auszurichten wie mit dem Auswärtigen Amt. Die Bedeutung der Justizpolitik hat die CDU gar nie erkannt – und doch ist sie das wichtigste Instrument der staatlichen Steuerung gesellschaftlicher Entwicklung.

Auf dem steintrockenen Mond gibt es eine Palus putridinis, einen Sumpf der Fäulnis, der Verwesung, des Verfalls. Hübscher Titel für ein politisches Buch, und von jeder Generation verwendbar. 673

Je mehr Mitrede- und Mitsprachegremien eingerichtet werden, desto stärker wird die Notwendigkeit empfunden, das Wesentliche auszusondern und kleinen Zirkeln abhörsicherer Nichtmitredegremien anzuvertrauen. Jenseits eines experimentell bestimmten Punktes hat Demokratisierung die unerwartete Folge der Bildung informeller Oligarchien. Was nach außen als breite Konsensbildung erscheinen soll, wird im Inneren Oktroi. 674

Der Bonner Richter Paehler hat in der Richterzeitung die Entbehrlichkeit des Begriffs „Leibesfrucht" scharfsinnig dargetan, der in der Rechtsprechung noch immer vorkommt, wenn auch nicht mehr im Gesetz. Im Deutschen hat das Wort durch das Neue Testament (Luk. 1,42) eine unvergleichliche Würde erlangt. In anderen Sprachen gibt es die Leibesfrucht nicht, auch ist das griechische Koilia korrekt und unpathetisch mit Bauch oder Schoß übersetzt worden. Der „Leib" ist selber eine deutsche Eigenheit, niemand sonst hat aus dem Ursprungswort für Leben die Bezeichnung des menschlichen Körpers gemacht.[15] 675

Bei Logan Pearsall Smith lese ich einen sehr altmodischen und sehr richtigen Satz: „Der Mensch hat ein Recht darauf, schockiert zu sein; das Aussprechen von Unaussprechlichem ist eine Art von Teilnahme." 676

„Zu unserer Politik gibt es keine Alternative", beteuert der Politiker, wenn die Öffentlichkeit eine diskutiert. „Das ist kein Thema!" ruft er, wenn von eben diesem die Zeitungen voll sind. 677

Die empörte Ablehnung des Diskurses, die die dummen Formeln ansagen, wird nicht übel-, sondern hingenommen.

678 Helmut Schmidt las und zitierte gern, wenn nichts von Karl Popper zur Hand war, den großen Weltweisen aus Königsberg. Das hat ihm, wie Horst Stern mitteilt, unter Philosophen einen Ehrentitel eingebracht: Der Water-Kant.

679 Ein guter Deutscher ist ein verkehrter Clown – der Clown ist in der Manege lustig und schwermütig in der Garderobe. Kein Grund zur Klage! Der Trübsinn unserer Respektspersonen ist ihrem Frohsinn bei weitem vorzuziehen.

21. September 1984

680 Daß die Vorurteile über die Völker nichts taugen, merkt man auch in lusitanischen Ferien. Die den Portugiesen nachgerühmte sehnsüchtige, resignierende Schwermut ist weder im Norden noch in Lissabon anzutreffen, noch gar im Algarve, das freilich auch am wenigsten portugiesisch ist. Leiser sind sie freilich als die Spanier, aber das sind ja fast alle Völker. Aber im übrigen nimmt der Reisende, der sich auf edle Schwermut vorbereitet hatte, ein munteres, gelassenes Völkchen wahr und weiß kaum, ob er sich darob betrüben oder erfreuen soll.

681 Das Emblem jeder zurückgebliebenen Gegend, die sich aber auf Weltniveau zu erheben wünscht, ist die Maraschino-Kirsche. Sie ist überall entbehrlich und wird offenbar darum für ein Signum von Raffinesse und Luxus gehalten. Die nächsthöhere Stufe beim Aufstieg zum Niedergang bezeichnet das Papiertüchlein unter den Cocktailgläsern und das Plastikstäbchen darin, das einem unvermeidbar in die Nase fährt, wenn man ein Getränk zum Munde führen will.

Wenn man alt wird: Ich habe immer geglaubt, schnell eine andere Sprache verstehen und im Umgang lernen zu können. Plötzlich merke ich, daß die eigene Tochter das genauere Sprachgedächtnis hat und zuverlässiger artikuliert. Solange es in der Familie bleibt, mag es hingehen. 682

Den Meinen gibt's der Herr im Schlaf – Seufzer des Wuppertaler Fabrikanten, der sich in der innerweltlichen Askese verlassen fühlt. 683

Coffinhals Bemerkung über Lavoisier, als er ihn zum Schafott führte, „la République n'a pas besoin de savants", ist die Devise aller Bildungsrevolutionäre geblieben. 684

Aus den Haushaltungen verschwinden die handlichen Mordwerkzeuge immer mehr. Wer hat noch einen Eispickel? Wer noch ein Rasiermesser? Mit den modernen Rasierapparaten kann man niemandem ernstlich schaden. Und wo gibt es, seit kein Mensch mehr Holz verfeuert und man Scheite für den Kamin vom Händler kauft, noch eine Axt? Selbst die Heilmittel werden immer ungiftiger, dank dem Bundesgesundheitsamt. Unsere Enkel werden die Romane von Agatha Christie nicht mehr verstehen können. 685

In der Herald Tribune wird aufgezählt, welcher amerikanische Präsident im Fernsehzeitalter keine Chancen haben würde: Washington nicht, weil er nicht lächeln konnte, sonst wäre ihm sein Holzgebiß herausgefallen. John Adams war dick und pompös. Jefferson menschenscheu und, außer im kleinen Kreis von Vertrauten, der Äußerung kaum fähig. Lincoln sah aus wie ein Kinderschreck, garstiger alter Mann, ein Gespenst. Dagegen hätten 686 viele Nullitäten triumphieren können. Bei uns hätte Bismarck wegen seiner Stimme keine Erfolgsaussichten gehabt. Vorteil des parlamentarischen Systems: Es ist weniger vom Fernsehen abhängig, zumal in Deutschland, wo Wahlen ohnedies keinen neuen Mann an die Spitze bringen, sondern die Veränderung der parlamentarischen Konstellation ihm ein Amt gibt und ihn mit dem notwendigen Prestige zur Führung des Wahlkampfes ausstattet. Den heutigen Politikern unseres parlamentarischen Systems nützt das Fernsehen weniger, als sie glauben. Kohl hatte nach der Sommerpause einen Sympathiezuwachs, als er eine ganze Weile nicht auf dem Bildschirm gewesen war. Hans-Dietrich Genscher hat die häufigsten Fernsehauftritte in Deutschland gehabt, und wo steht er mitsamt seiner Partei? Hans Jochen Vogel braucht nur öfters im Fernsehen zu erscheinen, um die Appetenz der SPD zu mindern; die führenden Funktionäre des DGB wären gut beraten, sich nie im bewegten Bild vorführen zu lassen, sondern nur als Standphoto zu vorgelesenen Nachrichten sich zu präsentieren. Ernst Breit ist auf dem Bildschirm der nölende Nörgelmann der Republik, der er privat nicht ist.

687 Die Bauern sind seit dem 19. Jahrhundert der einzige andauernd von der öffentlichen Gewalt begünstigte Stand. Einer ihrer guten Einfälle war es, das Sammelwort „Landwirt“ zu verwenden, zu dem die schwerreichen Großgrundbesitzer ebenso gehören wie der kleine Kümmerling, der einen mageren Acker in seiner Freizeit und mit seinen Familienangehörigen bestellt. So haben sich immer die Reichen aus sozialen Gründen unter Hinweis auf die Armen subventionieren lassen. Wehrstand, Lehrstand, Nährstand: Die Nation steht für sie ein; für den Nährstand am meisten.

Unter Ungläubigen findet man oft theologisch Konservative; ihnen fällt das Quia absurdum als Zumutung für die anderen nicht schwer. Jaspers gegen Bultmann, der ein frommer Christ war und alles tat, es bleiben zu können. 688

Deutschland und andere Industrieländer werden immer reinlicher, „umweltbewußter" und schöner. Im Vergleich dazu werden die bis vor kurzem unberührten Landschaften trostloser, häßlicher und ihre Menschen unverläßlicher. Die Landbevölkerung verkommt rascher als städtische Arbeiterschaft; die Degeneration in einer Generation ist ein verbreitetes Phänomen der wenig entwickelten Gebiete, die entwickelt werden. Die Riviera wird häßlich wie das alte Revier, aber gewinnt nicht dessen treue Ordentlichkeit und Leistungskraft. 689

Die Wende 1. Wenn eine neue Regierung antritt, alles neu machen will, aber die politischen Grundmuster der Vorgängerin übernimmt, erscheint das vordem Sozialliberale gemach als Mitte. Der Opposition, die offiziell auf Linkes verpflichtet ist, bleibt nicht viel anderes übrig, als weiter nach links zu rutschen. Das ist Kohls Meisterplan: die Roten an die Grünen schmieden und mit den Waffen aus dem eigenen Arsenal schlagen. 690

Im Lissaboner Nationalmuseum für alte Kunst ist ein Bild von Hieronymus Bosch zu sehen, die Versuchung des heiligen Antonius darstellend, darauf unverkennbar Papst Pius XII. in sehr unbequemer Lage. 691

Goethe übersetzte sot mit albern; wir nennen Sottise, die eher Eselei bedeutet, eine leichte, ironisch getönte üble Nachrede. Besonders heikel der Umgang mit dem grammatischen Geschlecht 692 fremder Vokabeln. Im Deutschen sind Etage, Malaise, Algarve weiblich, weil, möchte man vermuten, die meisten deutschen Wörter weiblich sind, die auf -e enden. Die Gare du Nord hört phonetisch mit -r auf und mag uns deshalb männlich vorkommen, bei der Place kommt noch die Erinnerung an den Platz hinzu; aber vom Piazza Navona würde niemand reden. Daß Tour Eiffel weiblich sein soll, kann schon nach Freud nicht richtig sein; warum die Tour de France uns weiblich vorkommt, bleibt ganz unerfindlich.

693 „Sind wir noch konkurrenzfähig auf dem Weltmarkt? Sind nicht die Lohnkosten viel zu hoch? Ist nicht das Rennen um die neuen Technologien schon verloren? Haben wir nicht schon allzu viele Arbeitsplätze unwiederbringlich eingebüßt?" Fragen, die gern gestellt und gern pessimistisch beantwortet werden. Es sind aber amerikanische Ökonomen, die so fragen und so antworten. Zwei Untersuchungen unterschiedlicher Tendenz (die eine der DRI-Report über die amerikanische Industrie, die andere über die Wettbewerbsfähigkeit der Vereinigten Staaten aus der Brookings Institution) stellen fest, daß Amerika seinen Lebensstandard nicht mehr der eigenen Leistung, sondern dem Geldpumpen mit Hilfe der Dollarstärke verdankt, daß die Produktivitätssteigerung hinter der aller Konkurrenten herhinkt, daß Japan in der modernen Technologie Amerika längst geschlagen habe und auch die Bundesrepublik im Wettbewerb gleichberechtigt auftrete. Die eine Untersuchung kommt zum Schluß, daß die Vereinigten Staaten selbstverständlich international konkurrenzfähig seien, wenn sie bloß energisch ihre Kosten senkten, den Dollarkurs und die Einkünfte der Bevölkerung; die andere Untersuchung sieht die Konkurrenzfähigkeit schon als verloren an, es sei denn, man übernähme rasch die Rezepturen der Wettbewerber, führe zivile Forschungsförderung ein, ersetze den politischen Einfluß der Bankenwelt durch den der produktiven Bereiche der Wirtschaft etc. Die deutsche Antwort wird nicht auf sich warten lassen: so leicht lassen wir uns die Zukunftsangst nicht nehmen.

Der neue James Bond tritt in Sandalen auf, fährt einen Mittelklassewagen und vergleicht entzückt die Qualitäten von Hamburgern, Thunfischsandwiches und Chili. Der neue James Bond ist nicht das Geschöpf Ian Flemings, der kein großer Schriftsteller, aber ein unterhaltender, zuweilen eleganter Märchenerzähler war. Die Geldgier der Leute, die seine Rechte verwalten, hat es nach seinem Tod einem Autor namens John Gardener erlaubt, die Serie mit dem skrupellos versnobten Helden fortzusetzen. Eine Leichenfledderei, der offenbar kein Gesetz gewachsen ist. 694

Die Wende 2. In meinem alten Gymnasium war für vergangenen Herbst eine „Projektwoche" geplant, in der sich Schüler, Lehrer und Experten mit Frieden und Raketen befassen wollten; sie kam nicht zustande. In diesem Herbst findet eine Projektwoche statt, Thema: Die neue deutsche Küche. 695

19. Oktober 1984

Minucius Felix, der eleganteste unter den großen Apologeten des Christentums, ist in seinem Werk ohne die Erwähnung der Bibel ausgekommen. Heute werden Bibelsprüche oft von Leuten ins Treffen geführt, die mit dem Christentum gar wenig im Sinn haben. 696

Wenn alles Kunst sein kann, wie Joseph Beuys meint, dann tun die Galerien nichts Unrechtes, die sich von Kampen über Albufeira bis Sausalito in allen netteren Badeplätzen der Welt aufgetan haben. Darinnen meist Damen und Herren du troisième age, sie grau kurzgeschnitten, er grau langhaarig, mit der gefirnißten Zudringlichkeit, die den hoffnungsfroh-erfolglosen Galeristen allerorten auszeichnet. Das Angebot ist trotz der Vielfalt der Stile und Absichten fast unerklärlich einheitlich – es muß der imitative 697

Habitus der Hervorbringungen sein, das selbstbewußt Zweitklassige der bodenständigen Künstler, die dem fernsten Besucher die anheimelnde Empfindung des déjà vu geben. „Krankenschwesternkunst" nennt dergleichen mein fühlloser Berliner Freund. Hin und wieder kommt es doch zu Verkäufen, das schöne Wetter, der lockere Urlaubsgroschen, gar noch in unübersichtlicher Währung, auch die eingeschränkte Verstandestätigkeit des Touristen tun das Ihrige. Dann sind alle glücklich; der bloße Zeitvertreib ist zum sinnerfüllten aufgestiegen; Menschen haben – miteinander! – kommuniziert. – Zu Hause ausgenüchtert, verbirgt der Urlauber klugerweise die Erwerbung wie seine Reisefotos vor der anderen Blick.

698 Es war mir sehr unbehaglich, so kurz vor dem Start der neuen Serie „Sonntagsgespräch" dem ZDF abzusagen, aber während des Nachdenkens, des Suchens nach mitteilsamen – mitteilungswürdigen Gesprächspartnern verdickte sich der Überdruß an der Rolle des Moderators, Gesprächslenkers, Wortverteilers, der lang schon geschlummert haben muß, zu einer Art Abscheu: ich konnte, ich wollt' nicht mehr. Das war in einem Brief an den Chefredakteur Appel artig auszudrücken, auch konnte ich die Zustimmung zum Plan der Anstalt, die „Bonner Runde" einzustellen, schriftlich geben. „Ich füge ohne Not hinzu: die deutsche Innenpolitik ist dermaßen langweilig, daß sie interessant darzustellen schon einer Verfälschung nahekommt."

699 Mit Überraschungen geht es leicht wie mit der gleichnamigen Omelette. Man mag sie nicht so gern, findet sie erträglich oder gar willkommen nur, wenn man darauf vorbereitet ist.

700 Der berühmte britische Literat Hilaire Belloc, stark politisch engagiert und allzeit einsatzbereit als Lehr- und Zuchtmeister seiner Nation, kam unverhofft in den Besitz einer Erbschaft, die er ge-

winnträchtig anlegen wollte; er kaufte wenige Wochen vor der Oktoberrevolution Staatsanleihen des Zarenreiches und war schnell wieder ein armer Mann. Er fuhr fort als Praeceptor Britanniae, dem allmählich die Schüler wegliefen, die aber nie aufhörten, sich an seinen Gedichten zu erfreuen.

Wandel durch Annäherung. Den fürchterlichen Wettkampf der Systeme wird es bei den „neuen Medien", die für den Nutzer ohnedies gleich alt aussehen, in der Bundesrepublik Deutschland nicht geben. Die öffentlich-rechtlichen Programme verhalten sich wie kommerzielle, die kommerziellen sollen sich wie öffentlich-rechtliche benehmen. Politiker aller Parteien stimmen, in nuancenreicher Intensität, mit gesellschaftlichen Großverbänden, Kirchen, Gewerkschaften usw. darin überein, daß ein freies Fernsehen beileibe nicht im Rahmen der allgemeinen Gesetze frei sein dürfe, sondern einen Auftrag habe, und daß sie die Auftraggeber seien. Sie könnten, sie müßten es besser wissen – aber Erfahrung macht dumm. 701

Hübsche Beobachtung über Stolz und Eitelkeit der Nationen im „Geist der Gesetze". Aus der Eitelkeit, meint Montesquieu, erwachsen Güter ohne Zahl, Luxus, Industrie, Mode, die Künste, die Höflichkeit und der Geschmack; aus dem Stolz gewisser Nationen aber die Faulheit und die Armut. „Die Arbeit ist eine Folge der Eitelkeit: der Stolz des Spaniers läßt ihn nicht arbeiten; die Eitelkeit der Franzosen treibt ihn, besser zu arbeiten als die anderen ... Prüft alle Nationen, und ihr seht, daß die Gravität, der Stolz und die Faulheit im Gleichschritt marschieren." 702

Es gibt Menschen, die nicht ernst, sondern bloß mürrisch, schlechtgelaunt, aussehen können; auch nicht heiter, sondern gleich aufgeräumt. Unser Bundeskanzler gehört dazu. 703

704 Die Tücke des Alters ist angenehmer und erfolgreicher als die unschuldige Unverschämtheit der Jungen, hat ein Broker bei Lloyd's an seine Kabine geschrieben.

705 Hitler hatte die Neigung, mehrere Leute, die voneinander nicht wußten, mit der gleichen Aufgabe zu betrauen. Nach Erzählungen Albert Speers folgte er dieser Übung auch, wenn er Kunstwerke, die seinen Geschmack ansprachen, Grützner oder Spitzweg beispielsweise, käuflich erwerben wollte. Da traten dann auf einer Auktion mehrere Bieter an, die, durch keine Limite eingeschränkt, den Preis in die Höhe jagten. Aufmerksam gemacht, daß dieses Verfahren unsinnig, seinen Finanzen schädlich sei, soll der Diktator erwidert haben: „Das ist eben Sozialdarwinismus – der Stärkere setzt sich durch."

706 Dem Sammelband „Sexualités occidentales" hat Dr. Pomposus, der Michel als Vollakademiker, den schönen Titel gegeben: „Die Masken des Begehrens und die Metamorphosen der Sinnlichkeit/Zur Geschichte der Sexualität im Abendland." Darin gibt es in einem Beitrag von André Béjin ein Beispiel für den alten Zusammenhang von Schutz und Gehorsam, den Hobbes für die Politik statuiert hatte. Das strenge Treuegebot für die Ehefrau bei gleichzeitig lässigerer Treuepflicht des Ehemannes hat auf der Tatsache beruht, daß die Mutterschaft gewiß, die Vaterschaft aber nur eine Sache des Glaubens war, Ehemann und Reinheit der Familie mithin keinen Rivalen dulden konnten. Solange die Frau treu blieb, konnte sie sich auf den Ernährer und Erhalter verlassen. Das änderte sich gemach mit der Entwicklung des medizinischen Wissens, aber auch, wie Béjin meint, deshalb, weil in die moderne Ehe ein gefährlicher Rivale des Mannes eingedrungen ist – der Staat. Dieser Rivale nimmt dem Ehemann etliche der Pflichten, die er gegenüber Frau und Kindern vordem allein zu tragen hatte.

Die Frau kann heute viel leichter untreu sein, „sie weiß, daß das dritte Mitglied der Trias, die sie mit ihrem Mann und dem Sozialstaat bildet, zur Stelle ist, um die ... Folgen ihres Handelns zu lindern“.

Thomas Ganske hatte zum Geburtstagsessen für seinen Autor Gore Vidal eingeladen. Zugleich wurde die deutsche Ausgabe des Romans „Duluth“ vorgestellt, der geradeaus als triviale Unterhaltungsgeschichte gelesen werden kann oder als Satire auf die echte Medienwelt und falsche Realität der USA, ein Spiel mit den Formen des Romans von Dickens bis Joyce; Gesellschaftskritisches darf man nicht vermuten, darüber hat sich der heitere Zynismus Vidals längst erhoben. Ein schöner, ein eitler Mann, von falscher wie echter Bescheidenheit gleich weit entfernt, das schnelle halbbritische Amerikanisch redend, das auf den Vorschulen Neuenglands gelehrt wird und früher in Hollywood üblich war. Eine Weile brilliert er mit seinem schneidenden Witz, der ihn auch im Fernsehen berühmt gemacht hat, verwandelt sich aber, als das Gespräch auf sein Magnum opus kommt, die historischen Romane, die die Geschichte der USA vom Anbeginn bis nah an die Gegenwart schildern und in der er die Geschichte der eigenen alten Familie verflechten will. Ernsthaft und selbstvergessen redet er über „Lincoln“, das jüngste große Stück aus der Reihe, und er scheint fast wie ein Zeitgenosse des Präsidenten, wenn er Auskünfte gibt, wie es weiterging mit der geistig gestörten Frau Lincoln, den beiden Sekretären, den mild korrupten Frömmlern und kräftig korrupten Geschäftemachern ums Weiße Haus. Noch in Carl Sandburgs Monumentalbiographie war Lincoln als Mischung aus Richelieu und Albert Schweitzer präsentiert worden, ein Schulbuchheld, den niemand glauben konnte; hier wird nun die Größe Lincolns, fachhistorisch gesichert, evident: ein verschlagener Taktiker; begabter Propagandist; selbst integer, die Bestechlichkeit anderer nutzend; Sklavenbefreier eher zufällig, ein höflicher Atheist; nichts im Sinn als das Wohl und die Glorie des

707

Vaterlandes. Am Schluß des Buches ein Hinweis auf den einzig Vergleichbaren, der die Einheit seines Landes gerade herzustellen begann, als Lincoln die des seinen schon wiedergewonnen hatte. – Aus Lincolns Bürgerkrieg, der bei uns nie Pflichtstudium war, hätten wir lernen können, daß schon damals die USA auf dem Weg zur stärksten Militärmacht der Welt waren und daß die Strategie des Overkill ihre Tradition hat – nie ließen sich die Nordstaaten auf eine Schlacht ein, wenn sie nicht eine vielfache Überlegenheit besaßen, nie verließen sie sich auf den Heroismus der Truppen oder die Genialität der Heerführer, sondern auf die große Zahl.

708 „aktuell – die offizielle Informationsschrift der Stadt Frankfurt a. M." Offenbar wird „offiziell" von den Offiziellen für eine Empfehlung gehalten. – Was sich nur aus Zwangsbeiträgen alimentiert, kommt achtunggebietend daher; dem Privatmann, der Zwangsbeiträge erwirtschaftet, steht Demut an.

16. NOVEMBER 1984

709 Wer die Geschichte vergißt, ist gezwungen, sie zu wiederholen. Dieser Satz des alten George Santayana ist in den jüngsten Jahren beinah jedem lebenden oder toten Autor, der sich zu historischen oder politischen Gegenständen geäußert hat, zugeschrieben worden. Einige haben auch gemeint, er sei ihnen selber eingefallen, dabei braucht niemand stolz auf die Weisheit zu sein. Sie war schon bei Santayana trügerisch. Wer die Geschichte vergißt, hat gar keinen Grund, sie zu wiederholen. Wenn Hitler den Ersten Weltkrieg hätte vergessen können, hätte es den Trieb nicht gegeben, den zweiten anzufangen.

710 Ich hatte keinerlei Unrechtsbewußtsein, ruft der Zeitgenosse. Gewiß – auch Rechtsbewußtsein hat er nie gehabt.

Der katholisch-konservative Publizist William Buckley klagt bitter über gutgemeint-unzulängliche Verlautbarungen des Papstes, der sich auf der Kanadareise zu Wirtschaftlichem und Sozialem geäußert hatte, und fügte hinzu, daß die Kirche leider überhaupt die Neigung habe, zur gerechten Verteilung der Güter zu mahnen, aber die Erzeugung von Wohlstand, die freie ergiebige Produktion, gänzlich außer acht zu lassen. Dies Verhalten ist freilich nicht der Kirche eigentümlich: so denkt jede Bürokratie, die ja immer nur verwalten und verteilen kann. Massenwohlstand ist denn auch dort entstanden, wo weder weltliche noch geistliche Bürokratie übermächtig war. 711

Das Wort Müßiggang ist ganz außer Übung gekommen; Muße auch. Statt dessen die leere, die freie Zeit, die als unbegrenzt gedacht, nur durch Arbeit kurz und störend unterbrochen wird. Sie muß angefüllt werden, was demnächst nicht ohne künstlich verordnete Verlangsamung des Lebens gelingen kann. Das Tempolimit für die Autofahrer wäre die sinnvollste Konsequenz der Fünfunddreißig-Stunden-Woche. 712

Üble Speisen müßten vom Essen abhalten – aber die Fettwänste essen gar viel und schlecht. 713

Werner Stephan, der in diesem Sommer hochbetagt gestorben ist, erzählt in seinen Erinnerungen von zwei politischen Leichenbegängnissen und der unterschiedlichen Reaktion der Herrschaftspersonen. Stephan war vor 1933 Geschäftsführer der Deutschen Demokratischen Partei gewesen, hatte der Pressestelle der Reichsregierung angehört, die damals zum Auswärtigen Amt gehörte, und war nach der nationalen Erhebung in das Goebbels-Ministerium übernommen worden. Im Herbst 1933 plante sein langjähriger Chef Koch-Weser aus politisch-rassischen Gründen die Auswanderung nach Brasilien; wenige Tage vor der Abreise beging dessen einzige Tochter auf spektakuläre Weise Selbstmord im 714

Bahnhof Friedrichstraße. Die Beerdigung wurde zu einer Demonstration von Kollegen, Freunden, Presseleuten. – Stephan, der daran teilgenommen hatte, schlug sich auf ehrenhafte Weise durch die Nazijahre, half vielen, so gut er es eben vermochte, und übernahm nach dem Krieg die Geschäftsführung der neu erstandenen FDP. 1951 starb in Düsseldorf der vormalige Reichspressechef Dr. Dietrich, dessen Referent Stephan einige Jahre gewesen war. Und wiederum nahm er an der Beerdigung teil; er wurde registriert und vom Bundespräsidenten Heuss zur Rede gestellt, warum er sich bei der Grablegung des alten Nazi habe blicken lassen? Stephan legte seine Anstandsgründe dar, erzählte auch von der Beerdigung 1933, nach der ihm kein Vorwurf gemacht worden sei. Heuss hat dann genickt und geschwiegen. – Man muß nicht auf die Großmut rekurrieren, in der sich Tyrannen gelegentlich gefallen. Goebbels war von der öffentlichen Meinung unabhängig, Heuss aber nicht, und Heuss war noch unabhängiger, als es heute die politischen Notabeln sind, die sogar unter dem Eindruck stehen: Die Polizisten sind Hilfsbeamte der Staatsanwaltschaft, aber die Staatsanwälte sind Hilfsbeamte der öffentlichen Meinung.

715 Hamburg, Stadt eines intoleranten Liberalismus, München, Stadt eines permissiven Konservatismus, bezeichnen zwei politische Standorte – am einen Entrüstung, wenn schlechte Politik gemacht wird, am anderen Verachtung, wenn Politik schlecht gemacht wird.

716 „Einem Philosophen tut man dadurch Ehre an, daß man seine Texte ernst nimmt“, postuliert der „Merkur“, die Deutsche Zeitschrift für europäisches Denken, und übersetzt Roland Barthes: „Im Covergirl kommt eine Struktur ohne Ereignis zum Tragen.“

717 Wenn die Schwangeren doppeltes Stimmrecht hätten, würde keine Partei mehr für leichtere Abtreibung eintreten.

A. R. Bodenheimer, Psychiater in Zürich und Tel Aviv, hat ein vorzügliches Buch geschrieben: „Warum? Von der Obszönität des Fragens." Der Reclamband ist als Vademecum und Schutzschild gegen Fragesteller, Infragesteller und Hinterfrager dringend zu empfehlen. 718

Das moderne Recht verbietet die rückwirkende Strafe; eine große zivilisatorische Leistung. Nulla poena sine lege. Die öffentliche Moral kennt dergleichen nicht. Von der retroaktiven Moral wissen viele ein Klagelied zu singen, die vor Jahrzehnten schon, von Politikern angestachelt, Parteispenden nach einer Übung gaben, die jedermann bekannt und von den Ämtern geduldet war. Das hilft ihnen nun, auch wenn Straftatbestände verjährt sind, wenig – sie stehen am Pranger, eine Bitte um Milde oder Verständnis findet kein Gehör. – Insgleichen nimmt der Widerstand gegen Hitler täglich zu. Wer sich vor 1945 befleckt hatte, war 1950 tadelnswert und ist heute abscheulich. In die retroaktive Moral spielt der neue deutsche Puritanismus ein, der sich mit dem gut verträgt, was man früher Libertinage genannt hätte; ein Puritanismus nicht nur der Jungen, denen noch niemand Geld oder Macht angeboten hat, sondern einer sich aus der Überdrußgesellschaft mählich absondernden politischen Urgemeinde, die durch keine bestimmte Lehre, aber tiefe Heilsgewißheiten zusammengehalten wird und dem Vorsatz folgt, Staatsreligion zu werden. Sie ist es noch nicht, aber antizipierte Anpassung findet schon statt. 719

Politische Häftlinge sind die ursprünglichen Häftlinge in der Menschheitsgeschichte. Die normale Kriminalität, Diebstahl, Unzucht, Gottesleugnung, Mord, Betrug, wurde durch Geldbußen oder durch Leibesstrafen, oft einfach durch Tötung geahndet. Eingeschlossen wurden vornehmlich Leute von Rang und Bedeu- 720 tung, die bloß aus dem Verkehr gezogen werden mußten, weil sie gefährlich oder störend waren, die man aber auch nicht einfach umbringen wollte – aus Scheu, ein Verbrechen zu begehen, aus der Vorsicht, man könne ihrer noch einmal bedürfen. Die Gefängnisse sind erst später entstanden, als die Gesellschaft reich und human geworden war, sich diese kostspieligste Form des Strafvollzugs gestatten konnte. Vielleicht wird die Empörung, die den Menschenfreund in Ansehung der vielen politischen Häftlinge in vielen Ländern ergreift, vom urtümlichen Volk deshalb so wenig verstanden.

721 Daß alle Menschen Brüder werden sollen, ist ein Traum von Einzelkindern.[16]

722 Abendgespräch bei dem Maler Fußmann. Ich erfahre, daß eine hochbetagte Schauspielerin ihr beträchtliches Vermögen dem Berliner Zoo vermacht habe und daß ähnliche Fälle sehr häufig vorkämen; daß den Tieren eine Hinterlassenschaft zugewendet wird, die man genausogut für irgendeinen edleren Zweck hätte spenden können. Es tritt der Gedanke auf, ob nicht die Zoos überhaupt geschlossen werden sollten? Sie seien heute zu einer Institution geworden, die zur Ausrottung von seltenen Tierarten führen, weil sie hohe Preise für die Ausfuhr zahlen und als Anstifter hinter mancher Entführung aus der Tierwelt stehen (zugegeben auch, daß es Tierarten geben mag, die nur dank der Bemühungen der Zoos überlebt haben). Die Zoos verdanken ihre Entstehung dem Geltungsdurst von Monarchen und ihre große Ausbreitung dem Bildungsdurst des Bürgertums seit dem Ende des 18. Jahrhunderts und versuchten, dem Publikum eine Fauna nahezubringen, weil damals kaum jemand in ferne Gegenden zu reisen vermochte. Heute ist dieses Movens entfallen. Es gibt einen Massentourismus in die entlegensten Gegenden der Erde, Fotosafaris werden allenthalben veranstaltet. Warum sollte es überhaupt noch Zoos in den

entwickelten Ländern geben? Für die einheimischen, aber fremd und selten gewordenen Tierarten? Die meisten könnte man applanieren und in Parks umwandeln. Zur Gründung einer Bürgerinitiative zur Abschaffung der zoologischen Gärten ist es an diesem Abend jedoch nicht gekommen.

Vor mir fährt ein junger Mann; am Auto ein selbstgeschriebener Aufkleber „Ökumene, nein danke!" Was mag er sich gedacht haben? Ist ihm aufgefallen, daß ein Bestreben nach Fusion dann besonders lebhaft hervortritt, wenn man sich der beiderseitigen Schwäche bewußt wird? Niemand wäre auf Ökumene in dem aktuellen Sinn verfallen, solange die eine Konfession noch die Wahrheit der apostolischen Väter und die andere die Wahrheit der reformatorischen Väter mit Selbstbewußtsein bezeugte. Oder ist es die Abneigung gegen die längst funktionierende geheime Ökumene der Kapläne und Vikare, die sich in der Umweltschutz- und Friedensbewegung unterhalb der Schwelle ihrer Kirchenleitungen versammelt haben und bei denen Küng und Sölle als eminente Köpfe gelten? 723

„Das ist eine gute Lösung. Ich möchte das ganz wertfrei festhalten", sagt der Professor. Max Weber ist wirklich Volksgut geworden. 724

Am Rande

I

Die größte Eselei der deutschen Nachkriegsgeschichte war die Unterschrift unter den Atomsperrvertrag.

II

In dreißig Jahren wird von den letzten dreißig Jahren der deutschen Literatur nicht mehr die Rede sein.

III

Der öffentliche Herrschaftsapparat heißt öffentlicher Dienst.

IV

Der Machtlose entschädigt sich gern durch die Überzeugung, ein besserer Mensch zu sein.

V

Einen amerikanischen Mystiker hat es noch nicht gegeben.

VI

Deutschland ist das Land, in dem am wenigsten gehupt wird.

VII

Niemand wird so gestreichelt wie das Opferlamm auf dem Weg zur Schlachtbank.

VIII

Kleine Leute befürchten immer das Schlimmste. Die Intellektuellen darunter befürchten zudem, daß es nicht eintrifft.

IX

Warum spielen Männer nicht mehr Harfe? Einst sind künftige Könige mit dem Instrument hervorgetreten.

X

Von einem Menschen, der döst, wird angenommen, daß er döst; ist es ein Mensch des Geistes, daß er denkt.

XI

Nach dem Sprachlehrer Berlitz ist in den meisten Sprachen die übelste Beschimpfung der Hinweis auf sexuelles Treiben der Mutter.

XII

Die zitatenreichste Kunst ist die Architektur.

XIII

Sprach-Lehre. Das Greifbare ist das Angreifbare.

XIV

Latein ist erst seit dem Zweiten Vaticanum eine tote Sprache.

XV

Kohl nennt sich Adenauers politischen Enkel. Wo ist der Sohn geblieben?

XVI

Wer andern den Spiegel vorhält, braucht selbst nicht hineinzuschauen.

XVII

Die drei überflüssigsten Erfindungen – Strumpfhose, Pizza, Fischmesser.

XVIII

Die Selbstbedienung hat die Selbstbeherrschung als soziale Tugend abgelöst.

XIX

Fleiß hat auf die Dauer nur der Tüchtige.

XX

Hasse deinen Nächsten wie dich selbst! – Eine Maxime, die hinreichend Anhänger hat.

XXI

Für Bankräuber – ein Hundertmarkschein wiegt 1,1 g.

XXII

Die Olympischen Spiele sollte man dem Kabelfernsehen gönnen.

XXIII

Er schämt sich seiner Eltern, weil sie genauso waren wie er.

XXIV

Ein Reich, in dem die Sonne fortwährend untergeht.

XXV

Die Misere der Gelehrsamkeit in Deutschland hängt mit der Weigerung der Verleger zusammen, Fußnoten zu drucken.

XXVI

Ein anständiger Deutscher liebt Probleme mehr als ihre Lösungen.

XXVII

„Zum Segen!" sagen die guten Hamburger Kellner, wenn sie das Pils hinstellen.

XXVIII

Luxushotels nennt man solche, deren Komfort nur wenig hinter dem Zuhause zurückbleibt.

XXIX

Ob wir wohl, wie die gehörten, gesehene Oktaven als verwandt empfänden, wenn unser visuelles Spektrum größer wäre?

XXX

Wortmüll ist Wertmüll! Verbrauchte Begriffe werden eingesammelt und wiederaufbereitet.

XXXI

Wer Ethos sagt, hat die Moral schon hinter sich.

XXXII

Das ist kein Plagiat – das ist ein Beleg!

XXXIII

Das schönste Kleid der Feigheit ist die Klugheit.

XXXIV

Das Wörtlein „frei" hat seine geringste Bedeutung nicht, wenn es auf einer Toilettentür aufleuchtet.

XXXV

Wer andern eine Grube gräbt, fällt selten rein.

XXXVI

Ich kenne jemanden, der noch im Schlaf die Stirn runzelt.

XXXVII

Sitzfleisch ist nicht das langsamste Fortbewegungsmittel.

XXXVIII

Toilette des Erfolgsmanagers – sich in rauhe Schale werfen.

XXXIX

Es ist nicht rätlich, von einem unansehnlichen Äußeren auf eine schöne Seele zu schließen.

XL

In jedem Zusammenhang gilt der außerordentliche Mensch mehr als der bloß ordentliche; nur nicht auf der Universität.

XLI

Pack schlägt sich, Pack verträgt sich – aber die besseren Leute auch; sie brauchen bloß länger.

XLII

Was jede Klarsichtpackung lehrt – Transparenz allein bedeutet gar nichts.

XLIII

Das Heimweh, das wirklich weh tut, gilt einer Heimat, in der wir nie gewesen sind.

XLIV

Politiker zu kaufen, ist altmodisch; in der modernen Demokratie kauft man Wähler.

XLV

Einen fröhlichen Geber hat Gott lieb; welchen der Herr lieb hat, den züchtigt er (2. Kor. 9,7; Hebr. 12,6).

Nachträge und Korrekturen

1 Einige Verehrer von Karl Kraus sehen im Text seines großen Buches „Die dritte Walpurgisnacht" die Widerlegung der Eingangs-Bemerkung „zu Hitler fällt mir nichts ein"; in Wahrheit ist es ein Beleg.

2 „Bertrand Russell war Familienvater. Aber daß er viermal verheiratet war, kann als Junggesellentum ausgelegt werden" (Armin Mohler).

3 Ein Ehrenflug der Luftwaffe könnte auf Veranlassung Himmlers stattgefunden haben, dessen SS ein „Geheimwissen" verwaltete, in dem die katharische Häresie und ihre Verfolgung durch König- und Papsttum eine Rolle spielten. Das Geheimwissen war dem „Weisthor" alias Oberst a. D. Wiligut anvertraut, dem der Schriftsteller Otto Rahn beigeordnet war, der sich in zwei Büchern, „Kreuzzug gegen den Gral" und „Luzifers Hofgesind", mit dem Montségur befaßt hatte; den Montségur hat er als Gralsburg des Wolfram von Eschenbach ausgemacht. Rahn wurde angeblich 1939 wegen seiner dem Himmler abscheulichen Homosexualität zum Selbstmord gezwungen. Der Reichsführer hat aber noch Jahre später ausweislich seiner Geschenkkartei Rahns Buch weggegeben. – Das Häuschen von Machiavelli befindet sich nicht in San Casciano selbst, sondern in Sant'Andrea in Percussina.

4 Die Feststellung hat viel dumpfe, aber auch helle Empörung ausgelöst; „links ist nicht die Richtung, in der ein Deutscher seine Helden sieht", schrieb Adolph C. Benning aus Hamburg und verwies auf Georg Elser, den leider erfolglosen Attentäter vom Bürgerbräu.

5 Msgr. H. G. Müller in Berlin schlägt als Eindeutschung von Dogooder „Vergewohltätiger" vor.

6 Herr Kurt Marti aus Bern wendet sich vehement dagegen, als Ostschweizer bezeichnet zu werden; mit Recht. Ich bin einem deutschen Freund in Zürich auf den Leim gegangen: die Deutsch-Schweizer bezeichnen sich nicht als Ostschweizer, höchstens die östlich von Zürich ansässigen könnte man so nennen. Auch die Bezeichnung „Schweizerdeutsch" als Sammelwort für die verschiedenen alemannischen Dialekte ist zwar

gebräuchlich, aber grob und beinahe so falsch, wie von jemandem zu sagen, er spräche nordrhein-westfälisch.

7 Wenn man's genau nimmt, wie es Botho v. Zawadzky tut, hat nicht „tristezza“ auch die Bedeutung Bösartigkeit, sondern das veraltete, heute literarisch gewordene „tristizia“ – die lateinische Wurzel ist dieselbe. Die kirchliche Lehre von den Hauptsünden hat die Traurigkeit meist im Zusammenhang mit der „acedia“, der Trägheit, gesehen; seit Gregor dem Großen ist sie mit dieser verschmolzen, beim hl. Thomas wird die acedia zu einer Unterart der Traurigkeit: die Verdrießlichkeit, Lustlosigkeit im Anblick geistlicher Güter. In alter Zeit, so bei Origines, galt der „Mittagsdämon“ als Verführer zu dieser Sünde, der sich der Mönch in mediterraner Mittagsglut besonders leicht hingeben mochte; moderne Theologen vermuten den Mittagsdämon eher in der Lebensmitte, wenn Resignation Platz greift und Aufschwünge der Seele selten werden.

8 Es ist nicht richtig, daß Carl von Ossietzky den Nobelpreis nicht hat annehmen dürfen; ich bin der inzwischen auch in den meisten Nachschlagewerken enthaltenen Legende aufgesessen, daß die Nazis zunächst Ossietzky die Ablehnung des Nobelpreises im Tausch gegen die Haftentlassung angeboten und ihm nach seiner Weigerung die Annahme verboten hätten. Die langjährige Privatsekretärin und Vertraute Ossietzkys, Hilde Walter (die auch den befreundeten Willy Brandt in der Emigration für Bemühungen um die Nobelpreisverleihung gewinnen konnte), hat den Sachverhalt in einer Zuschrift an die „Israel Nachrichten“ in Tel Aviv vom 14. November 1974 wie folgt dargestellt: „Die Worte ‚den er nie in Empfang nehmen durfte‘ sind unwahr. Ossietzky empfing die telegrafische Benachrichtigung aus Oslo im Berliner ‚Westend-Krankenhaus‘ und akzeptierte die Verleihung telegrafisch. Der Text seines Telegrammes lautete: ‚Dankbar für die unerwartete Ehrung – Carl von Ossietzky.‘ Die Reichspost hat das Telegramm ohne jede Verzögerung nach Oslo befördert. (Er bekam 1936 den Preis für das Jahr 1935.) In den ersten Wochen nach der Verleihung des Nobelpreises bestand noch begründete Hoffnung, den Nazis mit Hilfe besonders einflußreicher ausländischer Organisationen und Persönlichkeiten die Reiseerlaubnis für Ossietzky abzutrotzen. Wir konnten uns mit ihm im Dezember 1936 durch neue, besonders fähige Mittelspersonen über sein Verhalten und unsere Maßnahmen verständigen und einigten uns, daß er das Nobelgeld ignorieren und vorläufig nicht abrufen sollte. Aber die zähe, unbeirrbare Durchführung unserer schwierigen Pläne scheiterte an Frau von Ossietzkys Weigerung, mit ihrem Mann ins Ausland zu gehen. Da Maud von Ossietzky bekanntlich an schwerer Trunksucht litt, wollte sie sich keinesfalls aus ihrem gewohn-

ten Milieu entfernen. Sie erklärte dann in halbnüchternem Zustand: ,Mein Carli ist Deutscher und bleibt in Deutschland.' Zu einem späteren Zeitpunkt – nach den ersten drei Wochen – wurde es immer aussichtsloser, die Ausreise durchzusetzen. Das Geld für den Nobelpreis wurde in Oslo schließlich der Vertreterin eines Bevollmächtigten ausgehändigt, den Ossietzky schriftlich ermächtigt hatte, den Betrag abzuheben. (Es waren damals ungefähr 100000 Reichsmark.) Aus dieser Aktion entwickelte sich zum Schaden Ossietzkys ein grotesker Kriminalfall; eine raffinierte Unterschlagung, an der die Nazis ausnahmsweise nicht beteiligt waren. Während Ossietzky schwerkrank – aber im Vollbesitz seiner geistigen Kräfte – in einer von ihm selbst gewählten Privatklinik lag, bevollmächtigte er im Januar 1937 einen Anwalt, mit dem sich Frau von Ossietzky in einer Berliner Gastwirtschaft angefreundet hatte; Ossietzky konnte nicht ahnen, daß dieser Rechtsanwalt Dr. Kurt Wannow, den Frau von Ossietzky an das Krankenbett ihres Mannes brachte, schon vor Jahren in seiner pommerschen Heimat wegen Unterschlagung bestraft worden war und kein Recht mehr hatte, eine Anwaltspraxis auszuüben. Der skrupellose und sehr charmante Hochstapler Dr. W. pflegte die Duzfreundschaft mit Maud von Ossietzky so ausgiebig, daß es ihm in mehreren Monaten gelang, ungefähr dreiviertel des Nobelpreisgeldes abzuheben und zu veruntreuen. Als der Betrug entdeckt worden war, wurde Wannow von einem Berliner Gericht am 7. März 1938 zu zwei Jahren Zuchthaus verurteilt; in dem Strafprozeß gegen Wannow mußte Ossietzky im März 1938 als Zeuge erscheinen. Die grauenvollen Aufregungen um das Nobelgeld und die von vielen Leuten durchschaute blamable Rolle seiner Frau hatten ihn in den anderthalb Jahren Krankenhausaufenthalt in sogenannter Freiheit, die keine echte Freiheit war, beinahe noch stärker entkräftet als sein jahrelanges Martyrium. Der deutsche Justizapparat hatte in der Behandlung des Falles Wannow einwandfrei funktioniert; Justizbeamte haben fieberhaft an der Wiederbeschaffung des veruntreuten Geldes gearbeitet. Sie waren erfolgreich; aber leider erst mehrere Monate nach dem Tode Ossietzkys; als er am 4. Mai 1938 in der Klinik von Dr. Dosquet in Berlin-Pankow starb, wußte er noch nicht, daß es gelingen würde, seinen veruntreuten Besitz zum größten Teil wieder aufzufinden. Seine Witwe konnte mit dem geretteten Geld und im Schutz des Wohlwollens der Nationalsozialisten, denen sie in den vorangegangenen Jahren hin und wieder wertvolle Dienste geleistet hatte, bis zum Zusammenbruch des Dritten Reiches finanziell sorgenfrei leben. Nach Kriegsende zog Maud von Ossietzky freiwillig von Westberlin nach Ostberlin und fand bei den entscheidenden Funktionären der SED vollen Ersatz für den Verlust ihrer machtlos gewordenen nationalsozialistischen Beschützer. Sie ist in Ostberlin im Mai 1974 im Alter von 86 Jahren gestorben."

9 Daß Jakob Schickfuß katholisch geworden sei, wird von seiner Nachkommenschaft mit Gründen, plausiblen Überlegungen bestritten. Ein definitives Urteil ist noch nicht möglich; die Schickfuß-Forschung steckt erst in den Anfängen.

10 J. L. Borges und Gibbon haben nicht genau gelesen: im Koran kommen zwar weniger Kamele vor als Schweine in der Bibel, doch haben Leser mindestens sechs gefunden: darunter ein im zehnten Monat schwangeres (Sure 81,4).

11 Den Colt durfte Lucky Luke behalten, aber nicht um andere totzuschießen. Unzählige Liebhaber dieses großen Helden der *Bandes dessinées* haben mich streng belehrt, daß er mit der Waffe nur droht, abschreckt, spielt.

12 Benz hat das Benzin nicht erfunden; überhaupt niemand, denn es wurde entdeckt; es wurde auch nicht nach dem Automobilbauer benannt. Gelehrte Leser machen freundlich darauf aufmerksam, daß *benjouin* bereits 1534 vorkommt. Die javanisch-arabisch-italienische Sprachgeschichte des Begriffs hat endlich von Faraday über Liebig und E. Mitscherlich zu vielen naturwissenschaftlichen Benennungen geführt. Die Urform des natürlichen Benzins war eine Art Weihrauch.

13 Selbst in den hochzivilisierten Ländern gibt es keine wirklich zuverlässige Todesursachen-Statistik. Die Zahlen über Entwicklungsländer erreichen nur selten das Niveau intelligenter Schätzungen; auch fehlt es an einer verbindlichen Übereinkunft über den Begriff „Hunger“ und „Hungertod“ (vgl. Mathke, „Horrorzahlen über Hungertote“ in den Schweizer Monatsheften Juli/August 83). Die in der Notiz mitgeteilten Zahlen deuten immerhin eine glaubwürdige Tendenz an – im Interesse der Organisation müßte nämlich die allenthalben übliche Dramatisierung liegen.

14 Daß der Titus-Brief nicht von Paulus stammt (wenngleich der treue Katholik ihn gemäß Sessio IV des Tridentinums am 8. 4. 1546 dem Apostel zurechnen muß), sei nachgetragen: als Exempel fürs theologische Denken kann der Text ohne Rücksicht auf die Urheberschaft gleichwohl gelten.

15 Dem Diplomingenieur George Pohl verdanke ich den Hinweis, daß das russische „život“, Bauch/Leib, vordem auch „Leben“ bedeutete (russisch-deutsches Wörterbuch von J. Pavlovsky, 2. Auflage 1879). Diese Bedeutung ist offenbar verlorengegangen: die modernen sowjetischen Wörterbücher führen sie nicht mehr auf.

16 Dr. Franz Alt aus Baden-Baden schreibt: „Sie wissen, wie umstritten die Frage ist, ob Jesus ein Einzelkind war. Auf jeden Fall wußte er, daß alle den einen Vater haben, folglich ..." Ohne Bezug auf meinen kleinen Satz, der zu tiefsinnigen Spekulationen nicht einladen sollte: die Brüderlichkeit aller Menschen, der Begriff „Menschheit" selber, ist ein humanitärer, aufklärerischer, revolutionärer Gedanke, kein christlicher. „Ihr seid alle Gottes Kinder durch den Glauben", sagt die Schrift (Gal. 3,26) – nicht von Geburts wegen, und wiederum sagt die Schrift (Röm. 8,14): „Die der Geist Gottes treibt, die sind Gottes Kinder", ergo Brüder im Christensinn – die andern nicht.